新闻评论学
News Commentary

新闻评论是媒体不可或缺的灵魂

宋晓秋 王丹娜◎著

中国广播影视出版社

图书在版编目（CIP）数据

新闻评论学 / 宋晓秋，王丹娜著. -- 北京 ：中国
广播影视出版社，2016.12（2018.7重印）
ISBN 978-7-5043-7548-3

Ⅰ. ①新… Ⅱ. ①宋… ②王… Ⅲ. ①评论性新闻一
研究 Ⅳ. ①G210

中国版本图书馆CIP数据核字(2015)第280108号

新闻评论学

宋晓秋　　王丹娜　著

责任编辑	毛冬梅	
排　版	阮全勇	
出版发行	中国广播影视出版社	
电　话	010–86093580　　010–86093583	
社　址	北京市西城区真武庙二条9号	
邮　编	100045	
网　址	www.crtp.com.cn	
电子信箱	crtp8@sina.com	
经　销	全国各地新华书店	
印　刷	涿州市京南印刷厂	
开　本	787毫米×1092毫米　　1/16	
字　数	230（千）字	
印　张	18.75	
版　次	2016年12月第1版　　2018年7月第2次印刷	
书　号	ISBN 978-7-5043-7548-3	
定　价	48.00元	

序 言

丁文奎

　　新闻评论作为媒体的旗帜，从诞生之日起就立于舆论阵地的前沿，伴随历史长河，引领社会潮流。新闻评论为正义呼喊，替人民代言，打邪恶腐朽，评宇宙万物，以其对现实特有的透视力、说服力和时效力，独享殊荣。

　　当今互联网时代，人人都有麦克风，人人可当新闻的发布者、可做自媒体。国门洞开，信息透明，全民参与，网情活跃，这些正在促进多元化的宽松环境和民主的进步，同时，鱼龙混杂又往往带来秩序的纷乱和思想的芜乱，尤须新闻评论、特别是主流媒体的评论，拓宽言论并有效导航。在评论思维的观照和统领下，做有思想的媒体、有档次的信息、有温度的新闻；进而提升媒体核心竞争力，才更具厚实基础。

　　新闻是时代的纪录者，评论不缺位才可称完整的纪录新闻是时代的推动者，有了评论才赋予其更强劲的动能。无论普罗大众，还是各界精英，都可在评论的灵思、理性、逻辑力量下，被打动、折服乃至倾倒，进而万众同心付诸行动。

　　评论曾成就和塑造了无数名人和思想家，新闻史中的评论史篇章因此格外光彩夺目。伟大的政治家以写评论起家、将评论作为重要政治武器的不乏其人，马克思、恩格斯、列宁、毛泽东等都是评论大师，他们亲手撰写的评论，往往在历史节点推进着形势发展和时局转换，并成为新闻评论的范文。善写评论作为著名领袖的人文素养，铸就了其高瞻远瞩的战略头脑和洞悉时事的深邃眼光。当下，中央领导同志善用媒体，许多新的政治前瞻和理论思考，往往通过主流媒体的评论加以解读、阐发、宣传。评论与政治的亲缘关系，抬升了新闻的地位，评论作为新闻的核心部位，使当代政治一刻也离不开新闻。政治家和社会大众都要通过新闻评论，更广泛地传播其主张、思想和心声。

媒体工作者有评论素养，对本职业务更能驾轻就熟。如此，便能主动融入时代风潮，宏观把握社会基本脉络，从复杂问题中透析本质，在重大题材中看到高度，习惯性地追求深度和新意，不仅是评论自身、各种新闻体裁的写作都能达到新的境界。尤其是进入社会转型的攻坚期、改革开放的深水区后，许许多多的矛盾、问题不能回避和失语，用评论及时回应、传道解惑，既是应有的新闻自觉，也是一种理论和政治的自觉。

正是基于以上思考，当我得到《新闻评论学》书稿，欣喜之情油然而生。作者宋晓秋女士，曾是新华社中国经济信息社记者、新华社70周年十大先进个人之一；作者王丹娜女士，是中国信息安全测评中心博士后科研工作站博士后，获中国人民大学新闻学博士学位。她们从事新闻信息和新闻理论研究工作，虽写过不少媒体和网络评论，但研究评论并非本职范围。对这种业务嗜好，我们须称道、点赞，由新闻实践一线和理论研究的人士撰写出版探讨新闻评论的理论专著，相当少见且难得。作者所展示的评论素养，新闻从业者应当效仿和追求。读罢该书，我认为其有如下主要特点：

第一，理论框架严整。全书结构脉络清晰、环环相扣、逻辑谨严，其界域基本涵盖了实用评论学的重点范畴。举凡新闻评论的传播特点、要素、类型、选题、立意、结构、写作方法、语言风格以及不同体式不同媒体的评论等，每一章及其所含多个小节的设计较合理，条分缕析有系统性，一些地方颇有新意和新点。例如，书中阐释"新闻评论的新道理、新思想、新见解、新观念，是从对具体事物、具体问题的评述中来"，认为"新闻评论不是基本理论的通俗图解，更不是教条式的空乏说教和胡编乱造。在评论具体事物时，必须在对具体问题论述中闪烁出理论色彩并且要实事求是，这才是一种独到的见解，并且具有深邃的启迪意义，能发挥感染力和号召力的作用"这样的观点，抓住了如何出"新"的核心之点。又如，书中将评论的结构分为内部结构和外部结构两类，论述详尽。对外部结构即开头、结尾、过渡、标题，分别归纳了13种开头法、12种结尾法、14种过渡法、10种标题法。如此细密的划分和理论解释、每一种均用评论例子佐证，足见作者研究触角的深入，也表明新闻评论的写作技法多样，实用评论学的实践基础是丰厚的。

第二，体现"通""变"关系。《通变》来自《文心雕龙》，"通"与"变"，指文学发展历史中，就其不变的实质而言则为通，就其日新月异的现象而言则为变，必须于通中求变，不变则穷。《新闻评论学》将"通""变"关系借鉴过来并贯穿全书，由通求变，在阐释评论学一般规律和原则即"通"的同时，将重点放在"变"上，揭示各类新闻评论与现实对接的规律及其写作的可操作性，使评论更好应对和反映斑斓丰富的社会实践，使评论学适应发展变化的新闻实践并发挥实用指导作用。比如，经济等领域的专业性评论增多，是改革开放以来伴随经济社会发展的一种媒体现象，但评论若写得过于专业，多数受众不感兴趣，传播效果受限。书中提出，要让专业性服从评论的群众性、普遍性，找到适合群众的视角并引发其兴趣这一问题。又如，作者对广播评论语言的通俗性和"韵律美"、电视评论的"形象场景""声画功能"等各自特性的论述，也令人印象深刻。网络评论在无边界的信息空间传播，其影响力日益强大，书中阐释这一新兴评论体裁的地位、特点、要求，对其贴近性、灵活性、便捷性、扩散性、链接式阅读、议题关注度比平面媒体强、易形成个性品牌等特性的概括，比较恰切精当。"通"与"变"，实际上是哲学的普遍性与特殊性、一般与个别的关系。作者立足于"变"、即个别和特殊性，因而不少章节显出了个性特色。

第三，彰显名家风采。此书多数章节都列举了较典型的评论例证，增强了实用性。"评论鉴赏"部分更有蔡和森、陈独秀、邹韬奋、邓拓等大师级人物的佳作，并有精炼简洁的鉴赏文字，让读者一睹诸多名家独具一格的评论风采。作为实用评论学，此类案例分析是十分必要的。

这些，加上书中对我国评论发展历史、沿革的阐述，使得该书更多了几分保存价值和史料价值。

（本序作者系中央人民广播电台高级编辑、全国广播电视"百优理论人才"称号获得者、中文信息与知识传播核心期刊《中国广播电视学刊》编委）

2015年11月5日

Contents 目 录

第一章

新闻评论学　*Xinwenpinglunxue*

绪论

第一节 新闻评论的发展历史

诚然，本书不是按照学说的体系建构的，没有按照逻辑起点和历史与逻辑的统一性原则作为研究的方法论，但是，我们也要遵循理论研究与实践应用相结合的原则，也遵循学术研究的一般性的方法纵览新闻评论这种新闻文体的历史发展。

我国古代先秦诸子的论说文可能就是现代新闻评论的源头。作为一种新闻文体——新闻评论与我国古代先秦诸子百家的论说文是一脉相承的。我国最早的散文体著作《尚书》就是这样一种记事和述评相结合的文体。在一些新闻评论中，其内容的架构甚至表现技巧都是非常相似的。

我国最早的编年体纪事史书《春秋》记事的手法被人称为"春秋笔法"。《春秋》中寓意的善恶褒贬和当代新闻写作的用事实说话的技巧如出一辙，从某种程度上体现出新闻评论的渊源。

《论语》是我国最早的语录体言论集，其独立成篇的论述里大部分是表述孔子的一些观点而没有论证的内容。从表现形式上看，有的内容就像现代的短评和编者按。

《孟子》是一部论辩性的文集。在一些篇章中不乏雄辩、尖锐的具有说服力和战斗性的段落。《孟子》的文风体现了驳论的特色，和现代的驳论性新闻评论有相似之处。

《荀子》是又一部我国古代语录体的文集。文集中论说很讲究，其结构严谨，注重分析说理，对现代的政论体新闻评论有着很大的影响。

《吕氏春秋》是战国末年的一部影响较大的著作，是一部汇合各派学说的杂家经典著作。其中大多数为短篇，用古史旧文或知识性的材料来说明事理，阐发各自观点，这一方面具有很强的说服力，与现代的新闻评论以事实为论据的写法大相径庭。

《战国策》是秦汉时期的重要论述著作，包括齐、楚、韩、赵、秦、魏等十几个国家的政治和军事方面的内容。著作中有对国家政局、民情的感受分析和想法，也有用传说和寓言来喻义是非的，也是写作新闻评论的借鉴宝典。

《史记》是司马迁撰写的一部史学名著。书中100多篇为人物传记，和现代的新闻人物写作方法非常相似。这些人物传记表现出作者的是非观念和感情色彩，并且用夹叙夹议的手法直接或间接对人物和新闻事件进行评论，这与新闻评论的写作手法及表现形式基本一致。

唐宋八大家的散文对现代的新闻评论也有非常大的影响，尤其是韩愈、柳宗元的散文，一些经典的诗句散文，说理、叙事、抒情、景物描写如出一辙，对现代新闻评论的写作有着深刻的借鉴作用。欧阳修的散文将政论和史论结合，不仅语言十分明快，逻辑也非常严谨，而且还引古喻今、针砭时弊，十分接近现代的驳论性新闻评论。在苏轼的散文作品中，写作方法文情并茂，手法理趣相融，而且，他写的政论和史论性散文广征博引、雄辩有力、剖析深刻，如同现代的新闻评论，有着十分强烈的战斗性。

19世纪70年代以后，新闻评论真正在新闻媒体中有了发端和进步。

王韬是我国第一位报刊政治家，《循环日报》是他主笔的近代史上较有影响的报刊，他的政论写作以写实为主，写作风格清晰流畅、雄辩有力。有人评价他的政论写作是"既有政论之骨，又富有散文诗之韵，读来铿锵有声，有音乐美感……"。他的政论文体开创了我国近代报刊政论的先河。

梁启超开创的时务文体为推动资产阶级维新运动起到非常重要的作用。他开创了时评性短评文体，并且十分重视报刊评论的社会和舆论功能。他提倡为新闻配写按语，为新闻评论的发展做出了贡献。

20世纪初，资产阶级革命派报刊评论的兴起和发展对新闻评论的文体发展起到了直接的推动作用。《中国日报》《苏报》《民报》《民呼日报》《民立报》等，这些报刊都十分重视新闻评论的导向作用，为评论的发展做出了开拓性贡献，在新闻评论文体的细化作用中，在实践探求中较为完善。报刊评论特别注重在革命中的作用，在评论风格和内容形式上也进行了很大变革，并且向通俗化和短小精悍方面靠近，在内容上也开始向知识性和文体多样化方向迈进。

在中国无产阶级早期的政论家中，李大钊的政论别具一格，表现出高度的政治远见和辩证的说理艺术，他的政论同时也具有昂扬风发的文体风格。

瞿秋白为后人留下500多万的文字作品，其中有一半以上是新闻评论和政论文体。他的这些评论在思想和内容上都十分深刻，并且文字流畅、语言活泼，有着独到的见解和独特的观点。有人说，瞿秋白的政论文字像散文诗，读起来朗朗上口；也有人说，瞿秋白的政论文字有着深厚的哲学基础。总而言之，瞿秋白为现代新闻评论的发展和进步增添了新鲜的养料。

恽代英也留下了300多万言的著述，其中多半是新闻评论和政论。他的评论科学分析事物，具有求实精神，文体具有强烈的战斗性和革命激情，文字流畅、内容通俗、平易近人，具有很强的感染力和说服力，他推动了新闻评论的发展。

陈独秀不仅是新文化运动的领袖人物，也是中共的早期领导人之一。他在政论新闻评论上有着开拓性的贡献精神。他身体力行并且用白话文写作政论,不仅开创了政论风气之先,同时,他的文笔清新、通俗易懂,内容尖锐犀利,富有很强的战斗力,为中国现代新闻评论的进一步发展成熟奠定了一定的基础。

邵飘萍留下了大量的新闻评论和政论新闻评论。他的新闻评论充满着进步的思想和敏锐的洞察力,有着一种与时俱进的勇气。同时,他的评论发挥新闻的特点——用事实说话,把政论和新闻事实紧密相结合。他的政论手法虚实结合、夹叙夹议,通俗明了、爱憎分明。邵飘萍为我国的报刊评论研究做出了探索性、开拓性的贡献。

毛泽东也是伟大的评论家,他从理论与实践上为我国报刊评论起到了高度的典范作用。毛泽东的新闻评论因为受到当时中国革命大环境的影响,具有很强的新闻实效性和感召力,同时,因为他本人的特殊地位,他的新闻评论对革命事业的发展也起到了积极主动的导向作用。毛泽东还擅长撰写各种不同的新闻评论文体,经常为一些报纸和新华社写社论、述评,同时还经常为编辑部或某一篇新闻稿撰写编者按语。毛泽东撰写的新闻评论,有独到的特点,其选题立论不是人云亦云,而是特色鲜明评论独到;他的新闻评论能够做到虚实结合、简洁明了,使评论和叙述、说理和描写相结合,而且新闻评论结构十分严谨,文风通俗活泼,开创了一代评论之新风。此外,毛泽东在新闻评论理论上也独树一帜。

鲁迅的杂文为新闻评论注入了新鲜的血液,他的新闻评论研究为现代新闻评论的政论性和艺术性做出了独特的贡献。他的杂文深刻地影响现代新闻评论,为现代的新闻评论指明了方向,具有强烈的针对性和深刻的思想性,同时具有高度的艺术感染力。

邹韬奋的报刊言论对现代新闻评论研究有着深远的影响。他十分注重报刊言论的形式创新研究,并且倡导小型化言论,首创了答读者问的对话体评论;开创了言论的大众化风格,注重读者的感情,并且倡导替群众说话,听民众心声。另外,他用平民的视角,推心置腹的心态进行写作,在语言方面深入浅出,形式上生动活泼、主旨鲜明,为现代新闻评论的成熟与发展进步做出了相当重要的开创性的贡献。

新中国成立初期,是新闻评论趋于完善和成熟的时期。新闻评论文体有着很大进步与创新。胡乔木、邓拓两人的政论颇能代表这一时期的新闻评论水准。

胡乔木的新闻评论透过现象看本质,十分善于运用各种逻辑方法和推理方式,并且结构布局新颖化、思维形象化。他的政论有一个明显的特点,即鲜明的战斗性,理论方面有着强烈的典范性。此外,胡乔木的新闻评论也体现了浓烈的情感魅力。他的这些新闻评论艺术特点，丰富和发展了现代新闻评论，有着划时代的意义。

邓拓的报刊评论能紧密配合社会形势，并且能够诠释党政的方针政策和主张。他的社论写作十分重视理论与实际相结合，尤其注重社会调查方面的深入研究，并且社论文风也平易近人接近大众，文本内容朴实通俗。另外，他的杂文也富有很深的知识性、艺术性和感染性，针对性很强，做到有感而发，并且能深入地关注读者的心态动向。他的评论不仅在实践上丰富多彩，而且在理论上也有了自己专门的著述。

随着科学的发展，技术的创新，思维的进步，新闻评论文体必然在结构上有着细节划分。这也是时代发展的需要。随着不同媒体形态的发展，新闻评论又有了新的划分，出现了广播新闻评论、电视新闻评论、网络新闻评论等。并且，在这些评论中又出现了更细的划分。

对于现代新闻评论的研究，已经远远不能停滞在一般的写作方法与技巧上，应该更多地从新闻生态、新闻鉴赏、新闻思维、新闻结构等不同的理论框架进行研究和探索。这些理论研究必须是在新闻写作实践的基础上，不能做学院式的、象牙塔式的研究，更不能做凭空想象式的研究。本书希望，新闻评论这一不可缺少的新闻类型，未来一定会有更多的好作品和好的学术论著出现。

第二节 新闻评论的界定

新闻评论是对当前重大的或有普遍意义的新闻进行评述、发表观点。这里的重大新闻是指国内外的一些重要的、有一定影响，并且思想政治意义较深、涉及范围较广的事件。这里所指的普遍意义的新闻是指目前大多群众关注并且与人们日常生活工作紧密相关的事实现象。

本书所指的评述和议论，就是以新闻事件为基础，换句话说，是以新闻事件为论据进行理论上的论证。因此，在新闻评论中作者不仅要阐发自己的观点、原则、思想，还要观点鲜明、深刻、正确。

新闻评论和其他文体（无论是新闻文体还是文学文体）基本一样，都需要客观地反映事物。新闻评论重在反映客观事物的发展规律，而并非艺术形象。新闻评论在反映客观事物规律的过程中，所运用的思维形式主要是逻辑思维，必须严谨、结构缜密。

新闻评论在新闻体裁中，是一种不可或缺的重要文体。虽然在数量上，新闻评论不能和其他新闻报道相比，但是在质量方面，尤其在思想性上，意义深刻得多。

如果一家新闻媒体仅有新闻报道而并没有新闻评论的话，就恰如单翅的鸟儿，不能展翅飞翔；又如独轮的车子一样，寸步难行。新闻评论是新闻媒体的一面鲜明的旗帜，它的立场新颖、观点深刻，鲜明地导引着新闻受众，并有着一定的启发、鼓舞、明辨的积极引导作用，即是用逻辑力量使人奋发向上积极进取。

如果说新闻报道是新闻媒体的血肉的话，那么，新闻评论就是新闻媒体的骨骼；如果说事实是新闻报道的晴雨表的话，那么，新闻评论就是新闻报道的导向标。

新闻理论界对新闻评论的界定各有千秋、众说不一，但从总体上看，内容和形式还是比较一致的。

胡文龙、秦珪、涂光晋著的《新闻评论教程》是这样界定的：新闻评论是针对现实生活中新近发生的、具有普遍意义的新闻事件和迫切需要解决的问题而发议论、讲道理，直接发表意见的文体。

王振业、胡平著《新闻评论写作教程》这样界定：新闻评论是当代各种新闻媒介普遍运用的、面向广大受众的政论性新闻体裁。

程世寿、胡思勇著《当代新闻评论写作》给新闻评论下了这样定义：新闻评论是报纸广播等新闻传播工具就当前重大问题、新闻事件发议论，作解释、提批评、谈意见的一种论说文体，是所有新闻传播工具的各种评论形式的总称。

邵华泽著《新闻评论概要》认为：报纸作为一张新闻纸，每天都要对形势、对工作、对社会生活、对各种国内国际的问题加以报道，给予评论。评论是一种见解、一种主张，特别是社论、评论员新闻评论，代表编辑部讲话，是一张报纸政治立场、政治态度的表现。提倡什么，反对什么，最主要的是通过评论表现出来。有的时候，提倡什么，反对什么，表达不鲜明，模棱两可，这其实也代表了一种立场。

闵凡路在《闵凡路评论集》中这样认为：针对某一问题、某一事件、某项政策发表意见，阐明自己的观点，表明自己的态度，这就是评论、社论。

甘惜分主编的《新闻学大辞典》这样定义：新闻评论是新闻工作基本的新闻手段之一。它是针对主要新闻事实，针对当前人们普遍关注和存在的实际问题所发表的一种具有政治倾向的、以广大读者为对象的议论。

范荣康在《新闻评论的一般特征》中界定为：新闻评论是就当天或者最近报道的具有新闻价值的事情和问题，所发表的政治性的、面向广大读者群众的评论。

姚文华在《实用评论学》中认为：新闻评论是报纸、广播等新闻舆论工具，就当前重大问题、新闻事件发议论、作解释、提批评、谈意见、发号召的一种文字体裁，属于论说文的范畴。

丁法章在《新闻评论学》中这样认为：新闻评论是就当前具有普遍意义的新闻事件和重大问题发议论、讲道理，有着鲜明针对性和指导性的一种政论文体，是所有新闻传播工具的各种评论形式的总称。

江淮超在《新闻评论教程》中这样认为：它既是新闻体裁，又隶属论说文体，是论说文体中的新闻体裁，是新闻体裁中的论说文。

综上诸家说法和界定，有两点是大致相同的：一是新闻的文体范畴定义；二是文体的政论意义。这些都是从历史发展中探索其发展的规律性、多样性和导向性。

第三节　新闻评论的释读

新闻评论是针对现实生活中新近发生的、具有普遍意义的新闻事件和迫切需要解决而发议论、讲道理，直接发表意见看法和观点的文体，包括社论、评论员新闻评论、短评、编者按语、专栏评论、述评、广播评论、电视评论等多样题材，是报刊、通讯社、广播、电视等新闻媒介的新闻评论的总称。新闻评论既是一种政论性的新闻体裁，也是新闻宣传和舆论引导的一种重要手段。

新闻评论已经不仅仅是报纸评论体裁，而是各种媒体的共同体裁，是一种多种方式的话语形式，如电视新闻评论可以兼声音、图片，可以配字幕，网络评论可以兼声音、图片及字幕，并且现在的报刊文本也不断地调整改进发展，不断地表现出新的方法和方式展示给大众。由于在舆论引导工作中得到越来越宽泛的运用，新闻评论的发展也日趋于多样化。

新闻评论属于议论文的范畴，反映客观事物，是人们对客观事物认识的一种结果表现。它反映客观事物的方法概括且抽象，主要通过分析说理论述的方法，从理论、政治、政策和思想思维上去启发和引导读者，最终起到宣传的作用。

新闻评论学也是新闻学的一个重要分支，是研究新闻评论的运用思维和写作灵活规律的一门重要学科，有非常强的政治性和实践性，但是，新闻评论工作也有它自身的规律性和局限性，在学习和研究新闻评论学的过程中，要了解新闻评论的特点、功能、性质、特征，掌握新闻评论写作的基本要求和写作方法，在不断地探讨和实践的过程中，提高新闻评论的写作水平和思维的多样性。

第四节 新闻评论的特点

总体特征上来讲，新闻评论的特征主要有：明确的导向性、强烈的新闻性、准确的时效性、鲜明的政治性、广泛的群众性。

一、明确的导向性

新闻评论与一般的议论文有明显的区别。首先，新闻评论具有明确的导向性。新闻评论以马克思列宁主义、毛泽东思想和邓小平理论为主要的指导思想，这是由新闻传播工具性质特征决定的。从理论和实践的结合上来看，新闻评论主要是宣传国家纲领路线和国家方针政策，这也是新闻评论和一般议论文的明显不同点。新闻评论的目标不仅团结人民、引导舆论方向，并且也推进改革开放和国家建设创新。

二、强烈的新闻性

新闻评论针对百姓最关注的一个事实、一个事件、一种观点、一个问题发言，有的放矢，并且对当前值得评论的新闻事件和新闻问题发表不同的意见。2012年3月16日，《人民日报》发表评论《构筑当代中国的精神高地——论深入开展学雷锋活动》。这篇新闻评论有很强的新闻性，当时正值全国人大十一届三次会议开幕，温家宝总理认为雷锋精神是一种很可贵的精神，时至今日仍然有弘扬的必要。然而，社会上，一些见利忘义、见死不救、抛妻弃母事件的发生严重地损害了社会公德，因此，该文章提出，要学习雷锋全心全意为人民服务的精神，学习他深入群众联系群众的精神，学习他的艰苦奋斗精神。

三、准确的时效性

新闻评论要求对现实做出及时客观的反应，在兼顾社会效益的同时，切合时宜讲究时机。例如报刊专栏言论各种各样，并且还有许多配合新闻报道发表的各种评论，包括编者按语、编后等，运用十分灵活，发表言论更是非常及时，并且富有准确的时效性，同时也具有强烈的新闻性，因此，很受大众读者的欢迎。请看1985年2月5日，《人民日报》评论员写的新闻评论，题目是《收起对策，执行政策》。

"上有政策，下有对策"，"你有你的政策，我有我的对策"。这类话现在颇为流行，一些惯于钻政策的空子，甚至歪曲政策搞不正之风的人，就是这样做的，还自以为得计。刹不正之风，首先要煞一煞这种不是执行而是对付党和国家政策的歪风。政策，是党和政府为了完成某一任务而制订的行动准则。政策规定什么该做，什么不该做该这样做，不该那样做，以保证任务的完成。改革经济体制，关系国家民族的命运和前途，只许成功，不许失败。为保证改革的胜利实现，党中央和国务院制订了一系列政策。党政军民学，东西南北中，都应该严格恪守执行这些政策。对策，即对待、应付的策略和办法。对策，两军对垒时常使用，近年已少见了。前一时期经常提到"新技术革命的挑战和我们的对策"，也是含有"敌"、"我"的拟人化的描述手法，是作为针锋相对的一方提出来的。那些自诩"你有你的政策，我有我的对策"的同志，应该想一想，这里的"你"是谁？"我"又是谁？对策，是对付谁呢？说得重一些，你不是把自己摆在国家整体利益的对立面了吗？"我有我的对策"，这不是站在本单位、小团体的立场抵制、干扰甚至破坏政策的实施吗？政策规定，不准乱涨价，他可以改换装潢，以次充好，变相提价不准滥发奖金，他可以发实物不准发实物，他可以"代买垫付款项"，分期扣还，而真的要扣清，也许得扣几十年……算得上名目繁多，花样百出了。所有这一切，都是用来对付国家的。一个政策下来，有一些人就想方设法钻政策的空子，尽可能为本单位、小团体多捞一点利益，而置国家整体利益于脑后。其恶劣结果，是可想而知的。搞"对策"的是什么人？多是某些单位、某些企业的领导干部，至少也是得到他们默许的。他们为了本单位、小团体和个人的利益，可以不顾党纪国法，干违反政策的事。说得坦率些，就是利令智昏。要提醒玩弄这类小聪明的同志：全心全意为国家的富强、为人民的富裕而献身，而奋斗，是我们共产党员的根本宗旨。谁违背了这个宗旨，就不是合格的党员，不是合格的干部。国家富强了，人民富裕了，本单位、小团体和个人的事情都好办。无论如何不能因小损大，因小失大。大的失掉了，小的是注定要落空的。如果我们的经济体制改革受到干扰，遭到破坏，国家富强无路，人民富裕无门，我们这些当干部的有什么出路？能对得起我们的人民，对得起我们的先烈吗？那些屡经劝告、教育而不悔改者，一定要受到党纪国法的处理和惩罚。

收起你那一套对策，老老实实执行党和国家的政策吧！

这篇评论笔锋犀利，入木三分，如敲重鼓，锤锤击中时弊。它于1985年2月5日见报，离春节还有半个月，正是滥发钱物之风刮得最猛的时候，制止这股不正之风迫在眉睫，这篇新闻评论首当其冲，恰到好处。另外，这篇新闻评论的结构紧凑，讽刺意味强，环环相扣，层层迭进，加大了新闻评论的力度，使得指向不正之风的矛更加尖锐。尤其是这篇新闻评论标题、结尾都毫不留情，大快人心。

四、鲜明的政治性

新闻宣传主要反映一定观点和倾向性，并且代表一定阶级的利益，有很多媒体主要是怀有不偏不倚的客观态度，来报道一些政治性的评论，但是，不同的立场和原则态度思想总是会在报道中显现出来，表现出鲜明的政治立场和精神态度。新闻评论十分注重政治意义的选题，着重从思想、政治、理论的高度来分析和论述问题。

新闻评论的政治性，主要是针对具有争议的问题来发表一些言论，并且努力地贯彻执行党的各种方针，进行实事求是地分析问题，认真地阐述好自己的观点和立场主张，如1981年1月21日，《体育报》发表的一篇社论《我们的时代需要"最佳"精神》。

> 那种立志在国际比赛场上升国旗、奏国歌，为社会主义祖国争光的最佳精神
>
> 那种在人生的阶梯上不虚度年华，勇往直前，步步登高，追求理想，积极进取的最佳精神
>
> 那种勤奋学习，刻苦训练，锤炼思想，掌握技术，不怕苦，不怕累，不信鬼，不信邪，为崇高事业艰苦奋斗，勇于献身的最佳精神
>
> 那种要奋进，要追赶，要超过，一刻都不甘落后，时时都力争上游，革命英雄主义的最佳精神
>
> 那种互相协作，默契配合，团结一心，协同作战，集体主义的最佳精神
>
> ……

评论中的这些最佳精神，表现的是中华民族的英雄气概，是社会主义的精神文明。该篇新闻评论写得活，有气势，虽无华丽的辞藻，但能让读者跟着作者的激情走，不愧被公认为是1981年《体育报》上声音响亮、影响较大的一篇好社论。

这篇新闻评论的立意"高"和"新"，把"最佳"精神作为一个崭新的概念首次向社会提出，给人耳目一新的感觉。这篇新闻评论还贵在有创新思想，能从时代精神的高度论述"最佳"精神的社会意义，站得高，望得远，寄情于理，使全篇有格外动人的力量。评论指出，这是一种具有很强感召力、凝聚力、号召力，鼓舞人奋发进取的精神，这种精神正是我国物质文明和精神文明

建设的宏图大业中需要发扬光大的精神体现，是我国体坛上的不朽精神。

总体来说，新闻评论要摆事实、讲道理，实事求是地讲政治道理。

五、广泛的群众性

新闻评论的关注点，首先是广大群众最关心最感兴趣的话题，并且是跟人民大众的利益息息相关的，更能反映群众要求和一定的呼声，不管是多么专业的媒介，也要面向更大范围，引领受众，只有这样，才能更充分发挥新闻评论的群众性作用。1981年1月25日，《健康报》发表了一篇新闻评论《医院要讲究精神文明》，深刻地面向广大受众，关心广大群众的切身利益，反映群众的要求和呼声。该评论说理论述符合群众的特点和需要，吸引和鼓励广大群众关心和参与评论工作。

这篇新闻评论内容如下：

今天，本报发表的上海第一医学院附属中山医院开展医德教育的报道说明：医院要讲究精神文明。

目前，有些医务人员道德观念淡薄，缺乏应有的医德教育，这是一个带有普遍意义的问题。抓住这个问题，大力提倡社会主义的精神文明，正是医务界思想政治工作方面的一个重要课题。

什么是"医德"？"医德"就是每个医务人员应该具备的职业的道德。我国是具有高尚道德观念的文明古国，我国医务人员具有良好的道德传统，古代就对"医德"有专门的论述。如早在南齐的《诸氏遗书》中就曾指出："夫医者，非仁爱之士不可托也，非聪明理达不可任也，非廉洁淳良不可信也。"唐代医学家孙思邈在《千金方》中写道："若有疾厄来求救者，不得问其贵贱贫富，长幼妍媸，怨亲善友，华夷愚智，普同一等，皆如至亲至想。"由此可见，古代医家十分强调医家的道德。

救死扶伤，实行革命的人道主义，是我国光荣的革命传统。在战争年代，无数医务人员出生入死，以鲜血保护伤病员的生命安危，出现了许许多多可歌可泣的英雄模范人物，他们的精神境界表现了闪闪发光的高尚医德。新中国成立以后，广大医务人员以白求恩大夫为榜样，坚守岗位，忠于职守，在业务技术上精益求精，在平凡的岗位上表现了崇高的为病人服务精神。即使在"四人帮"干扰破坏的特定情况下，不少医务人员甘冒风险，为受迫害的干部、群众看病，体现了高尚的革命情操。医德，在社会主义条件下，已经赋予了崭新的内容。

　　医院是治病防病、保障人民健康的社会主义卫生事业单位，不仅要加强医院的技术和设备的现代化建设，同样要讲究精神文明。所谓精神文明，包括科学文化，共产主义的思想、理想、信念、道德、纪律，革命的立场和原则，人与人的同志式的关系等等。对医务人员来说，要有坚定正确的政治方向，精湛的业务技术，也要讲医德、讲素质、讲文明礼貌。试想，如果没有这种精神文明，不讲职业道德，怎么能建设好社会主义的医院呢！

　　但是，"十年浩劫"使医务人员的道德素养也遭受到严重的践踏。这表现在有些医务人员工作马虎，作风粗疏，不负责任，出了医疗差错事故还文过饰非，搪塞掩盖有的不懂装懂，盲目蛮干，增加了病人不必要的痛苦有的将病人推来推去，形成"踢皮球"有的不讲文明礼貌，在病房里吸烟、吐痰，说话粗鲁，随便训斥病人，吵架，骂人，要态度，发脾气，动作粗野也有的夸大病情，吓唬、诈骗病人和家属个别医务人员甚至利用医疗手段搞交易，开后门，拉关系，拉拉扯扯，搞不正之风。所有这些，都是与社会主义医院的性质不相容的，也是与医务人员的崇高职责不相称的。

　　今天，在医院里提倡社会主义精神文明，讲医德，讲素质，讲文明礼貌，十分必要。这是因为：医务工作者的服务对象是病人，医疗护理工作的好坏，直接关系到病人的身体健康和生命安危，关系到千家万户的悲欢离合，关系着党和国家的声誉。医务工作者的一举一动，一言一行，都要对人民负责。这个特定的服务对象和工作宗旨，要求医务人员必须具备特殊的道德风尚、职业素质，使之成为业务活动中精神和行动的准则。现代心理学还认为，药物对疾病有治疗作用，而良好的心理因素和积极的心理状态，对疾病也能起到治疗和康复作用。医务工作者对病人高度同情，关心体贴，就能使病人一踏进医院就有一种安全感、信任感，因而得到安慰，增强与疾病斗争的信心和力量。医务工作者具备什么样的道德行为和职业素质，对病人的精神和心理状态有着直接的深刻的影响。

　　读完这篇文章后，广大群众希望更多的医院提倡精神文明，要求医务工作者又红又专，发扬社会主义道德风尚，使医务人员能真正履行救死扶伤的崇高职责，为社会主义四个现代化建设多做贡献！加里宁曾经说过："如果你写的平常，但是你触及了群众最关心的问题，并对这个问题给予了回答，那么，一篇最平常的新闻评论也会发生很大的作用，起到很大反响。因为它正好击中了当时绷得特别紧的社会的弦。"

新闻评论正是针对群众普遍关心和担心的问题，提出了尖锐批评，代表了广大群众的呼声，反映了群众的切实愿望。新闻评论的群众性强不仅表现在内容为广大群众所关心，而且善于用通俗的道理来讲专业性问题，不要让群众读了有"夹生"、"拗口"的感觉，通俗易懂为最好。

第五节　新闻评论的作用

新闻评论的作用主要表现为：引导作用、监督作用、表态作用、深化作用等。

一、新闻评论的引导作用。新闻评论可以旗帜鲜明地分清正确和错误、先进和落后的界限，并运用马克思主义立场、观点、方法，对当下形势、社会生活中重大问题、重要的新闻事实做出清晰的分析，明确赞成什么、反对什么、引导什么，从而帮助群众弄清客观事物的发展方向。

二、新闻评论的监督作用。新闻评论可以弘扬先进的思想和文明精神，深刻地揭露抨击腐败现象和不正之风气，强大的舆论抨击各种不良现象，实现有效的新闻监督作用。

三、新闻评论的表态作用。新闻评论可以代表新闻媒介表明对重要事件和问题的态度观点及看法。对国内外重大事件，新闻媒介可以通过新闻评论来表明党和政府的应对态度。

四、新闻评论的深化作用。配有新闻评论的新闻报道更能深化报道的主题。通过对新闻事实的分析评论，从思想和政治高度来说明存在的问题，启发和帮助群众掌握科学分析的方法，提高群众思想觉悟。

新闻评论的传播特点

第一节 新闻评论的新闻性

从新闻评论的文体归属范畴来说，它和消息、通讯等新闻文体是并列存在的。不论它的评论性有多么强烈，主要都是以新闻事实为基础，这与学术性等论文有着明显的区别。换句话说，这种文体是在叙述新闻事实的基础上，以新闻事实为论据，继而进行报道和评论的一种新闻体裁。

可以这样说，新闻评论虽然和消息、通讯等新闻文体一脉相承，但是，它是新闻和政论的一种新的开拓，是新闻和政论中间的一种特有的文体，也是一种创新的提升。

新闻评论的新闻性主要表现在时效性上。一般说来，新闻评论主要是因事而发，是配合新近发生的事实的报道来阐发作者或者是编辑部的观点、看法和主张。其实，新闻报道的事实，首要必须要求是迅速及时的。如果新闻报道失去了时效性，那么，也就失去了它的特有价值，最终成了旧闻。在现代科技发达的社会里，新闻报道的快捷性非常必要。有的新闻报道，为了新闻的快速，甚至要即时报道、现场报道、同步报道、跟踪报道，让新闻受众能够更快地拥有知情权。有的同步报道记者，在现场随即地做同步的新闻评论，直接阐述新闻观点，快速及时引导新闻受众，这种报道的思想性不仅是深刻的，也具有很强的时效性特征。

中央电视台的一些直播节目就是具有很强的时效性。在一些重大的节日庆祝活动期间，如国庆节、八一建军节、香港回归祖国等庆典活动，都是即时报道和同步报道，在这期间直接插播记者的述评，有的是在事件报道之前进行评论，有的在事件报道之后由记者或特约评论员出面，并且直接面向新闻受众进行评论，深刻地表达观点、立场、主张。

有些电视新闻评论即使不是新闻事实发生的第一现场报道，但是记者或特约评论员也会针对新闻事实进行评论，使新闻受众能够直接领会新闻媒体的立场观点和主张。新华社2003年第一季度网络好稿，发表在3月19日新华网焦点网谈的新闻评论《国家助学贷款"三方谈"》就是如此。

策划：宋晓秋　采写：张木馨
国家助学贷款是由中央和省级政府共同推动的一种信用贷款，由国家指定的商业银行负责发放，对象是在校的全日制高校中经济确实困难的本、专科学生以及研究生，目的是帮助他们支付在校期间的学费和日常生活费。

我国政府早在1999年就出台了助学贷款政策，帮助众多贫困大学生顺利完成了学业。但从目前实施情况来看，银行、学校、学生都在实际的操作中遇到不同方面的困难和问题。这些问题是什么？要从哪些方面去解决？先让我们看看银行、学校、学生这三方究竟是以什么样的态度来看待国家贷款的。

信用问题使助学贷款当事人左右为难

银行：信用贷款，信用难保，国有银行，损失自负

国家助学贷款是无担保的信用贷款，而学生的信用在现阶段只能靠学校辅导员的评定，即使发生违约，学校也不承担责任，这样，学生是否能还款几乎无法预测，另外如果发生学生不还贷款或中途发生退学、死亡的情况，损失只能由银行自行上报核销。但同时，国家助学贷款又是科教兴国的重大举措，作为国有银行理所当然要全力支持。就这样，国有银行在国家利益和自身利润的夹缝中度过了两年。

记者就此内容对中国建设银行大连开发区支行进行了采访

问：咱们开发区支行的国家助学贷款的基本情况是怎样的呢？在操作过程中具体遇到哪些问题呢？

答：中国建设银行大连分行及各区支行是大连地区主要开办国家助学贷款业务的国有银行，从2000年开始，大连开发区支行在开发区两所主要高校办理这项业务，到目前为止，签订贷款合同金额2170.58万元，实际发放1074.62万元。由于贷款期限不同，多数学生未到还款期限，不过已经有部分学生用自己的奖学金或者毕业后的工作薪金提前偿还了贷款，此类提前还款金额达23.97万元，占贷款合同金额的1.10%，占实际发放金额的2.23%。

负责该项业务的零售业务部经理李亚丰介绍说："大部分学生都能主动付息，但欠息的情况也是存在的。到目前为止，开发区两所高校共欠息8246.08元，虽然数额不是很大，但是表明了这种情况确实存在并且以后极有可能再次发生。"

问：这种情况发生的原因到底是什么呢？

李经理回答说："现在问题主要在于学生的信用无法实际监督。因为国家助学贷款是信用贷款，没有任何担保和抵押，学校只负责提供学生的贫困证明，在签订借款合同时，学校充当见证人，在申请表中由辅导员老师的评语充当学生的信用鉴定，学生如果不还贷款，学校不承担任何责任，所以学生是否还款只能靠学生的自觉。银行对贷

款学生的约束是在学生不还款的情况下可以追讨、催还，甚至起诉，但是由于贷款金额本身就不大，要是真的去追讨、起诉，那这期间的追讨成本要远远大于追讨金额。如此下来，学生不还的贷款只能由银行上报核销，从银行利润中扣除。"

问：银行怎样看待和解决这种信用问题？

客户经理赵海波回答说："从国家的角度看，助学贷款是一件好事。国家为了鼓励学生贷款，不但补贴学生50%的贷款利息，还在2002年1月把原来年5.175‰的利率调低至4.8‰，经学校反映，自从办理了国家助学贷款，学校因经济原因辍学的人数大大减少了。但是，从我们银行的角度来看，现阶段正值国有银行向商业银行转化时期，国家要求国有银行自负盈亏，但是我们在落实了国家助学贷款政策后，这部分一定会发生的贷款损失只能从我们银行的利润中核销。

当然，从长远看，如果学生到期不还贷款，在我们建行就会有他的不良信用记录，其他和我们联网的银行也会有这样的记录，那么有不良信用记录的学生就不可能再在银行贷到钱。如果以后全国各大银行都能联网，那么有不良信用记录的公民只要在社会中发生经济行为，那我们就可以直接向欠款人实施催讨程序。我想这也是我们社会信用体制发展的方向吧！"

学生：贫困证明，有真有假，贷款到手，去向难测

学生是助学贷款的最终受益者，同时也是偿还贷款的主要责任人，学生家庭是否贫困关系到学生是否需要助学贷款来交纳学费、维持生活，是否有资格申请助学贷款，因此，学生的贫困证明成为学生申请贷款的重要条件。但是，贫困证明能真实地反映学生家庭状况吗？能保证贷款都用在继续学业上了吗？

从2000年大连各家银行开始办理助学贷款业务以来，受到了大多数贫困大学生的普遍欢迎。在大连民族学院——一所国家民委直属的高等院校，一位获得6000元助学贷款的贫困学生杨名说："我家是农村的，父母都是农民，平时也没有什么经济来源，只能在秋天时卖点粮食才能有点现钱，我平时的生活费都是我家里借或者是我在图书馆做管理员挣出来的。今年我申请了国家助学贷款，一年有6000块钱，包括了学费和生活费，这样我平时做个家教或者打个零工就完全可以解决生活问题了，有时还可以给家里寄回去点呢！"当记者问到如何看待现在有些已经毕业的贷款同学拖欠贷款时，他说："是的，我也听说了。不过我觉得国家以这么低的利息贷给我们钱，而且还不要什么抵押，对我们已经很照顾了，要是到时不还钱可真是不应该。"说到这里他还皱了皱眉头。

据经济管理系的马彬老师介绍，"从2000年开始发放贷款到现在，只有98级的贷款学生到了还款期限，但是从现在的还款情况来看，还是很不乐观的，很多同学都没有履行还款责任，虽然还款期限是4年，但是他们现在连利息都没还，那本金就更不用想了。如此下去，银行一定会实行缩减放贷金额措施的。"

但是，现在高校中仍存在一些打助学贷款歪主意的学生，他们编造了催人泪下的家庭状况书、贷款申请书，在家庭所在地开具虚假的贫困证明，得到助学贷款后又大吃大喝，买手机、电脑，这些虽然只是个别现象，但影响极坏，不仅令助学贷款失去其原本的意义，也让社会对大学生的信用产生了怀疑。

记者在大连市一所高校的教学楼前采访了一位衣着朴素、身体瘦弱的贫困学生，当问到他如何看待国家助学贷款时，他说："刚开始听到这个消息很高兴，觉得自己能把大学读下来了，有了这几千块钱学费就不用发愁了，要是能找个勤工助学的岗位，还能给家里寄点钱。可是后来我发现有很多人在申请这个贷款，而且有些人还说什么'不贷白不贷，白贷谁不贷'。我真怕银行和学校知道了就再不贷给我们钱了。"随后，记者又随机采访了一个正要去食堂吃饭的同学，当问他有没有听到过"不贷白不贷"的说法时，他说："有呀，很多人都这样说，有的人还真弄来了贫困证明，但这些人从日常生活中根本不像家庭贫困，他们也说贷款只是想让手里有点自己的钱……?"

学校：监督信用，操作困难，学生违约，学校赔钱

学校作为助学贷款的中间方，担负着为学生申请贷款和为银行监督借款人的责任和义务，但是由于缺乏社会信用体系，学校无法了解新生的信用状况，对在校生的信用评定也局限在辅导员的鉴定上。而当贷款学生发生贷款到期无法偿还时，银行便会在各种媒体上公布欠款学生的姓名及毕业院校，学校声誉受到严重影响。另外，有些学校专门为学生助学贷款设立了国家助学贷款风险准备金，当贷款学生发生到期无法偿还贷款时，学校将先替学生偿还贷款，把借贷关系转移到学校和学生之间，如果学生仍然不能还款，经济损失就只能由学校来承担。学校这个中间人，一方面在为学生申请更多的贷款，以帮助更多学生完成学业，但又无法保证每个学生都按时还款；另一方面又要对银行负责，保证贷款能如期偿还，这样的两难境地令许多负责此项工作的老师都十分头疼。

学生处的老师在向贫困生了解情况

大连理工大学是一所著名的理科院校，从2000年开始办理国家助学贷款以来，共有1667名学生申请到贷款，发生贷款合同金额2613万元，但是在这两年中就有5个贷款学生被退学。按规定，这样的学生要在办理退学手续之前停止发放贷款并还清前期贷款，但是这样的学生在停止学业后，由于无法找到工作，没有经济来源，偿还贷款的可能性就更小了。学生处的薛徽副处长说："我们非常愿意配合银行做好这项工作，帮助贫困学生完成学业。目前虽然总的形势还不错，但是由于助学贷款也是刚刚步入贷款周期的还款阶段，所以也不能忽视对学生的监督和引导。我们也对学生贷款后的生活进行了监督，一旦发现贷款学生有买手机、电脑等高消费的情况，马上通知银行停止发放贷款。并且我们把学生的成绩和贷款联系起来：如果贷款学生一学期有3科成绩不及格，或学年累计5科不及格，我们也将通知银行停止发放贷款。但是仍有个别学生在毕业后恶意多次更换工作，故意不跟学校联系，学校也无法尽到为银行提供学生有效地址和联系方式的义务。

为了保持与银行良好的合作关系，我们在大连各高校中率先设立了国家助学贷款风险准备金，当发生贫困学生到期无法偿还贷款的情况时，学校先行偿还贷款，把借贷关系转移到学校和学生之间，由学校催还。但是，这样的情况下学生还款的可能性很小，损失就只能由学校来承担。这样的情况目前在理工大学已经有5人，直接经济损失接近十万元。"

从以上情况我们可以看出，在国家助学贷款的发放和偿还过程中，银行、学校和学生都有各自的困难和想法：有些银行觉得助学贷款业务的规模小，利润少，就缩减了这项贷款的规模有些学校在协助银行监督贷款学生，保证学生按时还款方面做得还不够，导致银行造成不必要的损失而个别学生，认为这点钱对国家和银行不算什么，就故意造假、违约。"勿以恶小而为之，勿以善小而不为"，相信这句古语是每个人都耳熟能详的，国家为了让每个大学生都能完成学业，拨出专款支持国家助学贷款，那么国家助学贷款的当事人--学生、银行、学校甚至社会该如何配合，才能把国家政策顺利落实下去，把助学贷款做得更好呢？

多方配合，解决问题

一、银行：金融系统应抓紧建立学生信用记录数据库，加强大连银行之间、大连银行与外地银行之间信用记录的交换、共享，真正实现学生个人身份记录和信用记录挂钩，有效规范和约束贷款学生的经济行为。

二、学校:

1. 目前教育部已经建立了学生档案和信息网络查询系统,谁不还贷,就公布他的失信记录,但是这个工作不应仅局限于贷款的信用上,还应注重学生可监督的在校行为记录,如借阅图书馆图书时是否按期归还,是否有故意毁坏图书行为等等,用学生的日常行为信用记录来评价学生的信用程度,使学生的信用证明更具客观性。

2. 学校着重培养学生树立正确的诚信观、贷款观,从根本打消贫困学生恶意拖欠贷款的念头,形成信用贷款有信用的良性循环,为国家助学贷款的继续开展奠定良好的基础。

3. 高校还应把鼓励贫困学生勤工助学,使贫困学生树立自立、自强意识,尽量减小贷款金额,减轻学生的贷款、还款压力。

4. 建立扶贫超市,鼓励不贫困学生帮助贫困学生,给有帮助意图的学生提供机会。在学校中,还有许多家庭环境比较好的同学有帮助家庭贫困同学的意愿,但是一直没有机会或不好意思张口,怕伤了贫困同学的自尊心。对此,学校应策划一些鼓励互帮互助的活动,这样既缓解了贫困同学的经济压力,又能使同学们在交流中增进理解,互相帮助。

三、社会:

1. 建立完整公民、法人的信用评价体系,建立公民、法人的信用记录数据库,为需要提供信用证明的单位提供切实可靠的依据,创造良好信用机制。

2. 完善社会保障体系,加大对贫困大学生家庭的扶助力度。增加学生的信用度还应从社会对贫困学生家庭的扶助入手,改善贫困生家庭状况,让贷款学生的家人督促学生还贷,形成多方监督环境。

这篇新闻评论紧密地结合了实效性和新闻性,抓住了助学贷款相关方银行、学校、学生各自的困难和想法,进行层层分析梳理,多方配合,解决困难,完善社会保障体系,建立完整的公民、法人的信用评价体系,建立公民、法人的信用记录数据库,改善贫困生家庭状况,让贷款学生的家人督促学生还贷,形成多方监督环境。如果评论不和新闻紧密结合,就失去了时效性,那么,这篇新闻的传播效果就会大打折扣。

新闻评论的新闻性还表现在真实性上。这里的真实性主要有两个方面的含义:一是事实具有真实性,包括发生的时间、地点、人物、原因、过程、结果、环境等多方面要素,这些要素不能有半点虚构。这不仅仅是新闻评论写作的必须要求，也是所有新闻体裁写作的最基本的原则，是每个从事新闻工作的人士最基本的写作素养；二是对新闻事实的评论必须遵守准确性和正确性的原则。就是说：准确是对事实的评价要挖掘新闻评论的本质，准确性还要求用词造句要规范，更要精益求精，不能胡编乱造，新闻评论的正确性的要求是对新闻事实的论证要严格讲究逻辑方法。2012年6月14日《人民日报》刊发一篇评论，题目是《摈弃狭隘的极端主义》，其中有这样两段：

> 因为有消极腐败现象，就把国家说得一无是处因为有为富不仁，就对所有富人怨、恨、怒批评社会存在一些矛盾，就被斥为"抹黑中国"强调一下阶段性国情，又被讥为"高级五毛"看到国企亟待改进，就干脆主张全面私有化指出国企问题不少，就是对公有制的"攻击"小悦悦事件发生了，就断言世风日下已至道德末日"最美"出现了，又认定道德滑坡根本不存在。这样的极端思维，在我们身边并不鲜见。不管是哪个极端，都不利于我们正确认识当今社会存在的问题，真实判断我们所处的方位，客观评价国家社会的进步，更无益于形成社会合力、促成问题解决。
>
> 我们生活在一个价值多元的世界。在这样一个时代，开放包容的观念，健康理性的思维，不仅是个体修养的重要标志，也是整个社会文明程度的标杆。作为一种偏激的价值观，"极端主义"的判断扭曲了事物的本来面貌，有悖于行为的内在规律。作为一种片面的方法论，"极端主义"审视和思考问题的方法，违背了事物存在的现实逻辑。作为一种情绪化的社会心态，"极端主义"的言行不仅是对他人权利的漠视和侵犯，更容易激化社会矛盾，对于我们这样一个正走向现代化的大国，十分不利。

这两段文字对"极端主义"的论述很有分寸又特别准确。说"极端主义"是客观事物存在的一种状态，又说如果为"极端主义"障目，或者不加分析冠以"极端主义"，就会演为一种"现实主义"。从"极端主义"到"现实主义"的过程，就是抓住了事物的本质进行论述的，就是一种规律性的准确概括。第二段中对"极端主义"社会的矛盾，情绪化的心态、社会极端的思考等进行阐述时，也正确地使用了逻辑推理，使论述更加真实准确，具有很强的渲染性。

第二节 新闻评论的政论性

新闻评论的政论性主要是由新闻的现实性和政论的逻辑性来决定的。在新闻实践中，要求所报道的新闻要有的放矢，必须针对现实生活中的一些重要的事实和人民群众普遍关心受众的事件进行新闻评论报道，对当前的一些重要工作进行引导性的报道。新闻评论在一个系统中有规律性的和本质的逻辑思维联系的主要是论点、论据、论证这三要素，所以，从结构到语言，形式到逻辑，从主题到内容的建构都必须具有政论性质的色彩。

新闻评论隶属于论说文、政论文，它的政论性特征概括了二者的基本特点，其中主要有：

1. 明确阐述对于事物评论对象的看法；
2. 评论以说理为主要手段；
3. 着重从思想、政治或伦理的角度进行理论分析论述有关问题。

前两项主要包括政论文在内的所有论说文所特有的特点，后一项则是一切政论文，包括所有新闻评论的基本特点之一。综上所述，新闻评论的政论性，就是从思想、政治或伦理的角度阐明对于所论述的事物的看法和观点。

现代论说文，主要融合了古代的"论"和"说"两点，并且是一个很宽泛的概念问题，它包括了所有具备上述两个特点的新闻评论的形式。就是以说理为主要方法，并且明确地阐述对于事物的一些看法，这种特征是论说文在长期的发展过程中形成的最基本的特点。

政论性体裁的另一特征——必须着重从思想、政治或伦理的角度来细致地分析论述问题，解决问题，新闻评论就是政论文区别于其他论说文的主要标志性特征，也是新闻评论政论性特征的核心点。

除了新闻评论以外，媒体还经常发表一些其他的论说性新闻评论和专业性新闻评论，如体育评论、文艺评论、图书评论等，有时这类新闻评论的写作题材和新闻主体，同新闻评论几乎一样，也同时以说理为主要手段，主要阐述一些鲜明看法观点。它们之所以不被认为是新闻评论，主要是因为它们侧重于从专业的知识理论的角度分析、论述有关理论问题。

2010年9月29日，《经济参考报》转载了记者宋晓秋发表的文章《花园口区：选资瞄准绿色低碳》：

在辽宁沿海经济带中，花园口经济区独树一帜把新材料确定为主导产业，并成为东北及内蒙古地区唯一一家国家级高技术产业基地核心区。如今，作为辽宁沿海经济带国家战略中五个战略支撑点之一的花园口经济区，将成为辽宁沿海经济带中最具特色、最具潜力的经济隆起带。

花园口党工委书记、管委会主任认为，作为辽宁沿海经济带的一个重点发展区域，花园口追求的不是简单的经济量的扩张，而是有质量的新经济的发展。花园口要与世界低碳经济潮流无缝对接，全力以赴发展新材料产业，同时实现招商选资，就是选择新经济的、绿色的、低碳的产业。预计在"十二五"末，花园口的新材料产业基地产值将达到1000个亿元。

目前，一批有影响力的新材料、新能源项目已纷纷在花园口开工建设，绿色产业和低碳经济的集聚效应已初步形成。大连融德特种材料是中德合资项目，生产航空航天发动机旋转部件合金，目前世界上仅有3个国家的4个企业有这样的技术能力台湾丽昌新材料有限公司先进碳、硅新材料项目，科技含量世界领先，项目总投资1.6亿美元，申请20多项新材料专利，建成后将成为世界最大的先进碳材料加工企业辽宁太爱肽生物工程项目是拥有国家发明专利、世界领先的胶原蛋白肽加工企业，正在花园口建设研发和生产基地，总投资10亿元，近期将投产，这将使花园口区成为世界最大的胶原蛋白肽研发和生产基地。

花园口管委会主任说："2010年，花园口将加快绿色产业和生态水城建设步伐，坚定不移地走特色发展之路，不断扩大新材料产业的集聚效应，逐步建立完整的上、中、下游产业链，使花园口既有特色鲜明的新材料产业集群，又有卓尔不群的生态水城，成为大连乃至全国绿色产业、低碳经济的示范区。"

这篇新闻评论从选资理念的角度进行了分析论述，体现了花园口要发展有质量的新经济，以达到与世界低碳经济潮流无缝对接的目标。这篇新闻评论政论性强，论据充分，突出了经济区发展战略问题，从思想战略上辨别事物，在论述上体现一定的政治倾向性，标题就可以表现出花园口的选资标准。

新闻评论面向广大受众，它所分析的事物、论述的问题，都是受众关心或需要引起受众关注的事物和问题。民生关乎百姓，百姓影响民生，因此，政论性新闻评论是否真正地吸引多数受众，很大程度上取决于是否适合多数群众的视角，是否真正吸引到受众，是否和受众的生活息息相关。与专业角度相比

较，从思想、政治或者伦理角度分析事物、阐述问题，无疑更有利于唤起多数
受众的接受兴趣，更容易为多数人所理解。这么说，当然没有贬低专业性新闻
评论的意思，只是为了说明新闻评论要赢得更多受众，就得从思想、政治、伦
理等角度分析论述。

第三章

新闻评论学 *Xinwenpinglunxue*

新闻评论的要素

新闻评论的各种要素，相互依存、相互联系，每个要素连接起来构成一篇完整的新闻评论。新闻评论的要素主要包括论点、论据、论证。

第一节 要素间的系统关系

任何一篇新闻评论，不论长短，都必须具备论点、论据和论证这三要素，否则就不能成为新闻评论。但是，其具体要求与一般的论说文不同。1980年4月23日《大众日报》发表的一篇题为《"一分钱"的分量》的新闻评论，写得栩栩生动。

前不久，济宁市刘庄小学表彰了一个拾金不昧的少先队员王秋美，班主任老师介绍了她的事迹。王秋美刚入学时，曾拾到过一分钱，交给了老师，受到表扬和鼓励。此后，她又拾到过一块橡皮、一支铅笔，也都自觉地交给老师，直到这次拾到598元现金，原封不动地交还给失主。几乎与此同时，在另一个小学，有一名学生因参加偷盗集团而受到公安机关的审查。说来也巧，这个少年的犯罪，也始于一分钱。当初，他曾拾到一分钱回家交给了妈妈。这位娇宠孩子的母亲，竟让孩子用这一分钱去买糖块吃了。结果，这个孩子拾到一分钱买糖吃，拾到一角钱还是买糖吃，渐渐地，由拾到钱买糖吃，发展到私自拿家里的钱买零食，数量由少到多，胆子由小变大，一直发展到掏腰包，结伙偷盗。

古人说："合抱之木，生于毫末。"意思是说，用两只胳膊才搂得过来的参天大树，是从一株很小的幼芽，经过多年的培育而长成的。古人又说："千丈之堤，溃于蚁穴。"意思是说，千丈长的河堤，由于蝼蚁钻成的小洞而导致崩溃。这两句古话正好可以拿来作为上述两个少年不同发展情况的注解。

一个刚懂事的孩子，世界观好比一张洁白无瑕的白纸。他周围各种各样的事物就像五颜六色的颜料，随时随地都会在这张白纸上着色染彩。尤其是孩子的第一任老师——家长，继而是小学、中学教师，简直可以说是手握彩画笔的画师，经常蘸着这样或那样的颜色往这张白纸上描抹。久而久之，家庭、学校、社会的影响，便会在这张白纸上形成一幅图画。这张图画或者是色彩鲜艳的绚丽花朵，或者是色调平庸的一般草木，或者是色彩暗淡的荆棘和杂草。当王秋美同学最初拾到一分钱交给老师的时候，老师没有放过这个孩子身上产生的优秀品质的幼芽，及时加以浇灌和培育，使这个孩子的心灵深处产生了光荣感、荣誉感，共产主义思想品德的种子就在她身上开始扎根、发芽，成长起来。而那名恶少，则由于妈妈错误地教育和引导，使损人利己的毒菌在他幼小的心灵里得以滋生、蔓延、泛滥起来。我们应该从这两名少年身上得到教益。我们的家长和教师，我们的党和人民，都希望一代青少年成长为四化建设的合抱之树，那就应该对毫末之苗精心培育，对蝼蚁之穴严加防范。千万不可轻视"一分钱"的分量呵！

这篇短小精悍的评论以小见大，具备了论点、论据、论证三要素。文章从捡到一分钱如此不足挂齿的小事说起，循序渐进，层层推理，提出儿童教育如"千丈之堤"也会"溃于蚁穴"的论点。接下来，文章开始分析捡到一分钱的两个孩子的例子，每一个例子都是说明儿童教育如"千里之堤"也会"溃于蚁穴"的论据，而贯穿于论点和论据之间的论证，则类似于形式逻辑所讲的论证，通过论据提供不同教育可能得到的不同结果，要求孩子第一任老师——"家长"，能够重视孩子教育，应该对毫末之苗精心培育，对蝼蚁之穴严加防范。千万不可轻视"一分钱"的分量啊！此评论娓娓道来，行文流畅，无死板说教，情真意切，叫人读了颇受启迪，教益匪浅，是一篇动之以情、言之有理的好评论。

反之，如果三要素不完备、不完善，那就构不成评论，或者是人们无法确切理解的评论。比如，如果没有形成明确的论点，那就相当于没有表达自己对于事物的看法、观点和立场，当然说不上是评论论点表达不准确、不鲜明、不生动，则可能导致歧义、引起误解，甚至陷于自相矛盾的局面，如果没有必要的论据，那么论点就得不到证明或说明论述，则势必削弱以至丧失新闻评论说服力，给人以强词夺理、强加于人的感觉。论据不充分或同论点不相应，也很难具有说服效果，论证不恰当，不能揭示论点与论据的必然联系，其结果就容易使材料与观点分家，或者层次不清、逻辑混乱，当然也难以获得预期的说服效果。所以，对于新闻评论来说，三要素不仅不可缺，而且必须力求完善。

在新闻评论中，论点、论据、论证相互联系依存，各有不同的表现形式，处于不同的地位，具有不同的作用。理解评论三要素的关系，需要注意下面几点：

第一，论点主要是表达对事物的看法，论据则是支持论点的缘由，而论证则是表现论点与论据之间的联系，贯穿于整个论述过程之中，这三要素相互联系、补充。所以，检验一个新闻评论是否完整，主要是看论点是否具备，论据是否充分，论证是否严谨。

第二，新闻评论的作用是作者对某个问题或某个事件进行分析、评论，从而表明自己的观点、立场、态度、看法和主张的一种文体。新闻评论的论点基本要求是：观点正确，符合逻辑、思想缜密、有实际意义，恰当地表明新闻评论主旨；论据的基本要求是：真实可靠、充分典型、实事求是并生动形象地论述论点；论证的基本要求是：推理必须符合逻辑、论证必须充分有力。

第三，新闻评论要提出论点，用论据来说理，用论证来证明，最终得出结论。一般情况下，先提出一个总论点，然后分别进行论述，分析各个分论点，最后得出一个总的结论。也可以在开头引述一个故事、一段对话，或描写一个场面，再层层分析事实道理，归纳总结出一个新的结论，这种写法叫总分式。还有一种是答难式写法，主要是在新闻评论开头先提出一个人们关心的疑问，然后一一作答，逐层深入。新闻评论的对比写法，主要是把两个不同事物以对立的方式提出来加以比较、对照，然后得出结论。

第二节 要素之一——论点

论点就是立论，是作者提出的基本主张或重要观点，阐述和说明中心议题。论点可以分为两类，总论点和分论点。有时为了把总论点论述清楚，通常设分论点，并对分论点加以论述和说明，这也是论证总论点的过程。

论点是评论的灵魂。论点的主要目的是为了向读者或听众阐述论证、解释和用来说明作者的观点，使读者加深论点的认识和理解，从中受到启示和启发。所以，论点必须符合以下要求，否则就达不到新闻评论的目的，也不会引起什么影响。

一、论点要正确新颖。正确的论点，就是运用马克思主义的立场和方法论，分析解释问题，从中提炼观点，最终使论点符合客观实际、反映客观事物存在的规律、实事求是地揭示事物本质。论点新颖主要表现在不断提出新问题、有新的独到见解，能从不同角度、有深度地去论述某一事实，给人以新鲜、明快的感觉，使读者思想上受到启迪。提炼一篇评论的论点很简单，但是做到有针对性、有新意就比较难。因此，新闻评论表达正确、观点新颖，其实不是一件容易的事情。在天津人民广播电台1996年11月17日播出的《市场不相信"出身"》的这篇新闻评论中，这样写道：

听众朋友，两年前，为使国有企业焕发青春，天津市厨房设备厂把当家产品——西式餐具拿出来与香港丰达利公司合资，餐具公司、厨房设备厂、丰达利三方注入资金100万美元。当丰达利尽选年富力强的劳力，引进80年代先进生产设备和拥有广阔市场轻装上阵时，留给老厂的是700多名老弱病退职工、300多万元的外加工欠账及合资前所有贷款的偿还留给老厂的是流动资金额为零和尚未打开的厨房设备市场。

在天津丰达利不锈钢制品有限公司开业典礼上，丰达利总经理喜悦之情难以抑制，他侧过脸去，悄悄地对站在身边的厨房设备厂厂长焦葑泉说："今天我丰达利开业之日，就是你厨房设备厂3年之后关门之时。"如今，两年半光景已经过去，当记者光顾这里寻求答案时，却意外地见到了这样的事实：3年来，厨房设备厂以经营为龙头打市场职工收入向销售人员和一线工人倾斜，奖勤罚懒与此同时，聘请工程技术人员，大力开发功能性和附加值高的产品，以满足用户的不同需求。产品由单一品种扩展为16大系列100多个品种年销售收入由1993年的407万元达到今年的2000万元年人均收入也由1993年的2500元上升到今年的6000多元。产品畅销华东、华南、东北、西北等地区，企业步入良性循环轨道。

而厂院内的丰达利公司视自己"出身"高贵，坐等客户，对于客户提出的改进产品设计、降低成本的要求看作"刁难"，使许多老主顾无奈地迈进了乡镇企业的大门。结果不到一年的时间，其销售量就由合资前的30万打萎缩到不足10万打。到今年10月份企业大幅亏损，经营陷入困境。

在厂长室，记者见到了刚刚下发的任命书："任命厨房设备厂厂长焦葑泉兼天津丰达利不锈钢制品有限公司总经理"。焦厂长见记者感到疑惑，爽朗地说，3年来，我们两家进行了一场市场观念的较量。

这是一场刻骨铭心的较量，仅仅两年多的时间，天津市厨房设备厂的职工在资金匮乏、产品单一、技术落后的情况下，转变观念，同舟共济，背水一战，在市场的漩涡中走出逆境，使国有企业重新焕发了青春。而丰达利不锈钢制品有限公司自感"出身"名贵，盲目自大，不思进取，结果被市场经济的大潮所吞没。事实告诉我们：市场不歧视弱者同样，市场也不相信"出身"。合资的机制、丰厚的资金、先进的技术不是万能的，而启动市场的金钥匙是人们观念的转变，是人们拼搏的精神。马克思曾经说过：生产力的变化必须造就全新的人。天津市厨房设备厂正是抓住生产力中最活跃的因素，才使企业在强手如林的竞争中重新崛起。

当我们有的企业疲于寻找合资的"血统"，垂涎于可观的外汇，甚至不惜以几十年、上百年血汗与智慧铸就的无形资产孤注一掷时，我们难道不能从这场较量中得到什么启迪吗？！人字如屋脊，人字如峰巅，人只要有一点点精神，就可以得到生存的意义只要有一点点精神，就可以使一个民族、一个国家、一个企业生命辉煌，这也正是我们的企业走出困境、找到前途的关键。

这篇广播评论论点新颖，论证严谨，语言精练，是篇不可多得的经济题材评论佳作。《市场不相信"出身"》全文紧紧围绕"出身"这个论点写活了评论。评论在有限的篇幅里对国有企业与合资企业进行的一场市场观念的较量做了较为详细的交代，材料充分，层次分明，由浅入深，层层剖析。评论首尾呼应，市场不相信"出身"，只相信竞争，只要有精神就会有辉煌。评论为国有企业，特别是正在艰难奋斗的企业鼓了劲、打了气。

二、论点要科学而有针对性。新闻评论和新闻报道一样，有扶正祛邪、发挥正确的舆论导向的作用。所以，评论论点必须要有针对性，敢于揭露、正视矛盾，并提出解决的方法，客观地有针对性和科学性的发表言论和看法。1971年1月21日，美国伯利恒《环球时报》发表的一篇题为《文过饰非》报道就是如此。

市政委员会在一次秘密投票中，重申对伯利恒警方的信任，这种在裙带关系上进行的投票毫无意义，很明显，它试图对前警察约翰·斯坦提出的重要问题文过饰非。

已在警方服务两年半的斯坦警官早该懂得保持缄默，而把注意力集中到他将完成4年工作期的利海伊。但是，对高级警官在警察局里暴力的掩盖以及警察与青年之间日益增长的不必要的疏远，迫使他冒着与昔日同僚结怨的危险陈述他的观点。

看来只有威廉·柯林斯委员和沃尔特·迪尔特里委员能理解斯坦提出的问题：（1）一个号称进行口头训诫的部门听证会，如何真正面对这样一个证据确凿的事实：9月25日晚，有人看见公共安全警官欧文·古德在抽打一位被关在警察局里的年轻人。古德是参与者吗？如果是，他做过自我反省吗？（2）被捕者众多，但只有极少数案例被起诉，为什么？正如柯林斯委员的疑问："我希望知道这些被指控的罪行是否经官方许可？"

市政委员会对这些利害关系熟视无睹，这一点在雷·迪茨委员试图指责约翰·斯坦、《环球时报》及其他胆敢质问伯利恒警察局工作的人动机的长篇演讲中表现尤甚。他从未想到这些动机可能正是公众感兴趣的。他没有认清自己的公共职责以洗刷耻辱，却用陈词滥调吹嘘他如何以警察队伍为荣。正如马克·吐温所说，迪茨委员仅仅表明他宁可媚俗也不愿秉公办事。一个最有可能的"做警方后盾"的办法是落实负责任的管理，纠正捕人时屡屡坐失良机、反应迟钝的警方程序方面的弊端，为绝大多数想尽职尽责的城市警察做出示范。

投票表决并不能澄清事实，所以市政委员会暗示，投票表决既是对它本身平静而审慎地发现真理的能力的怀疑，又是对一项表明它害怕被揭露的调查结果的肯定。

这篇新闻评论标题即再清楚不过地表明了作者对所评论事件的看法，论点具有很强的针对性，开篇即立论："很明显，他试图对前警察约翰·斯坦提出的重要问题文过饰非。"接着围绕论点，文章以大量的事实及合情合理的分析展开论述，详尽细致地分析了各方面的利害关系，对问题实质的揭示十分深刻。

三、论点要鲜明。鲜明的论点就是要具有一定的个性，切勿吞吞吐吐、模棱两可，特别是对关乎全局的重大事件，必须鲜明地表达立场和态度。例如，2008年8月29日《新京报》发表的社论《审计报告不点名是向民众不负责》：

我们欢迎审计署公布全文的做法，并期待公布审计结果可以成为刚性的要求。也就是说，审计署公布审计报告全文，不仅应该成为审计部门的自觉行动，更应该成为法律刚性制约下的尽职行为。这样，我们就不仅仅为一个能够顶住压力的尽职的政府审计部门而自豪，更能够为中国审计信息披露的公开化、为中国公共财政建立基础性制度而自豪。

自掀起审计风暴以来，可以想见审计署承受的巨大压力，这种压力从不同渠道传导而来，体现了公共财政不健全所引发的财政漏洞。将如此重任落于审计署一个部门既是不公平的，也是无法持久的。试想，如果审计署面对压力有所退缩，此时民众力量巨大的声援能够化为制度性支撑吗？

如果审计署公开、全面披露信息成为法律职责，那么，对于审计署这个行政部门的压力将有所减缓如果有了建立公共财政体系的具体时间表，那么，压力就会传导到所有政府部门，而不会由审计署独木支撑。而此时，整个社会也会拥有明确的公共财政预期，并给予各个部门相当的意见反馈。

审计报告的另一个重点，是前几年就强调的绩效审计，也就是资金使用效率如何，是否存在浪费，程度如何？事实上，对于财税支出而言，比能够以法律、党纪惩治的贪渎更可怕的，是无孔不入的浪费与低效。

居高不下的征税成本给我们提供了反面例证，审计署对18个省（市）税务部门征税成本开展了审计调查，发现征税人员支出水平较高，2006年18个省（市）税务部门人员支出人均5.83万元，抽查的236个税务局人员支出人均9.06万元。税务局办公用房面积超标是另外一个问题，部分超标面积占58%。如果税收增量被用于满足征税者丰厚的享受，就是社会资源的极大浪费，并且使税收合法性受到损害。

点名，还是不点名？浪费，还是没浪费？表面上看，是审计与公共资源的细节，实际上，却预示着公共财政体制的建立，与是否受到有效监督这样的根本问题。

这篇新闻评论态度鲜明地表达了媒体的立场，不仅是论点鲜明，犀利地表现问题，而且评论员的分析、认识也很透彻、正确。可见，把鲜明正确的观点深刻恰当地运用到评论的论点中，是需要在认识上和表达上下一番功夫的，只有这样，才能实现论点鲜明正确。

论点的这些要求是相互联系相互依存的，切勿把这些要求分开，如果孤立地强调和片面地要求某一点的话，就很难让论点起到强有力的说服效果，因此，一篇新颖并且优秀的评论一定是要求完美，并且注重提炼的方法，这样才能既不沦于肤浅，也不牵强附会。

第三节 要素之二——论据

新闻评论的第二要素论据主要是来证明或者说明论点的事实和道理。一般来说，论据都具有证明和说明论点这两种功能。论据的证明主要为论点提供充分的理由，使新闻评论有理有据，让人觉得理由充分，并且道理毋庸置疑，最终接受论点，所以，形式逻辑把论据定义为："论据就是确认论题的真实性时所根据的判断。"在新闻评论中，要求论据必须真实，实事求是，如果新闻评论中的论据不真实、夸大、甚至子虚乌有的话，那么，论据是没有任何意义的，因此，也就无法说明论点的正确性和宣传性。

一篇新闻评论，论点是灵魂，而论据则应视为评论的基石，是为论点做铺垫。论据可以分为事实论据和理论论据两种。在事实论据中，主要是事实存在的材料，来充分说明论点，证明论点的观点，这种论据具有很强的说服力。理论论据主要是政治理论，包括马列主义、毛泽东思想、邓小平理论等重要思想，以及一些党中央政策、方针、会议、文件，为大多数人所公认的学术观点、权威意见等也可以成为新闻评论的论据。新闻评论的论据必须真实，有一定的针对性和理论性，甚至有时具有一定的权威性。

评论中的论据主要是用来说明论点的道理，如果论据不正确，甚至含糊不清，那么就谈不上论点。一篇好的评论一定具有很强的代表性的论据，如果论据没有代表性，那么论点就显得很不起眼、空泛，就无法证明论点的正确性。在新闻评论三要素中，最重要的是论据，有时候即使有论据，但是论据不集中，对某一事实拉开架子漫无边际地议论，那就是跑题。生搬硬套理论依据，没能使论据与论点融为一体，也就无法起到论述论点，更起不到舆论导向的作用。

1984年6月11日，新华社评论员文章《"一号文件"要管"二号文件"》体现了新闻评论论据的独特性。

　　　　今天，本社公开发表了《中共中央关于1984年农村工作的通知》，即1984年中央一号文件。这个文件在今年初下发以后，我国广大农民欢欣鼓舞，齐声称赞，"一号文件给俺们吃了一颗'长效定心丸'，今后可以放开手脚劳动致富了"。现在将这个文件公开发表，让更多的人读到听到，必将产生更好的作用。为什么现在公开发表中央一号文件？最近传来消息，有些地方农民的心还没有"定"牢。原因是有许多所谓"二号文件"在干扰一号文件的贯彻落实。被农民称为"二号文件"的是某些工作的主管部门和某些地方党政机关作出的不符合中央一号文件精神的具体规定。农民说，这种规定比一号文件还"硬"！用群众的话说就是：中央一号文件是阳关道，那些"二号文件"是绊马索。有了种种绊马索，即使在平坦光明的阳关大道上，马儿也跑不动，跑不快。
　　　　试举几例：
　　　　中央一号文件规定，各省、自治区、直辖市可选若干集镇进行试点，允许务工、经商、办服务业的农民自理口粮到集镇落户。有的地方的有关部门对此顾虑重重，缩手缩脚，在户口管理、发放营业执照、租赁房屋等环节，层层设卡，红灯高挂，使想去务工、经商的农民进不去。

中央一号文件指出，"社队企业是农村经济的重要支柱"，要"促其健康发展"。有些地方政府的有关部门却对能赚钱的社队企业，采取"升级"、"划走"的办法，随意改变企业所有制性质，"收归国有"。

湖南有一个县就有十多个部门乱设规章，巧立名目，向农民收取各种不合理的费用。煤炭局在县境内公路上设有十个煤卡子，凡煤炭出县必须有煤炭局的通行证，有煤矿发票而无通行证的，按所运煤炭的价值罚款50%。为什么会有这些不符合中央一号文件精神的"二号文件"出现？一句话，我们的一些部门、单位，至今还没有摆脱"左"的影响。有的死抠若干年前制定的、带有"左"的印记的某些"文件"，而不问这些过时的文件与中央一号文件符合不符合。有的从本部门、本单位的局部利益出发，乱立各种"规章"，束缚农民群众的思想和手脚。他们只图自己方便、有利，哪管中央一号文件，哪管党和国家发展商品生产、搞活城乡经济、使农民尽快富裕起来这个大政策！三十多年前，毛泽东同志有过一段精辟的讲话，值得现在某些擅自搞"二号文件"的人读一读、想一想。毛泽东同志说："如果真正忘记了我党的总路线和总政策，我们就将是一个盲目的不完全的不清醒的革命者，在我们执行具体工作路线和具体政策的时候，就会迷失方向，就会左右摇摆，就会贻误我们的工作。"最近三年中央发出的三个一号文件，是根据全党全国人民的总任务、总的战略部署和当前的实际制定的。执行结果，我国农业取得了震惊中外的成绩。实践证明，中央这三个一号文件所提出的基本目标、方针、政策是正确的。中央每年发出的一号文件，是中央指导农村工作的纲领性文件，各项工作的主管部门和各地党政机关可以而且应该根据本部门、本地区的实际，制定出具体的政策措施和规章制度。但是，一切与农村有关的具体政策措施和规章制度，都必须贯彻中央一号文件精神，服从中央一号文件的规定，有利于中央一号文件的贯彻执行。简言之，中央一号文件要管各种各样的"二号文件"。凡是和中央一号文件精神相违背、相抵触的"二号文件"，有关部门和单位都应该自觉地加以修改，直到全部废除。这是检验这些部门、单位是否在政治上和党中央保持一致的一个重要标志。

这篇新闻评论意义深远，主题重大，针对性强，行文尖锐泼辣、论点鲜明、论据有力，具有很强的说服力。

这篇新闻评论充分运用事实说话，说得具体、详细、底气足，且旁征博引、轻松自如地调遣各方面资料及讲话，使这篇新闻评论整体看起来饱满有力，再加之言简意赅的行文特点，不愧为一篇击在社会琴弦上的出色评论。

那么，怎样做到所用论据有真实性、典型性和代表性呢？这就要求记者不仅仅要积累写作经验，博览群书，还要有敏捷的思维，开拓的思想，除此之外，在写评论的时候，也要注意以下三点：

一是在写新闻评论前必须要草拟写作提纲，切勿了无头绪的瞎写。在把论点确定后，要有一定的思维沉淀，着重想想用哪些事实去阐述论点，并且考虑这些事实的材料论据哪些需要详写、哪些可以一笔带过、哪些需要引用材料，考虑这些材料引用是否合理得当，此外，使用成语俗语典故的同时，必须弄清楚典故俗语的含义，千万不能似懂非懂、张冠李戴。

二是新闻评论的论据不要显得累赘，论据要讲究压缩和修改。挑选一些与论点关系不大的事实材料以及不必要的引文等加以删减、修改，对于与论点关系密切的事实材料要精心选择，并且选取最典型、最有代表性的论据来证明论点的正确，也就是取其精华去其糟粕。论据中的事实词语必须要加以修饰和润色，使语句更加生动得体，做到用词精当、行文流畅、使论据洗练。

三是注意做深入的调查研究，掌握第一手材料。只有第一手资料，才会第一时间触及我们思维和敏感神经，并且了解问题的由来和发展。只有了解清楚这些，评论写起来才会有一定的针对性、才能有感情、讲的道理才会更加容易被读者接受。用自己所得到的一手事实材料去做论据，才是最好的论据，也更具有典型性和代表性。

按性质分，新闻评论的论据包括理论性论据和事实性论据。

一、理论性论据

理论性论据是实践检验下得到的真理。理论性论据的使用，其实就是用理论来证明评论中的论点，这类论据具有很强的说服力。

1949年10月1日，新华社播发了新闻评论《中华人民共和国万岁!》，全文如下：

> 前程无限光辉的中华人民共和国已经诞生，四万万七千五百万中国人民开始自己当权管理国家，我们这个古老的东方民族揭开了历史的新的巨册。
>
> 中国人民政治协商会议，代表全国人民，执行全国人民代表大会

的职权，在今天已经闭幕。这个会议的主要工作有三类：一是通过了人民政协组织法，中央人民政府组织法和人民政协共同纲领二是选举了中央人民政府委员会的主席、副主席和委员，选举了人民政协全国委员会三是决定了国都、国歌和纪年方法，制定了国旗。这个会议的伟大成就，会上各位代表的发言中已经说得很多。这里我们对会议所通过的三个文件说一些意见。

中国人民政治协商会议所通过的共同纲领，是全国人民意志和利益的集中表现，是革命斗争经验的总结，也是中华人民共和国在相当长的时期内的施政准则。这个共同纲领规定我们中华人民共和国是新民主主义即人民民主主义的国家政权是中国工人阶级、农民阶级、小资产阶级、民族资产阶级及其他爱国民主分子的人民民主统一战线政权，而以工农联盟为基础，以工人阶级为领导目标是反对帝国主义、封建主义和官僚资本主义，为中国的独立、民主、和平、统一和富强而奋斗。它给我们新生的中国，制定了政权机构、军事制度以及文化教育政策、民族政策、外交政策的总原则。它保障了全中国人民广大范围的民主权利，也规定了人人必须遵守的若干义务。这原本是中国共产党的最低纲领，即新民主主义纲领，现在已被各民主党派、各人民团体、各民主阶级、各少数民族、海外华侨及其他爱国民主分子所一致接受，成为新中国的建设蓝图。这个蓝图，完全切合中国的国情和人民的理想。事实上它已经不只是一个理想，因为中国人民很久以来，特别是从抗日战争以来，就已在按照它的基本轮廓动手从事建筑，而且已经获得胜利的成果和丰富的经验了，有了全国各民主党派各人民团体的一致支持，和强大的人民解放军的忠贞保障，我们相信这个纲领一定能在最近数年内完满地实现。

中华人民共和国中央政府组织法，其基本特点是规定："中华人民共和国是工人阶级领导的，以工农联盟为基础的，团结各民主阶级及中国境内各民族的人民民主专政的国家。""中华人民共和国政府是基于民主集中原则的人民代表大会制的政府。"（见该法总纲第一、二两章）这是新民主主义的政权。它不同于资产阶级的旧民主主义政权。因为旧民主主义政权是资产阶级一个阶级的专政，是压迫广大人民的工具。资产阶级的议会制度和三权分立办法，其目的只是为了便利于统治阶级内部不同的派别之间争权夺利、分赃肥私同时也是为了便利于统治阶级玩弄政治手腕，欺骗和压榨劳动人民。我们的新民主主义政权也不完全相同于苏联的社会主义政权和东欧各国的人民民主政权。苏联是一个已经消灭了阶级的社会主义国家，它的政权是工人、农民知识分子的联盟。东欧各国正在实现社会主义。而中国的新民主主义政权则有工人阶级、农民阶级、小资产阶级和民族资产阶级四个阶级参加。但是，在属于世界反帝国主义阵营，以工人阶级的革命政党为领导力量和实行民主集中制这几点上，中国现在的新民主主义政权，却是与苏联的社会主义政权和东欧各国人民民主政权相同的。在中国新民主主义的民主集中制中，"人民行使国家政权的机关为各级人民代表大会和各级人民政府。各级人民代表大会由人民用普选方法产生之。各级人民代表大会选举各级人民政府。各级人民代表大会闭会期间，各级人民政府为行使各级政权的机关。国家最高政权机关为全国人民代表大会。全国人民代表大会闭会期间，中央人民政府为行使国家政权的最高权力机关。""人民代表大会向人民负责并报告工作。人民政府委员会向人民代表大会负责并报告工作。在人民代表大会和人民政府委员会内，实行少数服从多数的制度。各下级人民政府均由上级人民政府加委并服从上级人民政府。全国各级人民政府均服从中央政府。"（见共同纲领第十二条和第十五条）这是高度民主基础上的高度集中，是真正的人民民主，是资产阶级虚伪的民主所绝对不可比拟的。

中国人民政治协商会议组织法的通过，标志着中国人民民主统一战线在组织上的完成。这个统一战线具有广大的代表性，其组织成分包括工人阶级、农民阶级、革命军人、知识分子、小资产阶级、民族资产阶级、少数民族、国外华侨及其他爱国民主分子的代表但又具有高度的严肃性，一切反动分子不被允许参加。结成这个统一战线的宗旨，已在该法的总则表明，就是经过各民主党派和人民团体的团结去团结全中国各民主阶级，各民族，共同努力，实行人民政协的共同纲领。这个统一战线内部实行高度民主，凡参加单位对中国人民政协全体会议及全国委员会所通过的决议，如有不同意见，得保留至下届会议提出讨论，而对重要决议根本不同意时，且有申请退出的自由但另一方面，又具有严格纪律，凡参加单位及代表对中国人民政协全体会议及全国委员会所通过的决议，均有信守及实行的义务，如有违反中国人民政协组织法、共同纲领或重要决议而情节严重者，得分别予以处分。这个中国人民民主统一战线组织——中国人民政治协商会议，在普选的全国人民代表大会召开以前，代行了全国人民代表大会的职权，而在人民代表大会召开以后，仍将长期地存在，成为各民主党派、各人民团体团结的形式和协商的机关。它将由全体会议产生全国委员会，并在中心城市、重要地区及省会，设立地方委员会，继续进行活动。中国共产党和中国人民二十八年来一向主张建立民族统一战线。第一次大革命时，中国共产党即曾与孙中山先生建立这种合作关系，因而能够推动中国人民革命，并在此基础上举行胜利的北伐战争。在蒋介石叛变以后，中国共产党仍然坚持革命统一战线的方针。经过土地革命战争时期和抗日战争时期的曲折发展，现在才在新的形势下，结成新的空前强大的人民民主统一战线。这个新的统一战线，有中国共产党的被众所公认的领导地位，有中国人民的空前的觉悟程度和组织力量的监督，而又有共同纲领和人民政协的组织法作为共同信守遵行的章则，这就足以充分地保证它的巩固和健全了。

中国人民政治协商会议已经完成了很好的工作。它为全国人民制定了国家的根本大法，选举了以毛泽东主席为首的中央人民政府。现在，放在我们全国人民前面的任务是什么呢？是在中国共产党领导下，紧紧地团结在中央人民政府周围，不折不扣地执行共同纲领和大会其他决议，使它们变成群众的实际行动。是监督各级人民政府和一切民主党派、人民团体忠实地履行这些国家的根本大法，使人民的意志得以迅速地而又有步骤地成为国家的现实。是协助政府，把革命进行到底，肃清公开的和隐蔽的反革命残余力量，治愈战争的创伤，恢复和发展人民的经济事业和文化教育事业，巩固国防，使我们新中国富强起来。是爱护我们新生的祖国，加强人民民主政府的力量，和以苏联为首的爱好和平民主的国家和人民团结在一起，以保障中国人民革命胜利的果实，并促进世界的和平与自由。

中华人民共和国万岁！

这篇新闻评论向读者介绍了中华人民共和国的国体和政体等海内外人士都十分关注的话题。这篇新闻评论饱含激情，所以没有一般公文的呆板和格式化。因此，有研究称，胡乔木同志的这篇新闻评论是在一个伟大的特定的时刻代表新华社向世界各国发出的声音，具有深远的划时代的历史意义。这篇评论论点鲜明、准确，运用了理论性的论据，并且论据充分生动，具有强烈的震撼力和感染力，不愧是优秀的政论之作。

二、事实性论据

事实性论据主要是用事实来证明和说明论点，理论来源于实践，因此，运用事实性的材料来说明论点，可以使论点得到无可辩驳的支持，对发挥自身传播优势有着重要的意义。1982年7月14日，《沧州日报》发表了题为《沧州十大优势——论发展多种经营》的新闻评论，文章如下：

自从《水浒传》上"林教头刺配沧州道"行世以来，沧州穷苦荒凉也就出了名了。至今一些不了解、不认识沧州的人，仍以为这里穷得可怕。其实，一方土养一方人，靠山吃山，靠水吃水，靠碱地就吃碱地。解放三十余年，党领导人民在盐碱地上建设社会主义新农村，已经旧貌换新颜了。只是由于"左"倾路线的影响，捆住了人们的手脚，使沧州的自然资源优势不得发挥，致富的步子迈得还不快。党的三中全会的路线、方针、政策，如雷电行天，春雨落地，解放了人们的思想，也解放了大自然，人们变得聪明起来，粮食这个宝中之宝，是任何时候都不可忽视的，但也绝对不能单一抓粮食，不能像前些年那样"一棵树上吊死"人。治穷致富必须大搞多种经营。就是说，要从实际出发，因地制宜，扬长避短，发挥自己的优势。那么，我们的沧州有哪些优势呢？

一、土地多。全区总面积2100万亩，耕地1200万亩，人均二亩半，比全国人均数（一亩半）多一亩。这就是最大的优势。土地是从事农业的最基本的生产资料，是任何物质不能代替的最大的国民财富。地多资源广，有地不愁粮。有了土地，就有了治穷致富的根本。

二、荒地多。现有耕地比建国初期少了200万亩，只占总面积的57%。据运东资源普查结果：总面积1220万亩，耕地509万亩，除去村庄、道路、河渠、坑塘占地，尚余荒地356万亩。估计全区成片荒地不下500万亩。从某种意义上说，这荒地也是宝，黄骅、海兴的大荒洼，过去曾有一年"十二个秋"的说法。河间县张飞洼的沙疙瘩有的已经变成了"钱疙瘩"。有了新中国成立以来的水利建设工程的基础，这些荒地只需略加整治便有出产。宜粮则粮，宜草则草，不粮不草养荆条、种杂品，荒地也可变成"聚宝盆"。

三、碱地多。全区有盐碱地467万亩，其中重碱地207万亩。种庄稼不拿苗是其所短培植抗碱生物，省工省本，改碱增收，又可害中取利，变短为长。青县在盐碱地上大种紫穗槐，每年积有机肥三四十车，收条子数十万斤。沧县以熬小盐闻名的舍女寺大队，种了1000亩紫穗槐，年产条子30万斤，整个村庄改变了面貌。中捷农场在盐碱地上种向日葵，又把葵花籽榨成油，每亩产值七八十元。这盐碱地不也是一宝吗！

四、河渠多。地县两级河道130多条，堤防长达4500多公里，堤坡面积约100万亩，已经绿化的仅占30%。沧县张官屯公社绿化了7公里长的一段南排河，每年收入十余万元，平均每米收入25元。如果各条河道和所有的渠道以至台田沟子都绿化起来，我们就成了亿万富翁了。

五、水面多。东有海岸线，西有白洋淀，村村有坑塘，不少地方建了小水库。这些水面可以用来养鱼、养鸭、养藕、植苇、晒盐。几年来沿海滩涂养殖业大有发展，"精养对虾"，"梭鱼过冬"，均已试验成功。

六、金丝小枣，历史悠久，自明代栽培至今，向称铁杆庄稼，木本粮食，经济价值很高，每斤小枣出口价格九角，内销价格五六角。如能进一步完善责任制，加强管理，使每棵成树产枣二三十斤，全区现有枣树可收2亿斤。近几年小枣东迁、枣粮间作发展较快，假如苦干10年，实现了枣粮间作化，那我们就创了大事业，为子孙扎下富根了。

七、"天津"鸭梨，畅销海外。历史上交河、河间、献县一带，号称"花果之乡"，近几年来鸭梨呈现大发展的趋势。以苦海沿边的黄骅县而论，新中国成立前只有两个村三小片梨树，现在已有梨树4400多亩。全区鸭梨已发展到十余万亩，只是产量太低，年产2亿斤左右。如能加强管理，仅现有的梨树年产10亿斤问题不大。

八、地近津、京，交通方便，工副业生产有条件、有基础、有习惯农副产品有销路、有市场。全区加工业已有200多个项目，9000多个品种。黄骅县带料加工轻工产品配件，青县为京、津、唐三大城市搞运输，既有利于国计民生，又增加了社员收入。

九、农田基本建设工程浩大，为今后农业发展打下了基础。现有耕地大部分成方，田间工程基本配套。能用机井约五六万眼，水浇地面积有500多万亩。东部，"金东光，银吴桥"，棉花基地西部，冀中腹地，土质肥沃，精耕细作中部，黑龙港红土大洼，虽然还不够稳产高产，但"耕三耙六，不如贴茬耩黑豆"，也能创造较好的经济价值。

十、沧州向称"工匠之乡"，技工资源雄厚，手工工艺产品，种类繁多、制作精巧，不仅在国内市场上有些名声，有的还畅销国外。

以上"十大优势"表明，在沧州发展多种经营，资源厚，门路广，根本不应发生与粮争地的矛盾。这要与"一分田上建粮仓"、"八分山上建银行"的地区相比，我们的自然条件是得天独厚了。现在，党的政策明了，典型经验也有了，人们的精神振作起来了，还缺什么呢？恐怕最主要的是各级领导的事业心。沧县有个穆官屯，穆官屯有个老支书田景梅，他在六十大寿时发下誓愿，临终前要把村里村外种上树，给子孙后代留作纪念。他说了就干，不怕一切的困难和打击，苦干10年，终于把穆官屯绿化。难道这不是一个很好的榜样吗！

这篇新闻评论，主题鲜明，针对性强。该文内容扎实，观点明确，说明作者是做了充分调查研究，在总结历史正反两方面经验的基础上，经过分析概括，精心提炼出的主题。由于主题来自实际、来自群众，文章又因地制宜地阐述了扬长避短、发挥优势的道理，自然能使这篇新闻评论发挥较大的指导作用。

这篇新闻评论，以事实论据说理，说服力强。十个方面的优势立足沧州，适用于全区各个方面，条条材料充实，论点明确。当地人读后自然感到亲切，对发展多种经营满怀信心，增添干劲；就是对外乡人来说，文章也有感染力，读后很受教育。

这篇新闻评论，语言生动，吸引力强。一篇评论能不能吸引读者，除了所述内容之外，语言生动活泼与否有着很大关系。该文不但开头吸引人，而且段段语言生动，乍看全文有点偏长，但因语言流畅，乡土味浓，使人很易读完。

一篇新闻评论，论据是血肉。对于一篇评论来说，论据的可读性是重要的因素，所以，想要写好评论，对于论据的精心提炼是非常必要的，因此，作者在平时就应注意收集、筛选论据。

第四节　要素之三——论证

新闻评论中的论证就是通过对论据的分析、用论证综合来证明论点的过程和方式方法。新闻评论的说服力量，存在于完美的论证过程之中。我国古代文论家刘思勰说得好："论如析薪，贵能破理。"析薪：劈柴。破理：按木料的纹理破开。意思是，论证好比劈柴，可贵之处是能顺着纹理自然破开。

论证包括证实和证伪两个方面。所谓的证伪，就是用论证推翻否定敌论论点的过程，通常用在驳论上，在逻辑上也称为"反驳"。在新闻评论中，这两种都可以用来服务论点，所以，正面证实和反面证伪都可以称为论证。下面举个驳论性的评论为例，1984年4月15日，《光明日报》发表了评论员文章《大家都是"知识分子"吗？——驳一种错误论调》，文章内容如下：

那种忽视、贬低科学文化知识作用的观点，是同小生产的狭隘眼界，不能了解"自然产生的生产工具"的小生产同"由文明创造的生产工具"的社会化大生产之间的区别有关的。

贬低知识分子在四化建设中的作用的同志，往往以工人、农民的代表自居，有意无意地散布工农和知识分子的对立情绪："你是大学生又怎么样？难道我们工人、农民就不行？都不行那天下是怎么打下来的？"实际上，并没有谁说工人、农民都不行，这种条件反射，不过反映能代表工人、农民么？在如今，代表工人、农民的根本利益的是党中央，以及认真执行党中央的方针政策的各级领导干部。而那些有意无意地同党中央的方针政策相抵触的少数领导干部，是代表不了工人、农民的。拿农村来说，在实行了生产责任制、开展多种经营、发展商品生产的情况下，农民如饥似渴地需要科学知识，他们把知识分子当"财神"来抢在实行了经济责任制的企业，共同的利益把工人和知识分子联在一起，知识分子在那里很受欢迎，他们的作用得到很好的发挥。工人阶级是同社会化大生产相联系的阶级，是先进生产力的代表，最有发展前途，最有远见，它同小生产的狭隘眼界格格不入的。许多工人、农民由于在实际中体会到知识分子的作用，因此，他们比有些领导干部更能领会党的知识分子政策。

这篇新闻评论说理透彻，批驳有力，一环扣一环，且文风尖锐、辛辣、明快，在当时确为一篇宣传知识分子政策的颇有分量的力作。这篇新闻评论还有一个特点是，在论证中不断提出问题，回答问题，层层迭进，跌宕起伏，吸引读者跟着作者的观点走。最终，该评论抓住时机恰到好处地提出号召：赶紧从"左"的束缚下解放出来，放下架子，老老实实地学习，跟上四化建设的前进步伐吧！文章结尾振奋人心，有点睛之宜。

可见，新闻评论中的论证是形成论点思维过程的反映。任何一篇新闻评论，都存在着论证，但是，这并不能说明它们就能深刻地并且恰当地传达给别人，而是需要有正确的思维，只有那些说服力的论证才能使论点和论据统一，具有雄辩的说服力。

一、论证的逻辑方式

新闻评论常用的论证方式，按照不同的分类分为：直接论证和间接论证；演绎论证和归纳论证。

1.直接论证和间接论证

所谓的直接论证就是用论据直接证明观点的过程。1980年6月15日，《人民日报》发表了评论《再也不要干"西水东调"式蠢事》，这篇文章就是相当典型的一个直接论证案例。文章论证如下：

> 这就向我们提出了一个问题：发展农业究竟靠什么？多少年来，我们搞农业，一靠运动，二靠"大干"。现在看得很清楚，没完没了的政治运动，极大地伤害了广大农民和农村基层干部的积极性，结果是"你整我，我整你，整来整去，大都挨过整你上台，我下台，台上台下，大都下过台"。这种蠢事，我们不能再干了。至于"大干"，作为一种革命精神，当然很可贵，很需要发扬，不仅现在需要发扬，将来也需要发扬问题是"大干"干什么？近十几年来，在农业战线的所谓大干，就是"大搞农田基本建设"，"大搞人造小平原"，"大搞水利"，"大搞围湖造田"等等。这些工程里边，当然有很多是搞得对，搞得好的。所谓搞得对，搞得好，就是说这些工程是切合实际，投资少、收益大的。但是，其中也确有很大一部分工程，是搞得很不好，甚至根本不该搞的。昔阳县的"西水东调"工程，就是其中的一例。这种工程，耗资巨大，劳民伤财，得益很少，甚至根本就是无效劳动、无效投资。如果我们把农业生产的发展寄托在这种"大干"上，我国的农业是永远没有指望的。

文章中的直接论证说："一靠运动，二靠'大干'。现在看得很清楚，没完没了的政治运动，极大地伤害了广大农民和农村基层干部的积极性，结果是'你整我，我整你，整来整去，大都挨过整你上台，我下台，台上台下，大都下过台'。这种蠢事，我们不能再干了。"这样的直接论证，表明了"政治运动"的危害，让读者看到了其"结果"，具有很直接的论证效果。

所谓的间接论证就是用论据间接证明观点的过程。间接论证的方式适用于那些不能够直接证明观点，而需要委婉的方式或避免直接的言论冲突的情况。恰当地配合运用直接和间接论证，可以强化对正面论点的支持，增加论点的说服力。

2. 演绎论证和归纳论证

演绎论证主要是靠推理的方法论证，可以从已知推到未知，从旧观点推导出新观点，并且从一般前提引申为对新事物的看法。

演绎论证的例子如：

我们的事业是正义事业，所以我们事业是任何敌人也攻不破的。

我们的家庭是幸福的，所以我们家庭是任何人都无法破坏的。

归纳论证的例子如：

杜甫读万卷书，终于成为一代诗圣。

泽东同志博览群书，深入群众，终于成为我们爱戴的伟人。

归纳论证可以先举出例子，再归纳结论，也可以先提出结论，再举例子。

直接论证和间接论证，演绎论证和归纳论证，是按照不同的形式标准划分归类的，虽然之间有区别，但是，之间又相互联系。在评论中，演绎论证和归纳论证可以与直接论证和间接论证一起并存。

二、论证的方法

论证的方法是把论据和论点材料组织起来。论证的方法一般是按照性质和推理分类。在新闻评论中，按性质分的论证方法包括：例证、引证、喻证和比较。

1. 例证法：例证法就是用具体的事例进行论证的方法，用具体的材料说理。例如：

> 何成方圆？答案好简单，君不闻先秦人已知"不以规矩，不成方圆"。古老的汉谟拉比法典开始了人类文明之光；秦王用法家严律治世，打下秦朝江山一统；高祖入关与民约法三章，打下汉朝开国基石；诸葛丞相挥泪斩马谡，始令蜀国三军一心，敌于强魏。而项羽乱封诸侯，天下叛之。古来兵法之首必须严明军纪，如周亚夫细柳治军，不难看出规则的重要。
>
> （2002年北京高考优秀作文《何成方圆》）

本段论述，连续用了五个历史事例，进行说理论证和总结，最后得出"规则的重要"的结论。这个结论也是本段的分论点。从论据类型看，这里用的是例证法。

2. 引证法：引证法就是用已经有的思想，观点案例，直接引用论据证明论点的方法。

2005年广东高考优秀作文《让纪念闪耀理性光芒》，就充分地运用了引证的方法。

> 纪念是内心情感的涌动，但又不是感情的无节制挥霍纪念需要行动来升华，但又需要理性的引导。真正的纪念是心灵的回响，是历史的回音它审视过去，启迪未来……
>
> ……
>
> 中国在抗日战争中付出巨大的代价才取得胜利，中国人民自然无

法容忍这种倒行逆施的行为。于是各地都掀起了声势壮大的抗议和纪念活动。但近来这些纪念活动在少数激进分子的鼓动下出现了打砸抢日货商店的不理智举动。群众爱国的赤子之心可以理解，但纪念并不是感情的挥霍，非理性举动无益于解决问题。我国领导人多次表达出严正立场，但同时并不关闭中日会晤的大门，"前事不忘，后事之师以史为鉴，面向未来"无疑就是对过去痛苦最理性，也是最深刻的祭奠。

　　人不能忘本，"忘记过去意味着背叛"。而高贵的心灵在铭记苦难，咀嚼苦难过后，方能理智地纪念苦难。当纪念的洪波涌动时，勿忘用理性的"闸门"控制情感。

以上选段内容都是引用名言来论证"真正的纪念"是"审视过去，启迪未来"的中心论点。其中，"忘记过去意味着背叛"是列宁的名言。"前事不忘，后事之师；以史为鉴，面向未来"这句话周总理曾经说过，"前事不忘，后事之师"源于《战国策》的"前事之不忘，后事之师"，"以史为鉴"由唐太宗"以史为镜，可以知兴替"变化而来的。

　　3.喻证法：用比喻说明道理的方法。

一般情况下，喻证法的喻体是一个具体的事例。刘勰说："喻巧而理至。"新闻评论中恰当的比喻可以增加新闻评论的说服力，也可以使新闻评论更加形象生动。

下面是2006年江苏省高考优秀作文《人与路》：

　　曾记否？一篇《赤兔之死》轰动文坛，小生有幸拜读，确是佳作。但此之后，文言之作犹如雨后春草，呈现疯狂态势，人人都走上了返古的老路。于是乎，屈原从汨罗中爬上来又跳下去项羽自刎更是免费表演，随处可见韩信干脆赖在胯下讨生活，何其悲哉！想我堂堂五千年历史，都不够后来人习作用例了。

　　走上了返古的老路，故事新编也到了尽头。一眼望去尽是学子们迷茫的眼神。不明白，真不明白！同一条路，前人走过创造了辉煌，而今再走却是"山重水复疑无路"。可悲！可叹！不知他们是否真不明白：李商隐、杜牧的诗，再好也只是小李杜即使做了十足十的古人，写出十足的古文，也不过是"代古人言尔"！

文章先是用人们走路时神态的不同，比喻人们在写作态度和写作方法上的各种差异性，再用比喻论证法指出，这种做法就如"人人都走上了返古的老路"，只能是山穷水尽，无路可走，由此说明，写作上"亦步亦趋"是错误的，并从反面论证了"怎么走都要走在自己的路上"的中心论点。

4. 比较法：比较法是比较正反两方面的事实，或者通过事物之间的比较来说明论点的方法。例如：

> "老当益壮，宁移白首之心穷且益坚，不坠青云之志。"初唐四杰之一的王勃，可谓："时运不济，命途多舛，"然而直面挫折，他却能达人知命，笑看人生。试想，如果没有王勃开朗阔达的胸襟，哪能有他吟放出"海内存知己，天涯若比邻"的千古绝唱？

上述文字在正面论述了王勃的事例之后，用了假设句"如果……那么"从反面设例，正反对比，给论点增加了强有力的证明。

这种应用假设的方法，将一例变为两例，正反对比，孰是孰非，一目了然，增强了论点的说服力。

三、论证的结构

事实上，新闻评论的结构安排是依据具体内容来确定的，一篇评论的先后顺序、每部分之间的联系和逻辑推理，都是按着事物发展的内在联系和发展规律，环环相扣、层层深入的，并最终形成一个严密统一的整体，使新闻评论具有很强的逻辑力量。在论证的同时，也要做到实事求是，有理有据，充分证明论点。下面是1983年10月4日《浙江日报》评论员文章《论锐气》：

> 全省十个地、市领导班子调整工作业已完成。省厅、局级的领导班子也大部调整完毕。这些班子，较好地体现了干部队伍革命化、年轻化、知识化、专业化的要求，组成不久，就开始出现了新的面貌。
>
> 新班子产生于改革进取之年，毫无疑问，它应以开创新局面为己任。它在精神状态、工作作风、办事效率等方面，都应该具有改革、进取的浓厚气息。一句话，要充满锐气。为什么要讲锐气呢？
>
> 这是社会主义现代化建设的需要。在通往四化的征途上，充满着种种意想不到的艰难险阻，要逾越无数沟坎天堑，要攻克众多雄关坚垒，要登攀前人足迹未至的奇伟高峰，没有一股勇往直前、知难而进的锐气，这一切都无从谈起。
>
> 这是克服和防止官僚主义的需要，邓小平同志说，"官僚主义现

象是我们党和国家政治生活中广泛存在的一个问题"。官僚主义的主要特点是：墨守成规，不求进取，得过且过画圈圈，打官腔，醉心于发不完的文件简报，迷信于开不尽的大会小会互相推诿，互相扯皮，优柔寡断，议而不决，不讲办事效率既不敢扶正，又不敢祛邪，望"硬钉子"而生畏，见棘手事而却步，软、懒、散三字俱全。要克服这些弊端，就不能不提倡它的对立面——革命的锐气。如果没有这种锐气，尽管班子是新的，它仍然难以抵御和摆脱官僚主义的侵蚀。

锐气者，锋利迅猛，势不可挡之气也。对新班子来说，它首先应该表现为有理想，有目标，有开创新局面的雄心壮志。第二是议事多谋善断，办事雷厉风行，讲求效率。第三是理直气壮，敢于碰硬，知难而进。凡是四化建设急需要办的事情，凡是群众翘首盼望多年、经过努力可以办到的事情，凡是牵动和影响全局而又看准了的事情，就一定抓住不放，一抓到底，限期见效。抓一件，成一件，不拖拉，不推诿。一切从实际出发，一切以国家的兴旺发达、人民的幸福富裕出发，不说常规话，不走常规路。雷厉风行、讲求效率同敢于碰硬，知难而进，二者是相辅相成的。工作越是雷厉风行，越是讲求效率，就越容易受到各方面的掣肘和纠缠，受到扯皮和顶牛之风的深深包围，面临规章制度不健全和管理混乱的拖累与干扰，甚至不得不同违反法纪、胡作非为的"硬钉子"作硬碰硬的交锋。这就需要有一种胆略，有一股气魄，敢于坚持原则，敢于同一切歪风邪气作斗争。事实表明，凡是这样做的地方，那里的新班子在人民群众中就有威信，说话有人听，工作有人支持，那里的各项工作就出现走向新局面的势头。

始终如一地保持锐气不是一件容易的事情，一般地说，境遇顺利，容易放开手脚而一当困难重叠，矛盾盘根错节，局面打不开，就可能变得畏葸不前，不思进取了。所以对新班子来说，重要的问题是在困难的情况下始终保持锐意进取的革命精神。这里的关键是，要有横下一条心，把工作做好的强烈愿望，有当"苦力"的精神准备，有对党和人民高度负责的事业心。胸中唯有全局，唯有四化，人就会变得勇敢无畏。细想一下，也确实没有什么好怕的。无非是得罪些人，招来些沸沸扬扬的言论，甚至丢掉乌纱帽。但是，凡事总有是非，曲直终得公论。得道多助，失道寡助。正义的东西，说到底是不可战胜的。即使工作中有些失当，也比什么事情都不干要强得多。

我们历来提倡让新干部放手大胆地工作，勇往直前地去闯。错了，出纰漏了，总结经验，引以为戒，不断提高就是了。我们的老干部、老同志，要正确认识、积极支持新干部身上那股可贵的锐气，不要把锐气和"不稳重"、"固执骄傲"混同起来。要打破"大观园"式的取人标准，不要把四平八稳，唯唯诺诺，随意附和，当做成熟和老练的表现而去要求新干部。末了，想提一下关于"新官上任三把火"的问题。这需要作具体分析。新班子上任，如果能抓住带有倾向性的问题，全力解决，以此开创新局面，当然不失为一种得当的领导方法。有些新班子对当地情况不很明了，需要从调查研究入手，捉住主要矛盾，找到突破口，然后逐个解决。这虽然不及当时放"三把火"那么有声势，但同样是解决问题的有效方法。看一个新班子有没有锐气，关键不在于上任时放不放"三把火"，而在于能不能励精图治，开创新的局面。

这篇新闻评论针对性强，加之行文讲究，语言流畅，以其文采和气度吸引读者，让人读后拍手称妙。这篇评论发表后，立即被《人民日报》转载，影响波及全国，受到普遍好评。这篇评论好在哪里？好在善于提出问题，分析问题，"掘"得深，解决问题有立有破，有意境，有气势，多方论证，有理有力，令人信服，给人启迪。

第四章

新闻评论的类型

从内容性质上分，新闻评论的类型包括：立论性新闻评论、驳论性新闻评论、阐述性新闻评论、提示性新闻评论、解释性新闻评论。

第一节 立论性新闻评论

立论性新闻评论主要是以正面论述的方法来对新闻事件进行评论，主要是树立自己的观点和立场。

一、立论性新闻评论的写作原则

立论性新闻评论必须要旗帜鲜明，倡导什么，主张什么，必须要一目了然，而且结论明了，不能含混不清、模棱两可。

立论性新闻评论的写作要想做到观点新颖、论据深刻正确、论证有力，就要求作者在提炼观点时下功夫，并且运用唯物辩证法来进行哲学思考，在对事实的归纳和提炼的同时，要做到思维开放，不仅要运用逻辑思维，还要用形象思维、逆向思维、类比思维、创新思维等多种思维方式。要想做到立论的观点正确，还必须要掌握社会舆情，掌握党和国家的有关方针政策和法律法规，尤其要关注人民群众普遍关心的问题和社会热点问题和话题，从中提炼出带有规律性和一定影响力的立论观点。2008年3月17日，于长洪、葛素表、唐璐的两会"世界眼"报道《中国真正追求的还是全民共同富裕》这篇新闻评论就起到了很好的立论效果。

新华社电："赢得近3000名人大代表一致支持""中国领导人不出意料地当选"……两天来外媒对中国新一届国家领导人选举产生的报道，多有这样的描述。

"一致支持""不出意料"的背后，显然是巨大的民意。尽管"新一届国家领导人还面临艰巨的挑战"，但13亿中国人对他们引领的方向投了"赞成票"："高效、公平、环保"的政策取向切合国情，"和谐社会"建设凸显"以人为本"，而对民生问题的强烈关注，昭示着"中国真正追求的，还是全民共同富裕"。

确实，"对共同富裕的追求"深深打动了人心。从政府工作报告的字里行间，日本媒体找到了"缓和民众对收入差距不满"的关注，路透社感到了"为穷人谋福利"的决心，美国之音则看到了"向中低收入群体提供生活保障清单"的着力点……今次两会传递的一个强烈信号，就是"中国正向共同富裕转型"。

"文革"曾令中国经济下滑至崩溃边缘，改革开放使中国摆脱了贫困，这几年的飞速发展更使中国成为国际地位日益突出的大国。而高速增长之后，是"经济之腿"长、"社会之腿"短，与民生相关的医疗、教育、公共设施等发展相对滞后。美国布朗大学学者德勒里等还提醒到："而且一部分人超富了，分配公平严重失衡。"

正是着眼于"在一部分人先富起来的基础上走向共同富裕"，中共十七大以来，加大全面实行新型农村合作医疗制度的力度，解决"看病难"今年春季学期开始，采取提高国家课程免费教科书补助标准等办法，解决"上学难"大力推行经济适用房和廉租房建设，解决"住房难"……正如《亚洲周刊》资深作者所看到的：中国领导人雪灾后下基层视察并做出承诺，是让百姓相信，风雪之后春天不会很远是让天下人知道，共同富裕才是中国改革的最终目的。

外媒还注意到，因应"向共同富裕转型"，已经启动了多项相适应的政策。今年1月实施的劳动合同法、中华人民共和国就业促进法，5月将实施的中华人民共和国劳动争议调解仲裁法等，都被认为是明显向劳动者倾斜的法律。两会强力推出的"大部门制"改革，更是政府部门减弱经济、政治功能，强化社会服务职能的主要措施。惠民举措之多，英国《金融时报》甚至留意：中国的财政政策也正向有利于培养民众安全感的方向调整。

由此，路透社发现了"抑制通胀成为两会内外关心的第一热点"欧洲媒体观察到"两会政治空气好，对所有焦点事件都有所答疑而不再有敏感点"香港媒体称"大会成新政发布台"，宏观调控、就业保障、环境保护等都传出了许多"利好"。正像新加坡《联合早报》所强调：中国两会显示出"有决心、有条件、有措施"，表现出"民主风范和世界眼光"，其"宽容、活跃与团结有目共睹"。

正如一位学者所说：中国改革开放三十年的经济发展，到了该全面倡导"共同富裕"的时候了。可以预期，中国在全面建设小康社会的过程中，将达致人民"共同富裕"的目标。（《新华日报》）

这篇新闻评论立论不仅正确，还很新颖和深刻，很有现实意义。它贴近大众，跟大众的生活息息相关。纵观历史，改革开放30年，中国发生了翻天覆地的变化，人们的生活得到了很大的改善和提高，改革开放之后，政府紧紧地围绕群众，服务群众，改善群众，最终希望能使群众达到共同富裕。这篇新闻评论论点明确，论据深刻，论证有力，并且紧紧地围绕国家政策方针，起到了很好的舆论作用。立论性新闻评论在说理时还必须突出重点。这显然是这篇新闻评论的落脚点或主旨之所在，从这个角度来看的话，它无疑是号召中国人共同富裕为宗旨的立论性新闻评论。在围绕共同富裕这一个论题展开各个方面论述时，要突出一个重要的论点；在讲述单一方面道理的同时，也要集中笔墨论述这篇新闻评论核心部分，避免事无巨细，只有这样才能更加透彻、深入地揭示事物的本质，最终起到一定的立论性效果。

立论性新闻评论历来是论坛的主角，也是引发舆论最大反应的部分。立论性评论正确而新颖的思想、理论在各领域都有一定的影响，并且围绕一切社会发展趋向、导向、与时代潮流相一致的事物，都可以发展成为立论性评论的论述对象。现实社会生活日益丰富多彩，这些为立论性评论提供了取之不尽的论述话题，同时也要求这类评论要不断地适应社会主义物质文明和精神文明建设需要，要进一步繁荣起来，并且更好地肩负起支持、扶植、传播和弘扬新事物、新经验、新观念、新思维的使命。在我国各种媒介的评论当中，立论性评论与阐述性评论将成为评论的主流，也将处于论坛的主导地位，这绝非偶然性。

新闻评论的立论，就是要确定新闻评论的基本观点，这是写好评论最重要的一个写作过程，因此，立论性新闻评论的基本原则主要有以下几点：

1. 求真：求真性原则要求，不仅要形成正确的观点，而且还必须衡量观点是否成立，是否符合以下条件：第一，是否符合客观实情；第二，是否揭示事物本质；第三，是否正确反映舆论；第四，是否符合马克思主义的基本原理（主要针对党报新闻评论）。马克思主义原理有助于更好地认识社会，并且能够更好地宣传党和政府方针政策（政策制定是二者的结合）。

2. 求新：求新性原则，就是要使新闻评论有新意，这是因为：立论性新闻评论归根到底都是客观事物的反应，而客观事物总是不断发展和进步的，客观事物之间的联系，也是相互影响相互依存的。因此，必须要不断地深入对客观事物的认识。如何写出一篇有新意的新闻评论呢？首先，必须要有新观点、新思想、新见解、新思维，可以来自理论，也可以从生活实践中观察而来，如《谨防精神贿赂》指出：我们不断地追求新意，但这不能建立在闭门造车的基础上，还要符合实事求是，因此，不能仅仅只追求形式上的新，还要符合内容上的真。其次，新闻评论可以从生活中的一些新角度出发，写出立论的新意，从而引起舆论反应。再次，立论性新闻评论，要不断地选择新的材料和语言，例如《话说其他费》这篇新闻评论的议论有很强的针对性，因为同样的事件我们可以从不同角度来议论分析，应言当其时、言当其事。可以从形式和大局出发，也可以全部从材料出发，无论哪种形式，论点必须要集中（基本论点只能有一个）。

二、立论性新闻评论的写作方法

立论性新闻评论写作的根本方法是调查研究。这是形成对事物客观认识的基本方法，这一过程实际上是实事求是的论证过程。这是因为：从认识论的角度来看，评论都是对客观事物的认识和对事物的反应，如果要想提高新闻评论写作能力，就必须进行调查研究。如果从新闻评论的写作实践来看的话，优秀的选题不管是在内容上，还是在观点上，亦或是在材料和语言上，都是来自于调查研究。做好调查研究，就要尽可能多地搜集评论问题的材料、具体事情，要对全局和有关政策文件的整体把握和了解，然后进行思考、结构构思和调查研究，也可以通过访问、观察、问卷调查、抽样、隐性采访等方法获得主要材料。

三、立论性新闻评论的写作要求

立论性新闻评论的写作要求，除了坚持因事倡导、实事求是的原则以外，在写作过程还需注意以下几个方面：

1. 提炼新颖的论点

论点是否新颖，对立论性评论具有很重要的意义。一切正面事物，都在不同程度上蕴含着同当代社会思想、观点、思维、行为准则等相吻合的因素。新颖的论点必须要尽可能地讲一些新意来，这样才能达到立论性的倡导目的。

那么，什么样才算是新颖的论点呢？请看看下面这篇新闻评论，1981年2月14日，《常州日报》发表的文章《调整"三发"》。

这题目是套来的。西汉作家枚乘写过一篇著名的赋，题为《七发》。内容是，有人以七件事启发有病的楚太子，使他领悟到"要言妙道"，出了身冷汗，病也霍然痊愈了。我这里是联想国民经济调整问题说三件事，并加按语，试作评论，想使那些至今仍患有"左倾病"的同志能从中受到一点小小启发，故曰调整"三发"。

头一件事：记得年轻时参加过一次越野长跑赛，因求胜心切，发令枪一响，便拼足全身力气猛冲。结果，跑出800米不到，就气喘如牛，两眼金星乱飞，实在支撑不住，只好中途退出比赛，以惨败而告终。

按行家都懂得，参加长跑赛，须按自己体力科学地掌握好速度，方有取胜可能，若急躁冒进，过早耗尽了体力，焉有不败之理！搞经济建设，其理相通。1958年的所谓大跃进，所以失败，还不就是吃了盲目冒进的亏！我们怎能"好了疮疤忘了痛"？！现在党中央决定对国民经济实行进一步调整，就是为了按照国力科学地掌握速度，就是为了彻底纠正重新出现的盲目冒进倾向。因此，党中央的这个重大决策，无疑是完全正确的。

第二件事：我家住郊区，每天上、下班乘公共汽车时，常见一些人总是一哄而上，把车门一下子挤得密不透风。结果，每个人都得花九牛二虎之力，侧着身子往人缝里挤，上车速度反而慢了还有种人，明知挤不上，还是硬要上，车门不好关，车子开不走，这就大大耽误了开车时间。满车人都因此怨声载道。唉！要是把秩序整顿一下，大家都能排着队上，而不是挤着上，该有多好！

按：在经济建设中，一度也出现了类似这种"一哄而上"和"硬挤着上"的局面。各种建设项目，进口的，重点的，地方的，还是自发的，遍地开花。结果呢？造成比例失调，增加了财政赤字，并出现了小厂挤大厂，新厂挤老厂的现象。不少小厂、新厂争到了原料，却没有技术不少大厂、老厂虽有技术，却没有原料，因而"两败俱伤"。现在，党中央决定进一步调整国民经济，就是为了认真"整顿秩序"，规定不能"挤着上"要"排着队上"，把农业、轻工业、交通、能源、文教卫生等事业排在前面，照顾先上。把重工业，特别是基本建设，排在后面，安排后上，这样，经济建设就可以有秩序地顺利进行了。因此，党中央的这个重大决策，无疑是完全必要的。

第三件事：我的孩子读高中时，因生了一场病，功课很难跟上去，班主任动员我让他留一级，以便把基础打好。我因"望子成龙"心切，起先没有同意，只是摇头、叹气。班主任又和我讲了《三国演义》上"刘玄德跃马过檀溪"的故事，说刘玄德正是由于把马往后退了一下，然后猛加几鞭，方得一跃而过檀溪的，细想想不无道理，这才同意了。后来的事实证明，不但我的孩子功课果然渐渐好起来了，而且在高中毕业后，又一举考上了大学。

按：从"留一级"，到"考上大学"，这就叫做以退为进。而有些同志，抱着"望子成龙"的心情，一心希望国民经济能早日轰轰烈烈搞上去，对国民经济在"十年浩劫"后，犹如一个人大病初愈一样，需要重新打好基础再稳步前进，却缺乏足够的认识，因而听说国民经济需要进一步调整，就摇头、叹气，这实在是不懂得"以退为进"的道理。现在，党中央决定进一步调整国民经济，特别是要把基本建设退后，这种暂时的"退"，正是为了将来更好的"上"，因此，党中央的这个重大决策，无疑是具有战略远见的。

触类可以旁通,这篇评论讲了上述三件小事,目的是为了使那些至今还患有急躁冒进等"左倾病"的同志,能好好想一想,并从中悟出一点道理,以利于早日恢复健康。当然,要是也能像楚太子那样,从中悟出"要言妙道"后"出身冷汗",从此"霍然病愈",那就更好了。

这篇新闻评论形式活泼,立意论点新鲜、新颖,赏心悦目,通体一个字:"俏"。开头开得"俏",先解题;再说结构构得"俏",三件事、三个按语,步步生花;结尾结得"俏",风趣幽默,让人笑过之后还发人深省。

全文兴致盎然,有跳跃性,又有整体感,用三件事引一个道理,顺理成章,通俗易懂,这种"漫笔"式的言论值得提倡,因为脍炙人口,所以,人们乐于问津。将严肃的道理含之于生动之中,何乐而不为?

2. 突出说理的重点

立论性新闻评论重点在于说理,说理包含两层意思:一是围绕一个论题的几个小的方面讲道理,来突出事物最重要的方面;二是在讲一层道理的同时,尽可能地集中核心部分来进行论述。防止面面俱到,再到深入、充分、透彻地揭示和分析事物的本质,从这个意义上说:这是所有评论的共同写作要求。

在作品中怎样才能突出重点?这虽然没有一定的相关规定,但是必须着重把握好以下两个方面:一是从所倡导事物的实际出发,致力于揭示事物本质;二是立论性评论不论倡导什么,都只能依靠具体、生动、充分的理由进行论述。

第二节 驳论性新闻评论

驳论性新闻评论的主旨主要是以驳斥他人或驳斥对方错误的观点和行为为主的一种写作手法,它和立论性新闻评论是相互对立的。

驳论性新闻评论写作时要注意以下几个方面:

首先,要区分好和处理好各种不同性质的矛盾。因为社会是复杂的,在客观上存在着各自不同的特点。事物是相对的,任何一个事物都有多种侧面,不仅有敌、我、友,也有正确与错误、落后与先进、美丽与丑恶等对立区分。

其次,要运用好多种驳论手段和艺术手法,必须要做到驳论手法的正确性、论点的透彻性、论据的深刻性、论证的有力性。

再次,要注意驳论必须和立论相结合,做到有破有立,既驳斥错误又要树立正确。

在驳论性评论的具体写作过程当中,还要注意有的放矢,要选准"靶心",击中事物要害,抓住问题实质。另外,还要注意分寸,要实事求是,做到有理有节，论点清晰。

驳论性新闻评论主要是破旧立新，有扶正祛邪的使命，围绕这一目标，写作时主要注重以下几点：

一、选准"靶子"，瞄准"靶心"

这里的"靶子"和"靶心"主要是指驳论的对象和要害两方面。是否能够准确把握这两个层次，将直接影响驳论性评论的社会效果。

驳论性评论面对一切背离时代潮流和社会准则的弊端、腐朽现象，涉及范围广泛，但是，当面对现实社会中一些错误观念时，任何新闻媒介都不可能并且也没有必要一一去揭露和批判驳斥，而驳论性评论把锋芒对准普遍的社会现象以及大众广泛关注的问题上。这就必须要有对党和人民利益的高度负责的态度，在选择的过程中，必须要根据社会形态的趋势发展区分主次关系，把重心集中在背离党的基本路线和有害国家统一以及民族问题上来，因此，选择驳论性评论必须要慎重，千万不可以随心所欲、草率从事。

二、实事求是，注重分寸

驳论性评论要切中要害，就必须把驳论对象放在一定的范围之内并且提升到一定思想高度来分析，坚持实事求是原则，在形式上注意分寸，在内容上注重合情合理。那么，怎样才能做到合情合理？放在怎样的思想高度来分析？怎样去坚持实事求是的原则？怎样才能触及问题的实质和症结呢？

《北京日报》1981年1月9日发表的这篇题为《自私不是人的本质》的驳论性很强的新闻评论就是很好的例子，内容如下：

> 当前，许多做思想政治工作的同志，碰到了一个共同的问题：如何看待自私？本来这是不应该成为问题的。我们历来主张，在政策上要照顾个人利益，而在思想上则要反对自私，提倡大公无私、公而忘私、先公后私的精神。在新民主主义革命时期，我们没有放松过宣传共产主义思想、提倡共产主义道德，进入社会主义历史阶段后，更加强了这方面的思想教育工作。"提倡个人利益与集体利益相结合"、"反对自私自利"、"克服个人主义"、"以集体利益为重"、"顾全大局"、"为了集体利益应该约束以至牺牲个人利益"等思想的宣传相当深入，虽然有的同志在有的时候觉得这些是"大道理"，想不通，但也只是说这些道理"大"，却没有认为这些道理不对。现在的问题，则是有人公开在理论上说这些道理不对，不应该这么提。他们的根据就是：人的本质是自私的。甚至还有人把自私说成是人类前进的动力。而我们在理论上又还没有来得及对这种思想进行科学的分析

和批判。这就增加了部分群众的思想混乱，也使一些在第一线做思想政治工作的同志感到了困难。因此，很需要科学地、实事求是地把这个问题讨论清楚。

人要生存，要发展自己的体力和智力，不能没有个人利益。如果没有必要的条件，人的生命都不能维持，对人类和社会作出贡献也就无从谈起了。个人利益，是实实在在的，正如普列汉诺夫所说，"是一件科学事实"。对于个人利益需要保护，但对自私思想则必须反对。因为，自私是把个人利益放在第一位，把一己私利看得高于一切，重于一切，一事当前先为自己打算，并且往往为了个人利益的满足，不惜损害他人和整体的利益。在社会主义社会里，个人利益是同国家、社会的整体利益结合在一起的，是依赖于整体利益的。个人利益的任何解决，都离不开整体利益，它只有随着整体利益的提高才能逐步提高。如果听任自私思想泛滥，整体利益遭到了破坏，个人利益最终也就会受到损害。

人从来都是自私的吗？不是。自私思想是人的一种社会意识，是社会存在在人头脑中的反映，是人类社会发展到了一定历史阶段的产物。人在从动物界中最后分离出来以后，长时期地以群居的形式生活于大自然之中。这个历史阶段，在迄今为止的人类历史中占了99%以上的时间。在这漫长的岁月里，人们既不知道什么叫公，也不知道什么叫私，只知道依靠群体的力量才能生存。那时，人们既要同锐齿利爪的各种野兽搏斗，也要经受天气变化的考验。冰刀霜剑，酷暑严寒，狂风暴雨，电闪雷鸣，对原始人说来，是一次又一次的灾难。人们面临的敌人是强大的，而手里的工具和武器，只不过是一根棍子、几块石头。环境如此艰难困苦，人类还是生存、延续、发展下来了，靠的就是同心协力，集群而生。由于生产方式极端落后，人们所能猎取、采集到的食物，只能勉强维持群体的生存，任何人如果想独自多占一点，群体都可能垮台。要是群体垮了，任何单个人都不可能抵御野兽的侵袭，也不可能抗拒自然的灾难，不被野兽咬死，便是冻死、饿死，根本无法生存下去。在这个漫长的历史时期中，自私思想是不可能产生出来的。只是在随着生产方式的发展，劳动产品有了剩余之后，才产生了剩余产品归谁所有的问题出现了社会分工和私有制，才有了剥削和压迫，自私作为人的一种社会观念也才应运而生。而且随着人类社会关系的发展，自私观念本身也有所变化。自给自足的小农经济所滋生的是"各人自扫门前雪，休管他人瓦上霜"的自私观念。

地主阶级的自私则是"不杀穷人不富"。在资本主义世界里，激烈的
市场竞争支配着整个社会，资产阶级的自私观念便以"拜金主义"、
"剥削自由"为特点，他们所奉行的是"人对人是豺狼"的极端利己
主义哲学。从整个人类历史的长河看，自私这种社会观念出现的时间
还很短，并且必将随着社会生产力的极大提高而最终消亡。

就是在自私观念出现于人类历史以来的短短的阶段中，每个国
家、民族和阶级也都涌现过一批高尚的，对于这些国家、民族、阶级
来说具有大公无私美德的先进人物。这些人比较有远见卓识、真知灼
见，对自己阶级、民族、国家的共同利益看得比较清楚。他们愿意为
了维护整体利益，为了社会的进步和促进社会生产力的发展，作出贡
献，甚至不惜抛头颅、洒热血，牺牲自己的生命。中国历史上，岳飞
的"精忠报国"，文天祥的"人生自古谁无死，留取丹心照汗青"，
都体现了这种"杀身成仁，舍生取义"的忘我精神。外国历史上，也
出现过为了争取本阶级的利益，而被送上了断头台的罗伯斯比尔这样
的人物。这些舍己忘我的人，历来受到人民的称颂和赞扬。但是，由
于历史条件的限制，他们的"公"的范围还是有限的。只有现代无产
阶级的出现，才使"大公无私"的思想，提高到新的高度。一环紧扣
一环的大生产的链条，使得无产阶级比别的阶级更容易认识到自身利
益与集体利益的紧密联系和相一致。而且，无产阶级自身的彻底解
放，又是以全人类的解放为前提的。这就决定了，在无产阶级中，必
然会产生比别的阶级多得多，思想境界也高得多的大公无私的先进人
物。刘胡兰、黄继光、雷锋、王杰、张志新以及许许多多为革命捐躯
的烈士，不就是具有大公无私精神的无产阶级的先进代表吗？今天，
不是也有一大批英雄模范，在四化征途上公而忘私地努力奋斗吗？所
以，说自私是人的本质，是违反历史真实的。在建立了公有制的生产
关系的社会主义社会里，再来提倡这种思想，则更是历史的倒退了。

这篇新闻评论有两个显著的特点：指导性强，说理透彻。作者用因势利
导、层层递进的写法，完整地论证了"自私不是人的本质"的命题。当时，确
有相当一部分人昏昏然感到似是而非的时候，这篇力作澄清舆论，分清是非，
实在难能可贵，是一篇很有说服力的驳论。不仅直接揭露了政治思想一些消极
和腐败的自私的真实面目，而且深化了党的责任和群众的利益，是一篇影响很
大的舆论性的驳论名篇，这是因为：

首先，论题鲜明。自私不是人的本质，让人一看便见主题，语气坚决果

断，标题令腐败的落后的思想工作者汗颜，让革命者和人民群众备受鼓舞。

其次，材料翔实。评论选择大量的具体的事实，据事明理，让读者看清党的思想路线和责任，同时也让群众认识到党的建设深刻地围绕着群众，无论是在思想上、政策上，还是在组织上、行动上，自私的表现无法不让人产生质问。

第三，手法丰富。评论写作中运用了大量的排比句式和反问句式，不仅增强了社论的说服力，而且使评论内涵更为丰富，能够激发起人们义愤的情感，产生强烈的共鸣。大量的事实据事说理阐述，就要把从实际出发和坚持社会主义原则结合起来，对事物做实事求是恰如其分的分析。

三、有理有据，以理服人

驳论性新闻评论主要是面向大众，而不是仅仅单纯针对某一个人，或者是某一个群体，所以，写好驳论新闻评论一定要坚持以理服人，坚持有理有据有节的说理原则和实事求是的真实原则。

所谓以理服人，就是坚持摆事实、讲道理，并且依靠有理有据的论据、合情合理的论辩服人，更不能任意的扣帽子，说瞎话和空话。驳论性评论的力量必须是讲究严肃性、严正性和严谨性的态度，正如鲁迅所说的，即使"因为情不可遏而愤怒，而笑骂"，也"必须止于嘲笑，止于热骂，而且要'嬉笑怒骂，皆成新闻评论'，使敌人因此受伤或致死，而自己并无卑劣的行为，观者也不以为污秽，这才是战斗的作者的本领"。

第三节 阐述性新闻评论

阐述性新闻评论主要是以阐述政策为己任的一种写作手法。

这类新闻评论既要体现"上面精神"、又要反映"下面情况"。阐述性新闻评论有自己特定的内容取向和论述范围。阐述性评论专门阐述党的纲领、路线、政策方针，借以帮助广大干部和广大群众能够正确理解和领会党宣传的实质，最终提高和贯彻执行的自觉性和群众的导向性，并将其转化为具体的社会实践能力，这是一种以指导社会实践，推动社会主义事业健康发展为宗旨的导向型评论类型，具有很强的感染力和号召力。

一、阐述性新闻评论的特殊性

严格来说，阐述性新闻评论是一种特殊的立论性评论的表现形式。这种特殊性，除特定内容取向和论述范围这一主要标志之外，还表现在：

第一、体现"上面精神"和"反映下面情况"二者是高度结合的普遍社会意义和体现形式；

第二，必须着眼于全面，准确阐述党的方针政策的精神实质、客观依据，全面贯彻落实措施和步骤；

第三，尽管同立论性评论有相似之处，都是以正面说理为主，但阐述性评论多侧重于阐述、解释，而并非是证明自己的主观和见解，这点跟立论性评论还是有本质的区别；

第四，为增强阐述性的权威性，一般不用署名评论，而多用高规格的不署名评论，如社论、评论员新闻评论。新华社播发的题为《人民自有回天力》的文章就是一篇阐述性新闻评论，内容如下：

到6月11日14时28分，汶川大地震已整整过去30天。坚强的中华民族，止住了伤口淋漓的鲜血，又昂起自强不息的头颅。

一个月的时间，对于抚慰家园夷平、骨肉分离的创痛无疑太短一个月的时间，对于彰显重整河山、重建家园的巨大力量却已足够。

灾区群众重建家园的力量在迅速积聚。超乎所能的生死救援，竭尽所能的妥善安置，使灾区群众没有瑟缩街头，而是真正得到生命的尊重和生存的喘息。他们从废墟上站起，擦干血和泪痕抗震救灾精神正变成重建家园的动力：麦子、水稻、油菜子，返乡生产自救的农民做到了应种尽种、应收尽收。"两年内建设一个更好的东汽！"——宣誓的又岂止是一个东方汽轮机厂，截至6月8日，四川省灾区已有4003个规模以上工业企业恢复生产，为安置工作和恢复重建打下坚实基础6月10日18时，四川电网10千伏以上受损设施全部恢复6月11日，已有46014公里受损公路修通。一个个帐篷学校里学生们重新拿起崭新的课本，迟来的高考将使他们放飞心中的梦想……5月31日，在灾区考察工作的胡锦涛总书记曾在简易防震棚小黑板上写下"一方有难，八方支援自力更生，艰苦奋斗"的大字。总书记的期望，已经变成灾区人民坚强的行动！

八方支援、共克时艰的力量在持续汇聚。6月11日，运抵灾区的帐篷已超过105万项目前捐赠款物总计已超过445亿元人民币，创下历史之最全国各地已加工成品粮48906吨，其中32071吨运往灾区投放灾区需要什么就给什么，省一级和市一级对口支援全面展开……正是这些，使灾区群众有饭吃、有水喝、有地方睡觉，感受着大爱的温暖。

如果说地震后初期是对生命的迫切关注，人们更多的是揪心和泪水，现在则是实实在在的操心，更多地充满理性和建设性：从认真倾听灾区群众关于恢复重建的意见，到社会各界对科学重建献计献策从怎样建设"震不倒"的学校、医院，到对地震孤儿、孤老等的细致关心从对捐赠款物使用公开监督，到灾区社会治安的有效维护……13亿人分担苦难和责任，使灾后重建变成大家的事、共同的事，共克时艰赢得最广泛的参与和支持。

全国上下对党和政府的信赖在高度凝聚。从98抗洪到抗击非典，从年初抗击冰冻雨雪灾害到现在抗震救灾，党和政府应对复杂局面和突发情况的领导能力再次得到全国人民认同，也赢得世界普遍赞扬。温家宝总理火速赶赴灾区和胡锦涛总书记在紧要时刻亲赴灾区，凸显了党和政府"以人为本"的理念做好灾后安置方面面工作，让人们又一次为中国共产党高擎民生大旗的政治主张找到了注脚在中国历史上第一次设立全国哀悼日，凝聚了全民族共同面对灾难的勇气全国7000万党员的"特殊党费"，让灾区群众再一次感到了党的温暖每天都在公布抗震救灾的进展情况，把中国遇到的灾难向全世界彻底"透明"而《汶川地震灾后重建条例（草案）》，则给重建家园提供了"法"的力量。正如外媒所言："中国政府的高效反应让中国人感到安心，同时向世界表明它有能力应对灾难，也表明它有能力举办好北京奥运会。"危急时刻相信党和政府，成为灾区群众的最深体会，也成为全国人民的坚定信念。而这，必将影响和动员起更多力量加速灾区重建，形成万众一心、共渡难关的动人情形。

积聚的是力量，汇聚的是力量，凝聚的更是力量。而这些"大写的中国人"的力量，正是中华民族临大难而不倒的回天之力！

就内容和论述范围来看，这篇新闻评论主要以国家为重心，全国上下心连心团结一致抵抗灾难为依据，紧密结合客观形势的变化，阐述如何积聚的是力量，汇聚的是力量，凝聚的更是力量。这些"大写的中国人"的力量，正是中华民族临大难而不倒的回天之力！这篇阐述性评论，以正面说理为主，着重揭示这一指导思想新的内涵和社会意义，具有强烈的时代、社会特征，这与立论性评论又是基本相同的。

这篇新闻评论生动感人，在灾害面前体现了民族爱，体现了国家爱，体现了世界的爱，具有强烈的感染力和号召力，准确阐明和解释了党和群众一起战胜灾难的决心。

这里之所以把阐述性评论跟立论性评论相并列，主要是因为这类评论在我国新闻评论中都处于特别重要的位置。新闻评论作为新闻媒介的政治旗帜，在危急时刻相信党和政府，成为灾区群众的最深体会，也成为全国人民的坚定信念。而这，必将影响和动员起更多力量加速灾区重建，形成万众一心、共渡难关的动人情形。新闻媒介发挥了它的政治旗帜并且肩负起阐述党的纲领、政策、方针的重要使命，高度地宣传了这种精神。

二、阐述性新闻评论的类型

阐述方针政策的评论有各自不同的具体目标，依据这些具体因素，大致可以把阐述性评论分为专题性、后续性、全局性等具体类型。

1. 专题性阐述评论

所谓专题性阐述评论主要是指一篇评论专门阐述某一项或某一领域的具体方针政策的新闻评论。这种评论着眼于帮助人们理解基本精神，如下面1991年3月2日《解放日报》文章《改革开放要有新思路》中的一段内容：

> 邓小平同志说过："干革命、搞建设，都要有一批勇于思考、勇于探索、勇于创新的闯将。没有这样一批闯将，我们就无法摆脱贫穷落后的状况，就无法赶上更谈不到超过国际先进水平。我们希望各级党委和每个党支部，都来做鼓励、支持党员和群众勇于思考、勇于探索、勇于创新，都来做促进群众解放思想、开动脑筋的工作。"让我们以此作为座右铭，在社会主义现代化建设的漫长征途上，在振兴上海、开发浦东的伟大事业中，不断解放思想，永远开拓奋进！

这段对所要讨论的方针、政策的具体阐述，为后面的深入论述，提供了坚实的基础和理论依据。这篇新闻评论主要是阐述了改革开放时期的新思路、新路线、新方向和新的政策，让人们深刻地理解改革开放新思路的基本精神。

2. 后续性阐述评论

后续性阐述评论多数是针对方针政策贯彻执行过程中的实际情况而定的，后续性阐述新闻评论主要目的在于引导人们注意某些重点、原则、立场，防止片面理解，并且排除可能出现的一些误解和干扰，严格加强和完善贯彻执行措施、步骤和方法。因此，后续性阐述新闻评论一般都比较重视分析和贯彻执行情况，并且明确政策界限，最终突出阐述当前急需解决的问题，在论说过程中也较注意调动驳论手段。1994年12月16日，《人民日报》发表的新闻评论《反腐败斗争要坚持不懈》，就是《坚定不移地开展反腐败斗争》新闻评论的后续。

> 目前，从总体上看，反腐败斗争发展势头是好的，成效是明显的。但也要清醒地看到，反腐败工作离中央的要求和人民群众的期

望还有不小的差距，尚有不少因素影响和制约着反腐败斗争的深入发展。突出的问题是一些部门和地区的领导干部存在着"歇口气"、"停一停"的想法，认为反腐败不可不抓，但不能大抓，抓一下就行了。这些认识是影响当前反腐败斗争深入发展的一大障碍，有很大的危害性，必须坚决纠正。

评论在具体问题分析的时候着重强调：

反腐败斗争的形势依然是严峻的。腐败现象不仅在党政机关及其工作人员中仍然存在，而且有的还相当严重。当前最突出的表现是权钱交易，以权谋私，不择手段地侵占国家、集体和群众的利益。这种情况不仅党政机关、经济部门有，执法机关也同样存在。从今年上半年揭露和查处的案件看，贪污贿赂、金融诈骗、走私及严重违犯财经纪律的案件仍然居高不下，给政治和经济生活造成很大的危害，不容有任何懈怠。

像这篇新闻评论阐述后续执行的情况，并且着重指明了工作重点的论述过程和解决方法，就是后续性新闻评论经常运用的方法。

3. 全局性阐述评论

全局性阐述评论一般用于论述党的纲领、路线，党和政府的重大决策、部署，以及重要会议精神和决议。这类评论通常面向全党和全国人民，其精神普遍适用于各个领域、各个部门，例如湖北汉阳人民广播电台1989年播发的《自备柴灶自升温》这篇新闻评论：

我们国家人口多、底子薄，像个家大口阔的家庭。在这种情况下，片面强调国家和社会增加更多的投入，为我们农村基层解决农业生产发展上的一切具体困难，既不现实，也不利于发扬干部群众自力更生的精神。

再说，历史的经验告诫我们，如果对农业的基础地位没有足够的认识，即使上面给再多的钱，也不一定都能办好事。过去有些地方有了钱就搞天女散花，普施恩惠，结果，农业的投资效益仍不明显，农业还是一口不起火不冒烟的冷灶。建华村的实践再次证明，任何客观事物本身的内在力量是巨大的，是事物发展变化的原动力。外因只是通过内因才能起作用，才能促进事物向前发展，产生飞跃。因此我认为，在农业升温的问题上，还是坚持两点论为好，国家千方百计增加投入，我们农村干部和农民也积极发挥内因的作用，争当升温的司炉工、添柴人，来个自备柴灶自升温，农业的温度就会着实升上来。

这篇评论短小精悍、标题通俗，宣传了党和政府的决策和会议精神。农业升温，还是坚持两点论为好，国家千方百计增加投入，农村干部和农民也积极发挥内因的作用，争当升温的司炉工、添柴人，来个自备柴灶自升温，农业的温度就会着实升上来。这篇新闻评论深刻地阐述了党的宣传政策和党落实方针路线的决心。全局性阐述是这篇新闻评论的最大特色。

这篇评论选取正反两方面典型事例，阐明主题。在国家提出对农业倾斜政策出台不久播发这篇新闻评论，可见用意匠心。全篇四个自然段，说理透彻，论证有力，较好地阐明了"自备柴灶自升温"的可能性和必要性，评论具有较强的现实指导意义。评论采用农民熟悉的生活术语作题，形象贴切易记。

三、阐述性新闻评论的写作要求

全面准确理解党的系列方针政策及思想路线，是写好阐述性评论的基本前提。但是，即使吃透方针政策，并具备了阐述性评论的前提条件，也并不一定就能写出好的评论。那么，怎样才能让作品富有号召力和感染力呢？与其他评论相比，阐述性新闻评论更要透彻阐明有关方针政策的精神实质，并把这些精神实质和方针政策变成广大干部、群众的自觉实践，转化为巨大物质力量，这就要求除了吃透方针政策之外，还要在写作上下功夫。

1. 恰当表现方针政策与历史背景的联系

国家的方针政策，都是具体、历史、辩证地分析研究客观实际的产物，在客观上存在着与社会现实和历史背景的相互联系。在阐述性评论作品中，如果不表现出这种联系，自然难以揭示国家方针政策的客观依据和现实意义。在北京举行十七届六中全会，将讨论审议有关深化文化体制改革的文件，探析文化体制变革所蕴含的巨大能量与机遇。相关新闻报道写了这样一段话：

充分认识推进文化改革发展的重要性和紧迫性，更加自觉、更加主动地推动社会主义文化大发展大繁荣

文化是民族的血脉，是人民的精神家园。在我国五千多年文明发展历程中，各族人民紧密团结、自强不息，共同创造出源远流长、博大精深的中华文化，为中华民族发展壮大提供了强大精神力量，为人类文明进步作出了不可磨灭的重大贡献。

中国共产党从成立之日起，就既是中华优秀传统文化的忠实传承者和弘扬者，又是中国先进文化的积极倡导者和发展者。我们党历来高度重视运用文化引领前进方向、凝聚奋斗力量，团结带领全国各族

人民不断以思想文化新觉醒、理论创造新成果、文化建设新成就推动党和人民事业向前发展，文化工作在革命、建设、改革各个历史时期都发挥了不可替代的重大作用……

这一概况性文字说明了会议将讨论审议有关深化文化体制改革的文件，以及探析文化体制变革所蕴含的巨大能量与机遇的重要性。方针政策虽然与历史的联系不同，形式上也不可能会是同一种模式，这就需要地方紧密结合实际，领会方针政策，把方针政策转化为现实的实践。

2. 加强论述的针对性

突出重点是阐述性新闻评论针对性的一种表现，如《人民日报》评论文章《密切联系群众是党最大优势》中的论述：

> 讲话指出，脱离群众是我们党执政后的最大危险。"这些年来，我们发现一些地方出现了政绩工程、面子工程，虽然党和政府花了不少钱、下了很大力气，却得不到群众的认可，甚至遭到群众的反感。"中央党校教授辛鸣分析，"为什么？就是因为有的党委政府在制定政策时脱离了群众，没有从群众的出发点去考虑问题。'七一'讲话把脱离群众当做党执政后的最大危险，绝不是危言耸听，必须高度警惕。"
>
> 坚持问政于民、问需于民、问计于民。
>
> 帮助所住村建一个坚强有力的党组织，开好一个解放思想、促进发展的讨论会，帮助制订一个切合实际的发展规划，帮助上一个好的致富项目，解决一些群众关注的实际问题，形成一个促进作风转变、推进项目建设的调研报告……今年以来，山西实行领导干部下乡住村"六个一"制度，要求省委常委带头，每年拿出3天以上的时间住村，与当地的群众同吃、同住、同劳动。截至目前省、市、县、乡各级共有7万多名干部下乡住村，共住村1.2万多个。

对人们可能产生的观点疑惑和误解进行阐释，是增强说服力的重要环节。这篇新闻评论通过评论密切联系群众是党最大优势，突出了党的坚持为民的原则，让身处领导地位的人们更加紧密地联系群众。

第四节 提示性新闻评论

提示性新闻评论是一种着眼于提示问题，并且点明问题实质和主要意义，指明可能的发展趋向，借以提醒人们注意、引起重视，进而考虑如何正确对待的一种评论文体。

一、提示性评论的运用

提示性新闻评论评论多数是配合新闻报道或其他作品发表，并以所反映的事物或问题作为评论对象，通常在下列某一种情况下运用：

1. 有关事物或问题本身具有一定的重要性和针对性，但实质和意义一点就明，无需过多阐述。

2. 事物尚处于萌芽状态或只是个别现象，但已经显现出了某种发展趋向和潜在影响，需要提醒人们注意和正确对待，这时需要发挥提示性评论效果。

3. 事物或问题存在多种发展可能性和随意性，展示普遍意义事物或社会存在的现象、问题，需要引导人们去思考和引导人们感悟，或者准备组织公众讨论的。

在上述某一情况下发表的评论，通常都是提示性评论。因为在这些情况下，都只能提出问题、分析问题和发现趋向，或指明问题的实质、意义和影响，而不需要也不便做具体的分析论述和确切的论断。

二、提示性评论的特点

提示性评论区别于其他评论类型的显著特点，可以概括为"评而少论"和"述而不详"。

1. "评而少论"的"评"，其实就是对于事物的判断或对事物加以论断，提示性评论主要是提醒注意、引起关注，即以相应的判断或论断点明事物的实质和意义，指出其可能的发展趋向。明确表示赞成、支持什么，否定、反对什么，用一种特殊形式的"评"来鲜明地提出问题。用提出问题来表明某种倾向，有时还包含某种解决问题的意向，因此，结论就蕴含在问题之中。

假如没有"评"，没有必要的论断，评论所提出的问题正是未来趋势下的各种矛盾所在，那么，就没有充分的根据，这样不仅达不到提醒注意的目的，评论本身也不成为评论。所以，提示性评论虽然重在提示，但是，需要有所评，需要有深刻的论据和有力的论据评论，并且有旗帜鲜明的判断或论断。如果没有评论，判断有没有鲜明或者中肯的判断和论断，这也是提示性评论与内容提要的重要区别和分界线。如果不评不断，只是复述与它一起发表稿件内容要点，那就不是提示性评论，而是内容提要。如下面一段：

建构的致富者形象大致可以分为三个阶段，它们分别是集体致富中的个体形象、专业户形象、农民企业家形象。集体致富中的个体形象是一种过渡性形象，它要承担致富观念唤起的任务专业户形象是类型化形象，它要鼓励农民去模仿专业户的行为农民企业家中出现典型，它要实现对农村致富的精神引导，使农民致富形象的精神境界得到升华。

（《动荡中的嬗变——试论改革开放以来〈人民日报〉农村致富形象的变迁》）

这段话直接来自稿件，客观反映稿件的内容而不是对于有关问题的看法。

多数评论的"评"是直截了当、简明扼要的画龙点睛式判断或论断，一般不对问题做具体分析论述

所以，提示性评论的"评而少论"这个特点，包括两个重要的侧面问题。如果没有评就相当于没有明确的态度、看法，那就不是评论，而仅仅是提要或别的其他文字的形式的新闻评论但论述要有所节制，必须要着眼于启发、引导、号召，否则就形同其他评论类型一样，只会削弱或者失去提示性评论的特殊社会功能和存在价值。

2. "述而不详"，主要指引用事实的特殊性。提示性评论都依附于其他稿件之中。它的由头和论据多包含在所依附的其他稿件内容里，一般只要提一下，而并非做全面的论述，人们就会把它的论点与有关事实相互联系，而用不着详细的进行叙述。

三、提示性评论的写作要求

提示性评论一般都依附于其他稿件之后，所以，对于提示性评论要"评而少论、述而不详"。这类评论一般篇幅比较短，但是必须灵活并且配合性强。所以，在提示性评论写作过程中需注意以下几点要求：

1. 论点必须高度集中

因为提示性评论都是依附于其他稿件之中，所以，不论这篇新闻评论的主旨是什么、表达什么意图、什么观点、什么形式，提示性评论的论点都是来源于这篇新闻评论，所以，这类评论的论点必须集中、具体，这将直接关系到作品的社会效果和这篇新闻评论的感染力。而且，最重要的一点，就是提示性评论必须来源于论点。

2. 把握好论述重点

提示性评论很多来源于编者按或者编后，但是有论有述，有时候还有较为深入、详细的论述。在提示性论述中，主要是侧重于提出问题，提供充分根

据，或者启发引导，并非是对稿件的本身进行分析论述。

3. 语言简练准确生动活泼

提示性评论一般比较短小，要真正短而有力，起到画龙点睛的效果，就必须在语言上下功夫，在写作上找方法，争取用简短的话，实现生动准确鲜明的表达，这样在内容上更加丰富。

第五节　解释性新闻评论

邓拓曾在《关于报纸的社论》中说：“人们通常看到的我们报纸的社论，从它们的内容的不同性质来区分，不外三种类型：第一种是关于党和政府对内对外政策路线的解释性评论，例如关于过渡时期的总任务、全国人民代表大会、宪法、党的全国代表会议、亚太会议等的社论都属于这一种。”

在美国新闻界，对解释性新闻所下的定义可谓形形色色。美国《底特律新闻》社论作家杰克·海敦认为，解释性新闻“是一种作解释或者作分析的报道”，“是一种加背景给新闻揭示更深意义的报道”。卡尔·林兹特诺姆教授则认为，解释性新闻“就是在报道新闻事件中补充新的事实。使正在发生的新闻事件更加明白易懂”的报道。总体来说，在美国新闻界看来，所谓解释性的新闻评论，主要是那种运用大量背景材料来分析新闻事件所发生的原因、意义或影响，用来揭示新闻事件的来龙去脉和深层意义的新闻报道，是一种背景性新闻。

一、解释性新闻评论的特点

关于解释性评论，这种称谓“释论”的作品中，的确有不同于其他评论的特点。解释性新闻评论区别于其他类型的评论特点可以概括为：

1. 注重实效性的时间侧面

从报道重点看，解释性新闻评论主要是以报道“为什么”这一新闻要素为基本点，重点解释新闻事件发生的根本原因及影响力。这是解释性新闻评论最重要的特点，也是它与一般新闻报道（特别是纯新闻）的本质区别。一般消息（主要是纯新闻）主要是以报道“何事”为新闻评论重点，任务是讲清发生了什么事，而解释性新闻的报道重点则在于交代“何因”，主要是讲清新闻事件发生的原因，论述新闻评论的来龙去脉，并且帮助受众了解新闻事件背后的新闻。用论述的方式引导和论述解释宣传，要十分注重新闻的实效性，一般侧重于把握时机，并且更加强调时间这一侧面过程。对于以新闻事件为评论对象的新闻分析来说，把握时间等于把握了先声夺人的舆论的主动权，所以这类评论一向视时间为影响评论社会效果的最重要因素。

对新事物、新问题的评论中，在事物处于萌芽状态的时候，及时地有针对性地帮助人们的疑难做必要的解释，也往往可以收到事半功倍的舆论效果。2011年3月发生的地沟油事件震惊全国。事件发生当晚，东方卫视曝光成都地沟油事件涉嫌火锅店讳莫如深，接下来，江苏、安徽等地沟油事件逐一曝光，这种将时间和时机两个侧面有机结合起来，特别有助于解释性评论发挥应有的社会功能。

2. 鲜明倾向于客观叙述

解释性新闻评论属于新闻报道而并非是评论这篇新闻评论。它主要是用事实说话，通过提供背景性的事实材料来对新闻事件发生的原因及影响进行解释说明。在对新闻事件发生的原因进行解释的同时，必然蕴涵有作者的观点和一些看法，具有主观性。但是，这种观点和看法不是以作者直接发表议论的方式直观地表达出来的，是通过作者提供的背景性事实材料和引用相关人士对此事件的评述表现出来的（西方新闻界认为，引用他人之言对事件进行评论，仍然属于报道新闻事实，并没有违背新闻报道以事实说话的原则）。因此，解释性新闻带有比较明显的倾向性，虽然包含有较多的解释性成分在里面，但它与新闻评论有着本质的区别。就其写作特点而言，它仍然属于新闻报道，遵循的仍然是以事实说话的报道原则。

3. 用既有的知识解释事物

知识是人类智慧的结晶，是提升素质的一种重要保障，适当运用已经有的知识解释评论内容，不仅可以增强这类评论的说服力，更能促使知识的普及、宣传，改善和提高人们的思维能力和全民的文化层次。现在解释性评论之所以缺乏说服力，重要的原因是满足于一般解释或者概念，而不善于融入必要的知识，没有把已有的知识升华运用。从这个意义上说，运用已有的知识来进行解释事物是解释性评论的一大重要的特点，因此，在这一点上，还是有待于完善和加强的。

二、解释性评论的写作要求

解释性评论除了遵循评论的要求，在写作上还需要着重把握以下两点：

1. 精心的选择事实，发挥事实的作用

新闻评论的事物解释和事物的说明，通常有两种方式：一为"义释"即运用概念和概念之间逻辑关系，来解释和揭示事物实质和意义；二为"事释"就是让事实说明事件的来龙去脉和影响力，最终帮助人们正确认识和对待事物，解释说明进行舆论宣传的作用。解释性评论也同时运用这两种思维方式。

2. 思维规律适当运用，还原、认识事物发展过程

人们认识事物，并且遵循一定的思维规律，由个别而一般、由具体而抽

象，由表及里，由因及果，都含有一定的思维逻辑，因此，在具体的论述中，适当还原事物的本质，发生、发展和变化过程，或者还原自己识别的事物，对事物的一些看法、思想或遵循作者思维轨迹逐步接近文本结论。有时，运用这种还原的方法，最终来帮助人们正确认识和对待新事物、新问题。对于以新事件为宗旨的解释性评论来说，这种思维规律的还原尤其具有重要意义，这对解释性评论来说也是一种审时度势的新过程。

第五章

新闻评论的选题

第一节 选题的依据

一、选题的含义

新闻评论的选题就是解决"写什么"的问题。对于新闻评论来说,选题就是选择所要评论的事物和所要论述的问题,进行分析论证,最终确定所要评论的对象和论述的范围。对于一篇评论来讲,所谓选题其实就是确定论题,提出问题、观点和看法,并针对这些进行发言说理。

一篇有影响力的新闻评论,所评论的对象和范围肯定是当前最具有迫切意义,并且有着普遍引导作用,又能配合整体的新闻宣传部署等问题。因此,对于评论的选题首先必须明确选题的根据,拓宽论题的来源。

一篇新闻评论的选题可以直接折射出评论的质量、选题的好坏,也直接反映整篇评论的影响力和感染力。那么,在怎样进行选题这个问题上,需要注意以下三点:

其一,当前的客观形势、舆论动向和宣传任务,以及最近中央发布的重要决定、重要会议、工作部署和最新的政策精神,可以作为选题的重要纽带。这些不仅是选题的重要来源,而且有助于选题和立论体现坚定正确方向和政治目标,从而赢得人们的重视。

其二,在现实生活中不断地发现新情况、新变革、新矛盾、新风险,以及倾听广大群众和社会基层的呼声和要求。这是新闻评论选题取之不尽、用之不竭的源泉。

其三,时刻关注新闻事件和新闻典型。这是社会舆论关注的热点,也是宣传导向的焦点,是结合实际引导舆论、并且发挥教育功能的好教材,让新闻评论选题更加具有新闻性、时代感和导向性。

二、选题的思维过程

新闻评论的写作是一种意在笔先的写作过程,必须要写确定好立意的方向,然后再进行逐一论述。确定新闻评论的选题过程就是将作者主观意图与客观事实相结合的一个过程,这是一种创造性的发散思维过程。创造性思维是综合表现思维的一个表现形式,是发散思维、聚合思维、直觉思维与分析思维的结合体,因此,对于创造性思维来说,既离不开理论思维过程也离不开创造想象思维过程。

对于新闻评论的选题来讲,必须是事实和理论两者结合的统一体。新闻评论选题并不是凭空想象出来的,主要是从两方面获取,一是"上面精神",二是"下面精神"，是这两个"精神"的结晶。

所谓"上面精神"，主要包括党和政府的重要决定、部署、工作方针，党的宣传精神，这些是当前迫切解决的问题，是人们最关注的焦点问题，同时也是媒体的重要议程。新闻评论选题一般都是以这些为重要依据，在国家许多重大决策，以及民生方面的重大问题，都体现了上面的精神，包括重大自然灾害、居民安置等。新闻评论不仅解释了上面的问题，同时传达上面精神，起到上传下达的作用。如果离开"上面精神"，评论就无法准确地表达出主要意旨，就无法形象生动地表达出主要观点，也就起不到宣传导向作用，即使在主题方面生动地表达出了主要的评论观点，哪怕方向正确，那么，宣传的效果和影响受众的程度也是很有限的。

所谓"下面精神"，情况范围就比较广泛，对于生活中的新的情况、经验、变革、问题，人民群众的想法、意见、看法，还有一些社会的伦理道德、贪污抢劫、打架斗殴等生活点点滴滴，都可以作为新闻评论的选题。

在现实生活中，虽然繁杂琐碎的事件很难成为有价值的新闻选题和立论的依据，但是，只要从已知的种种消息中进行整合筛选审核的话，是可以从许多资料中，找到这些逻辑关系，并且思考解决方案，找到解决办法。将这些分散的事实进行整理成为一个相对集中的主旨进行分析思考，最终得到具体的论证。

三、选题后的标题制作

在确定评论的选题后，需要考虑评论以什么样的标题出现在媒体上。为了使新闻评论的标题更加生动形象，在制作过程中一般应遵循以下四点基本要求：

1. 题文一致。评论标题所概括的论题、所提炼的观点、想法、思维和所涉及的事实等应与评论的内容相一致，切勿题文不合。例如：《人民日报》的《少讲空话，多干实事》（1985年5月22日）、《经济日报》的《少数企业"死"不了，多数企业"活"不好》（1991年8月15日）等评论文章形象地表明了论点。

2. 意向鲜明。对评论所分析的事物或议论的问题，较为鲜明的是非判断或价值判断一般都体现在论题上。例如：《广西日报》的《有理也不能取闹》（1984年6月6日）、《中国青年报》的《以车取人者戒》（1994年1月7日）、中央电视台的《先教孩子做人》（1995年6月6日）等。

3. 言简意赅。评论标题的句式要简洁、明了，文字要精炼、生动，题义要深刻耐人寻味。体现精炼的选题评论文章，如中央电视台《焦点访谈》的《危乎国矿》（1996年1月13日）、《人民日报·经济漫笔》的《质量无"小节"》（1991年1月28日）等。

4. 生动引人。运用多种拟题手法和修辞手段使评论标题鲜明、生动形象、引人入胜。生动引人的方法包括：

（1）转换句式。在标题的语气上，可以改变句式结构，例如改陈述句为假设、疑问、感叹句等，增加选题的新颖性。使用假设句式结构的文章标题如：北京电视台《18分钟经济·社会》的《假如今天我失明》（1992年9月18日）、北京电视台《今日话题》的《假如多一些王海》（1996年1月3日）等；疑问句标题如：经济参考述评《金币满街谁来捡？》（1984年10月21日）、《人民日报》短评《奥野究竟想干什么？》（1988年5月11日）等；感叹句式的标题如：《人民日报·今日谈》的《我们时时在考试！》（1982年5月11日）、中央电视台《焦点访谈》的《造伪劣工程：罚！》等。

（2）活用成语、俗语，包括直接引用和变化引用（易字法和谐音法），可以使新闻评论更加通俗化，形象化。例如，《人民日报·今日谈》的《一笑置之》（1980年11月7日）标题引用成语、《法制日报·随感录》的《打铁贵在自身硬》（1990年4月3日）和中央电视台《焦点访谈》的《远亲不如近邻》（1994年6月3日）标题引用俗语。

（3）巧用修辞手法。使用比喻、借代、比拟、双关、对照、回环等修辞方法，来为标题增加亮点。

第二节 选题的原则

新闻评论的选题应该密切联系群众，增强现实意义，实事求是，不脱离群众，取材于民而用于民。在影响选题的现实因素中，最主要的就是两个因素：一是"真"，二是"新"。

所谓选题的"真"，主要是指真实，并且正确客观地反映社会现实情况。真实正确是任何一篇新闻评论选题必须具备的基础素质和重要的原则，在选题上要与群众保持一致，明确地表明正确的立场、方向、目标和观点，处理当前的重大问题。总之，选题是立意的基础，离开这个基础的任何论题，都不可能有真正的生命力，最终也不可能起到舆论导向的作用。

所谓选题的"新"，就是把当前社会发展的主流、导向、宣传，不失时机地提出发展的趋势论题、并且展开论述，起到解决和宣传的作用。在评论的选题上，想要达到选题新颖，就需要开辟新的领域，抓住现实生活中的一些新问题、新观念、新思维，也不排除老问题、老主题的继续挖掘、开发，重点是要抓住时机，让老问题结合新事实、新思维，给大众一种焕然一新的新鲜感。

例如,《新民晚报》1990年5月20日发表的一篇文章《市长:可否改改垃圾车?》:

　　昨夜看电视,有两则新闻引出笔者心绪已久的这番感慨。一条称:省武警总队数百名干警走上街头清整市容,拉开了把太原建成文明卫生城市的序幕一条曰:太原市市长善纳市民建议,频频议市政,查冬防,下少管所,攀东山路云云。于是也想借兴凑上一计——市长:可否改改垃圾车?

　　垃圾车怎么了?为何要改行装?此乃笔者触景瞎想。

　　景一:一早一晚,正值人们上下班之际,垃圾车亦直驱街巷。那一个个精神抖擞的棒小伙,真可谓全力以赴,挥起大锹一串灰扬,装车之处一团雾障,直搅得过路人不虚此行,人人沾其光,掩其鼻,干气无言。车走后,狼藉一片。

　　景二:那卡车也许是闹市上唯一获准的笨重通行物,风驰电掣般神气。行途中,纸屑扬扬,遗迹累累。如此借风"播种",实在委屈了大半夜扫街的清洁工。

　　上述诸景,市民们本已久见不怪,但一想到居身之市欲拿回"文明卫生"匾,笔者便觉非同小可了。相形之下,那三番五次地检查扫街道,三团五伙地义务擦栏杆,虽不便论为扬汤

　　止沸,却也难称釜底抽薪。凡事应以抓本为要。

　　文明卫生之城,并不仅仅表现为表象美,一日美,而根本的在于内在美,整体素质美。譬如说,公民的素质,习俗的高雅,乃至设备的先进,管理的科学等等,都要与此相适应。就后两者而言,改进一下垃圾车的工作作风和款式,恐怕当属题中之一义。

　　我们太原的垃圾车,已数十年一贯制了。其落后之处就是散倒散装。散倒,没个框死的限定,好多地方竟把它蔓延到大街上散装,装的过程本身就又是一个扩散源,而走起来更像天女散花了。故此,能不能改以往之"开放"为"封闭",封闭式倒存,封闭式运排?首都北京,早就实行了盖桶装运法,如若仿效,想必从工作量上不会增加多少,北京要上千万人口哪,人家是咋干的?若是资金紧缺,一下子配不起足够的盖桶,我看不妨把那垃圾车改造改造,想办法加个盖子封闭起来。这笔钱该花。其效益,也可从成倍附加的重复劳动中赚回来。

　　这番话之所以给市长说,意在有人拍板。至于怎么改装,相信山

西不乏厂家和能人，只要市长发话。

评论虽小，作用却大。《市长：可否改改垃圾车？》一文娓娓道来，矛头直指城市建设的弊端，标题新颖。市长与改垃圾车，似乎有点过分，但是，无人拍板，工作最终难有落实，一个设问句式，平增标题的韵味。破题巧，评论开头展现两则报道，成绩喜人，由喜到感，不仅自然，而且便于问题解决。文风实，评论没有板起面孔训人，作者用商量的口气拖出论题，用"瞎想"之问阐述己见，改改垃圾车不是可否的问题，理应迅速落实。

再如，1990年5月20日，《新民晚报》发表的一篇题为《赵朴初驳王安石》的新闻评论，内容如下：

　　读到今年第五期的《民主》杂志，其中有一篇赵朴初老人写诗驳王安石的记事。大家知道，王安石是位政治家、思想家，很了不起。他有一次攀飞来山，登飞来峰，置身峰顶的千寻塔，居高观日出，意气风发地写下一首诗：

　　飞来山上千寻塔，闻说鸡鸣见日升。

　　不畏浮云遮望眼，只缘身在最高层。

　　朴初老人认为，王安石诗的最后两句值得研究。他说，"我常坐飞机，向窗外望去，上面晴空蔚蓝，脚下云海茫茫，哪里看得清下面呢！"因此，他作一诗反驳道：快然自足飞机上，珠穆昆仑脚底行。

　　但畏密云遮望眼，应知身在最高层。

　　这诗的寓意也很明白：身在高层的人不了解下情是很危险的。现在有许多高层的领导同志下去看望群众、联系群众，是很可喜的。现在，且把这两首诗比较一下，应该说是各有千秋，互相补充，不可偏废。王安石诗说到"不畏浮云遮望眼，只缘身在最高层"，所说的"高层"的优势，事实上是存在的。不居最高层，怎么能看得到"珠穆昆仑脚底行"呢？所谓登得高，看得远，一览众山小，毕竟"只缘身在最高层"呀。但是，越是高层，云层越浓，云海茫茫，遮断望眼，也是常有的事。这时候，就用得着朴初老人的"但畏密云遮望眼，应知身在最高层"的劝告了。

　　以上说的只是有关浮云与高层的问题。其实，即使不在高层，到下面去"下马观花"，探望群众，有时也难免被包围在五里雾中，不一定能看清事物的真面貌。根据一般的经验，你自高层来，要跟老百姓交朋友，让他们把心里话说出来，就很不容易。在这里，有个态度的问题——抱着怎样的态度深入群众的问题。应当带着怎样的态度呢？在上述两诗之外，还可以推荐林则徐的一副对联：愿闻己过 求通民情

带着这样的诚意和虚心向下面请教，做到"闻过则喜"，"闻善言则拜"，那么老百姓敢于向领导交心，就能"不畏浮云遮望眼"，就能饱览"珠穆昆仑脚底行"的壮景奇观了。

题妙、引精、意深是这篇新闻评论的特色。

对于《赵朴初驳王安石》这篇评论，乍看标题便有一股新风扑面而来的感觉，不同时代的人物有何要驳，以此立题巧妙诱人，新颖生动。

评论引用赵朴初、王安石、林则徐三人诗句或对联，相互映衬，恰到好处，服务主题，是对领导者的善意提醒。

评论针对现实生活急需解决的问题，引经据典，阐发开来，不仅使人明白引语的意思，更揭示现实意义，评论的功能得以实现。

这两篇新闻评论都在选题上下了一番功夫，把选题的新颖和唯真原则用得惟妙惟肖，题文一致，意向鲜明。评论的标题简洁，明了，深刻耐人寻味，而且，文章巧用修辞手法，为评论的立论做好了导向，为整篇新闻评论增加了亮点。

新闻评论的立意

立论就是立意，一篇评论所形成和提出的主要论断或结论，是作者对所提出论题的主要见解，是选择论据和分析事物的指导思想，是整篇新闻评论的"纲"，有统帅全文所有观点和材料的作用。

选题和立论的前提都是必须从实际出发，脚踏实地、实事求是地搞好调查研究。这是因为：

第一，选题和立论都必须符合国家政策和法律法规制度，并且了解实际情况，充分收集一线材料，而这些都离不开调查研究。所以，调查是选题的第一步，也是关键的一个环节。

第二，新闻评论的正确结论只能产生于调查研究的结尾处，因此，只有实实在在地调查研究，并且认真整理整合，才能形成正确的理论认识，最终避免和克服片面性、局限性的结论，这样新闻评论才会产生实事求是的科学论断。

第三，新闻调查研究的过程其实就是发现问题、分析问题和解决问题的过程，只有经过这些环节，新闻评论才能预防和医治主观性和武断性，提高新闻评论的质量，并且成为一篇有影响力的新闻评论。

第四，必须要了解读者对象，了解对方心里想些什么。要想掌握这一点，在写评论之前必须要做一番周密有效的调查研究，只有这样，才能使评论更加具有形象性、生动性和舆论性。

总之，调查研究是选题和立论的前提，也是选题和立论的途径。如果没有调查研究，就没有评论权。选题和立论也存在不一致的时候，在实践中，甚至常常出现选题相同，而立论各异的实际情况。所谓立论各异，即论述同一论题，在不同时期，不同读者对象和不同性质的报刊，其中心思想和侧重点并不都是一致的，也不可能和不应该强求一致。实际上，立论各异情况的出现，正是由于立论的角度、针对性和侧重点因时间、地点、条件的不同所决定的。

第一节　立意的依据

新闻评论的立意依据首先在于选题，所要评论的对象首先必须是选择当前最有意义，并且最受大众普遍关注的焦点，存在着普遍的引导和新闻宣传导向作用，所以，对于选题的选择尤其重要，那么如何选题？无外乎以下三点：

第一，关注最新的舆论导向，以及中央发布的重要文件决定和工作部署的政策精神，这些是选题的重要来源，并且也有利于选题和立论的舆论引导。

随着国家经济结构调整，民生问题逐渐受到更多关注。治疗一个感冒动辄要花费几百元，看不起病成了很多中国老百姓的心病，"看病贵"一直是民众的切肤之痛。随着老龄社会的到来，如何最大限度保障民众的医疗需要，做到老有所养、病有所医，也是一个急迫需要面对的问题。2009年11月22日，《人民日报》评论员文章《让百姓感受到教育医疗方面的新变化》，正是就社会热点问题选题立论的，评论员阐述了如何落实好民生医疗，让百姓感受到医疗方面的新变化，基层医疗卫生单位就要通过学习实践活动，在落实医改任务、提高服务水平、改进医德医风上取得实效。要继续深化理论学习、提高思想认识，解决好医疗卫生事业为谁发展、如何发展、发展成果由谁分享的问题，牢固树立以人为本、科学发展的理念，树立人民群众健康第一、人人享有基本医疗卫生服务的理念，树立医患合作、相互尊重的理念。要深化医药卫生体制改革，加快建立覆盖城乡居民的医疗保障制度，推动建立国家基本药物制度，健全基层医疗卫生服务体系，促进基本公共卫生服务逐步均等化。要认真查找存在的突出问题，在充分征求群众意见的基础上，找准哪些问题是体制政策方面原因，哪些问题是工作层面原因，哪些是共性的，哪些是个性的，在正视客观因素的同时，更多地从自身工作方面查找问题，更好地查找个性方面的问题，更深入地从主观上分析原因。要着力解决存在的突出问题，切实加强医疗机构管理，规范服务行为、提高服务质量，特别是要提高基层医疗卫生技术人员服务水平，为百姓提供安全、有效、方便、价廉的基本医疗卫生服务，在树立良好医德医风、构建和谐医患关系方面迈出坚实步伐。让百姓感受到教育医疗的新变化，还需要上级单位和地方党委加大领导和支持力度。要认真贯彻落实党的十七届四中全会精神，针对民办学校、民营医疗机构、少数乡镇卫生院和中小学党组织不健全的状况，加强基层党组织建设，加大在业务骨干中发展优秀年轻党员的力度。要围绕办人民满意的学校和医院，以抓师德师风和医德医风建设为重点，运用党员承诺、群众评议、社会监督等多种形式，充分发挥党组织的服务保证作用和广大党员的骨干带头作用，为推动学校和医疗卫生单位的改革发展、提高服务质量多作贡献。要坚持上下联动、左右配合，针对中等职业学校、中小学校和基层医疗卫生单位存在的一些自身难以解决的问题，明确思路、创新制度，逐步予以解决。

第二，关注人们生活中出现的一些新情况，新现象、新的变革和来自广大群众的呼声问题，这些直接来自于生活，来自于群众的要求，是评论选题的重要来源，是取之不尽用之不竭的重要保障体系。在生活中，大家每天都接触到让人们愤愤不平的事件，也有让大家感激涕零的事件。2005年10月11日，《人民日报》文章《九九重阳话敬老》就让大家感受到平凡生活中的不平凡：

　　敬老、爱老、助老是中华民族的传统美德，早在两千多年前，孟子就曾倡导"老吾老，以及人之老"，讲的就是敬老。孝敬长辈，是一个人最起码的道德，是一个人品行好的表现。

　　"莫道桑榆晚，为霞尚满天"。老人的知识、经验、威望等是社会的宝贵财富。在我们国家里，有一大批年高德劭的老人，他们年老志不衰，老有所为，余热生辉，继续谱写人生的新篇章。年逾九十的学术泰斗季羡林，笔耕不辍，在晚年的著作中，对中国文化、东西方文化交流以及21世纪的人类文化等提出了许多重要见解，引起了国内外的普遍关注。今年已经93岁的两院院士侯祥麟老人，每天上午9点准时到办公室上班，继续为发展我国的石化和石油事业做贡献……他们壮心不已的事迹，激励、感召着后来人。

　　"西山红叶好，霜重色愈浓"。老人见多识广，经历多，是一部活的人生教科书。走近老人，只要能够静下心来聆听老人，读懂老人，常常会有醍醐灌顶之感。许多年轻人常有这样的感慨，在自己每每遭遇挫折和失败时，听听老人作为"过来人"的经验，心里会踏实许多，宁静许多。常与老人相处，他们健康乐观的心态，崇尚节俭的美德，高度负责的精神，表里如一的品质，超然脱俗的情操，坚忍不拔的意志，更会使我们获益匪浅。

　　老人的今天就是我们的明天。人们进入高龄后，生理机能减退，躯体疾病增多，容易出现孤独、忧虑和抑郁等问题，对他人的依赖性越来越大。作为晚辈，我们不能因为太忙而挤占陪伴老人的时间，应该常到老人那儿多走走、多看看、多聊聊，帮助他们缓解病痛、排解郁闷、怡悦心情。每一个家庭，都应该给予老人更多的亲情、温暖、体贴和照顾，不仅要搞好物质服务，更要重视精神慰藉。就社会而言，应该关注老人的新需求，想方设法帮助他们办实事、解难题、送温暖，为他们颐养天年、安度晚年创造更好的生活环境。

　　随着生活压力的越来越大，老龄化越来越严重，年轻人奔波外地工作，老人的生活更加寂寞，相聚的日子让老人觉得是一种奢望评论指出："在现实中，孩子与老人之间总是聚少离多。一位老人对在外工作的孩子常常这样叮咛：'电话来密点啊！'这朴素的话语道出了许多老人的共同心声。许多在外工作的儿女，对老人物质给予有余而精神慰藉不足。或许，应该团聚的日子，我们常常不得不身在异乡，但我们至少可以给自己的亲人多打打电话，以解他们的思念与牵挂。每个人都存有一份尊老敬老之心，时时记着老人，尽量满足老人的物

质与精神需求，不仅会使亲情更浓郁、家庭更和睦，也会使我们的社
会更和谐、更温馨。"

这篇新闻评论的内容都是来自于生活，反映了人民群众的呼吁和强烈要
求，因此，这些评论使报道产生了普遍的共鸣性和舆论的导向性。

第三，关注重要的新闻事实、事件和新闻典型。这些是社会大众比较关注
的焦点话题，也是结合实际引导舆论、发挥教育和传播功能的材料，具有很强
的针对性、新闻性和时代感。

香港回归前后发表的《明天会更好》《"邓公伟大！"》等20多篇新闻
评论，就是根据新闻热点选题评论的例子。根据新闻的典型性，对像李素丽、
孔繁森、焦裕禄等人物典型事例发表评论，得到高度的赞誉。这些英雄在困难
时，却不失英雄本色，树立了良好的人生观和价值观，让人们感到敬佩。

第二节 立意的原则

新闻评论的立意需坚持和遵循一定的原则，需要注意以下几个方面：

第一，坚持实事求是和调查研究。新闻评论的立意只有经过缜密的调查研
究，才能产生科学的论断和结论。调查研究的过程是评论立论的前提条件，也
就是发现问题、分析问题和解决问题过程。专题调查研究的方式方法包括全面
调查、典型调查、抽样调查、问卷调查、信件调查等。

第二，要敢于正视矛盾、发现矛盾，虚心听取不同的意见和建议，注重平
时的知识积累，对不同的意见加以分析做好选题。选题是立论的基础，立论则
是选题的思想升华。

第三，收集材料与分析研究相结合。新闻评论的传播价值，不仅具有新闻
事实的社会价值和意义，而且在于新闻事实的典型意义，主要是在全社会范围
内可能形成的强烈影响力。新闻评论的新闻事实材料不单单是占有具体的新闻
事实，而是在社会运行系统中完整地、全面地看待新闻事实的材料，并且发掘
其在更为广泛的社会内在的价值意义、社会影响力以及洞察力。

一篇成功的新闻评论，除了要坚持上述立意原则，还要针对评论对象，以
准确和新颖的观点，提供前瞻性的判断，因此，新闻评论的立意一般都具有针
对性、新颖性、准确性和前瞻性的特点。

一、针对性

立论如果没有针对性，那么，新闻评论作品就无法产生社会效应。所谓的
针对性，就是立论能够针对不良的社会风气和社会矛盾，甚至于错误的思想，

运用正面的新闻评论引导和批判论述方式来转化矛盾，帮助人们提高思想的导向和思想认识，并且最终提升自身的价值。如何增强立论的针对性，需要注意以下几点：

1.锋芒相对 拨正舆论向导

从钓鱼岛事件可以看出，日本人一直对中国的领土蠢蠢欲动。中国是世界经济增长的重要拉动者，是"建设持久和平、共同繁荣的和谐世界"理念的贡献者和践行者，也是国家领土主权、合法权益的坚守者。中国需要坚守，也有足够的勇气和实力坚守。有言论称，"一些别有用心的人将钓鱼岛问题和南海问题联系在一起，妄称中国不像过去那样温和了，变得更加强硬。"对此，2012年10月8日，《人民日报》发表的评论《双节钓鱼岛维权：中国需要这样的坚守》予以针锋相对的批驳，以澄清事实真相，拨正舆论向导。

评论员指出：日本对此感到很不习惯，无理干扰抗议的同时，还摆出一副受委屈的样子。然而，除了宣泄一下内心的烦闷，日本的种种表演又能有什么用呢？中国渔政船编队在钓鱼岛护渔维权、中国海监船在钓鱼岛海域维权巡航，这是再正常不过的事情。道理很简单，钓鱼岛及其附属岛屿是中国固有领土。早在2010年，中国渔政就将钓鱼岛及其附属岛屿附近海域的护渔巡航纳入常态化。不仅中国渔政船编队将坚守下去，中国海监船也将坚守下去。

中国需要这样的坚守。没有这样的坚守，中国的领土主权、合法权益就无法真正得到维护，中国人民就无法安安心心、开开心心地欢度佳节。

这些人究竟希望看到一个什么样的中国？难道是一个任凭他国侵犯领土主权、损害合法权益的中国吗？那根本不是什么"温和"，而是任人欺凌。任人欺凌的中国已经一去不复返。"

如果连自己的领土主权都没有能力维护，中国几十年高速发展的意义何在？中国又如何对亚洲乃至世界的和平稳定作出更大的贡献？一些人不是习惯于谈论"中国责任"、要求中国在种种问题上发挥更大作用吗？100多年来的历史早已证明，一个积贫积弱、任由列强宰割的中国，没有实力担负起任何责任，也没有实力推动世界的发展进步。

行进在民族复兴的道路上，中国理性分析外部世界作出的种种反应，审慎对待外部世界提出的种种要求。不同的国家也以不同的方式，体察应对中国崛起所带来的变化。这种相互适应，既是中国走向世界的一部分，也是世界接纳中国的一部分。尤其需要指出的是，对于包括日本在内的曾经侵略过中国、奴役过中国人民的国家来说，能否拿出足够的勇气面对中国崛起，不仅是一个自我心理调适过程，也是在历史观和发展观等重大问题上能否做到"政治上正确"的考验。

不管某些人是否愿意接受，中国的确在壮大，中国已经成长为一个堂堂正正的大国。中国是世界经济增长的拉动者，是"建设持久和平、共同繁荣的和谐世界"理念贡献者和践行者，也是国家领土主权、合法权益的坚守者。中国需要坚守，也有足够的勇气和实力坚守。

面对日本问题一些人的种种谬说，针锋相对、旗帜鲜明予以批驳，采取了以事实揭露真相，拨正舆论向导，使这篇新闻评论具有强烈的针对性和导向性。

2.关注迫切需要解决的问题的实际矛盾

2011年5月10日，《人民日报》发表了新闻评论《质疑A股制度不合理股民长期无合理回报》：

投资者如履薄冰，稍不留神就会大幅亏损。不仅是普通投资者，机构投资者同样如此。公募基金今年一季度又出现300多亿元亏损。由此可见，市场整体风险大于机会。

按照国教授的逻辑：卖房，炒股，赚钱，然后再买房，再卖房，再炒股，再赚钱，再买房这似乎是良性循环。愿望是好的，但如果是恶性循环，卖掉房子炒股套死在股市里，岂不是赔了房子赚吆喝吗？

同样是房产专家、经济学者的北京师范大学管理学院教授、北京师范大学房地产研究中心主任董藩出语同样惊人，他近日在微博中说：中国股市就是万人坑，其中白骨皑皑。我在浙大给企业家讲课，一个班50多个人，只有四个人没炒过股。但投资十年以上的，没有一个人赚了钱，投资五年以上的，只有一个人略赚了些。大家都同意我的说法。其实从经济学上完全能够讲明白这个道理。同意我的说法的就出来转吧，号召你的亲友出来。

一个喊进，一个喊出，听谁的呢？

我们姑且不论中国股市是"万人坑"，还是值得卖房进入的"万人金山"，但有一点是必须弄明白的：我国经济持续高速增长，近年来同样高速增长的其他国家，如巴西、印度、俄罗斯，其股市都出现了至少3倍的涨幅。中国的投资者不仅没有分享到GDP增长的成果，而且长期亏损，成为股市的"义务献血者"。正如人民日报5月10日这篇新闻评论里所言：中小投资者是市场里的"弱势群体"，往往成为市场操纵、内幕交易等各类违法违规行为的受害者。在重融资、轻回报没有真正改观之前，盲目入市的风险不言而喻。

综上所述，卖房炒股跟借钱炒股一样，都属于在悬崖边跳舞，一旦失足，要么是跌入万丈深渊，要么是沦入万劫不复。

此文针对性很强，不仅触及了当时股市的一些弊端矛盾，也分析了形成此矛盾的原因，提出了解决的方法。因此，起到了引导舆论和指导实践的作用。

3.针对人们的思想进行正面引导说理

1992年12月9日，《人民日报》发表文章《千万不可忽视农业》：

建立社会主义市场经济体制目标的提出，必将大大促进我国的现代化建设，并使我国经济生活产生新的深刻变化。如何认识农业，如何进一步发展农业和农村经济，这是一个关系到改革能否全面、深入地展开，国民经济能否以较高速度持续发展，党的十四大提出的战略目标能否实现的重大问题。

农业的基础地位任何时候都不可动摇，这是由我国的基本国情所决定的。无论在什么经济体制下，保证11亿人口的丰衣足食，保证工业生产的原材料供应，这是第一位的。建立和完善社会主义市场经济体制，是一个艰巨复杂的改革过程，需要健康良好的经济环境和长期稳定的社会秩序，而坚实的农业基础正是经济良性循环、社会稳定的必要保证和重要前提。建立社会主义市场经济体制，改变的是经济运行机制、经济的联系方式等，而不是改变农业在国民经济中的地位和作用。当今世界，无论哪个发达国家，都重视农业，总是小心谨慎地对待农业无论工业和现代科学技术如何发达，都注意保护农业，努力促进农业生产的稳定和发展。在我国，如果不重视农业，不加强农业，不仅建立社会主义市场经济体制的目标难以实现，来之不易的经济大好形势也难以巩固和发展。江泽民同志在党的十四大报告中再次强调："农业是国民经济的基础，必须坚持把加强农业放在首位。"我们各级领导无论在什么情况下，都应该保持清醒头脑，千万不可忽视农业。

当前，有一些导致放松和忽视农业的认识问题值得重视。首先，农业连年丰收，市场农副产品丰富，有些同志就以为农业已经过关了农村家庭联产承包责任制在实践中不断得到巩固和发展，有些同志就看不到农村存在的许多问题及深化改革的必要。其次，当前发展第二、第三产业热吸引了人们的注意力，一些同志出于对发展工业和第三产业的热情，往往有意无意地忽略了农业，甚至挤农业、挖农业。再次，随着各地经济迅速发展，综合实力大大增强，农业产值在国民经济中所占份额明显下降，致使一些同志误以为农业已不是大局问题，因而放到可抓可不抓的位置上，这些认识违背了我国的实际。我国农业基础的脆弱是显而易见的，农业还远远没有过关，农业综合生产力水平有待提高，农村改革有待深化。当前农村还存在大量问题，如农村市场发育、服务体系建设、种植结构调整、乡镇企业发展、科技普及、村镇建设、剩余劳动力出路、农田基本建设以及农药、化肥、良种等生产资料供应和农民经济利益的保障等等问题，都需要在深化改革中逐项加以解决。要实现江泽民同志在十四大报告中提出的"全面振兴农村经济"，任重道远。各级领导要经常研究农业和农村经济，要有足够的力量抓好这方面的工作。

随着社会主义市场经济体制的建立，农民的生产活动将主要面向市场，领导者的责任主要是正确地引导农民按照市场需要组织和发展生产。市场需要是多方面的，变化也很大，若依据不准确的信息调整产品种植结构，就会经常出现"卖难"或"买难"的状况，给农民带来巨大的经济损失，也影响社会的稳定。把握市场运行的规律，这是一项极其复杂的工作，是一篇非常陌生的大这篇新闻评论。这就要求我们在指导思想、思想观念、工作方法等各方面来个变化。要用市场观念和全面发展农村经济的思想指导农业和农村经济发展。当前，主要是认真贯彻好党的十四大精神，继续执行党和政府巩固和发展农业的各项方针政策，制定出切合本地实际、有利市场发育的政策，努力把农民引向市场搞好农村发展规划培育和组织好社会化服务体系，切实帮助农民解决各方面的困难努力办好一家一户办不到或办不好的各项事业加强农业基础建设保持粮食、棉花稳定增产关心和维护农民的经济利益与合法权益，保证农副产品收购资金到位，保护农民的生产积极性抓好农村精神文明建设和农村基层组织建设，搞好农村社会治安。总之，要研究新情况，适应新形势，努力按照社会主义市场经济的要求，创造性地开展农村工作。

进一步重视农业，涉农部门责任尤为重大。在机构改革中，农业和农村工作只能加强不能削弱，各级地方政府对于农业和农村中必须行使的政府职能不能荒废。一些单位与政府机构脱钩以后，按照价值规律进行生产经营是必要的，但不能忘记和违背为农服务的宗旨，更不能做坑农、害农的事情。广大涉农部门的干部职工是我国农业发展的有功之臣，今后要努力作出新的贡献。

14年的改革，使我国农业实现了前所未有的跨越，可以相信，在十四大精神鼓舞和指引下，经过全党全国各族人民的共同努力，我国农业一定会展现出更加夺目的光彩。

这篇社论从正面直接进入引导说理，旗帜鲜明地为农民说话，体现出党报的把关定向作用。社论标题直接，主题鲜明，层次井然，语言准确具体。"如何认识农业，如何进一步发展农业和农村经济，这是关系到改革能否全面、深入地展开，国民经济能否以较快速度持续发展，党的十四大提出的战略目标能否实现的重大问题。"社论开门见山直扑主题，"三个能否"把农业上升到应有的地位。社论从基本国情出发，深入阐述无论在什么情况下，都应保持清醒头脑，千万不可忽视农业的重要性。通过列举忽视农业的种种现象，提醒各级领导应引起足够重视，社论对轻农倾向和问题给予了直接批驳，受到广大农民朋友的拥护。

二、 新颖性

1.论题新颖并且具有独到见解

一篇新闻评论的立论是否新颖，根本原因在于论题，新的论题能触及新的矛盾和见解主张。

1993年1月7日，《经济参考报》发表文章《"翻牌公司"与改革目标背道而驰——当前公司集团热中的忧思》：

随着精简政府机构、转换政府职能成为当务之急，由中央机关到省、市、县各级机关部门，特别是经济主管部门要求兴办公司（包括集团公司）的申请量剧增，有些已建成开业。总的看，从各级机关分出部分人员、资金和设施组建经济实体，符合我国发展社会主义市场经济的方向。但是，在当前的公司集团热中也出现了一些值得注意的新问题，其中最突出的是"翻牌公司"现象，给转换政府职能和转换企业经营机制增添了新的困难。

所谓"翻牌公司"，是指在计划经济体制下建立起来的一些经济主管部门，机构牌子一翻个，摇身一变成为独立经济实体，用行政手段归并原来管理的企事业单位成为其成员单位，并截留国家下放给企业的权力和优惠政策。或由原经济主管部门派生出一个实体公司，却不与原机构脱钩，并由原机构授权承担部分政府职能，如重要物资与配额的分配，国家专项资金的使用，等等，成为新的权、钱混合物。目前这些"翻牌公司"已被一些经济主管部门视为在走向市场经济中保存既得利益的捷径，在各地呈蔓延之势。

记者最近就此事采访了一些企业界和经济理论界人士，他们普遍认为，新的政企不分的"翻牌公司"，打着机构改革的旗号，实际上与改革目标背道而驰。

一、"翻牌公司"以经济实体的面目保留原有行政权力，具有一定隐蔽性，增加了转换政府职能和落实企业经营自主权的困难。"翻牌公司"自身成为一级法人，而用行政手段划并的企业由一级法人、一级核算降为二级法人、二级核算，投资决策、劳动用工、工资奖金分配、留利资金的支配等均需报公司批准，有的公司还对各企业单位实行固定资产统一管理、流动资金统一调拨，人员统一调配，权力比过去当行政主管部门时还扩大了。而企业自主权原来就没有充分落实，如今有限的自主权还在逐步缩小。更有甚者，有些"翻牌公司"还把强行划并的独立企业，包括国有大型骨干企业的法人资格，一律取消，使企业完全成了生产车间。企业反映，过去上级主管部门对企业的生产经营干预过多，企业认为是政府行为不当，还可以要求政企分开。现在婆婆和老板合二而一，对国家，它是企业，对企业，它仍是上级主管部门，企业怎么能活起来。

二、形成了杀富济贫、平调严重的新的大锅饭，损害了先进企业及其职工的经济利益和积极性，导致经济效益下降。湖南省一家国家一级企业，曾获50多项国家级荣誉称号，是全国同行业排头兵。1991年该企业被翻牌的上级公司取消法人资格，1992年由公司实行"人财物、产供销"六统一。在原料、燃料、运费不涨价情况下，该企业部分产品以远低于市场价的价格内部供应其他厂和公司，仅此一项一年损失利润上亿元。企业按国家规定提取的固定资产折旧费、技术开发费、生产发展基金、职工专项奖励基金等等，一部分甚至大部分被公司上收集中使用，一厂养一批亏损厂，而晋升的职工效益工资仅比亏损厂多二角钱。1992年这个厂的实现利税将比上年减少5000多万元。有些被取消法人资格的大中型企业，外有减利因素，内无积极主动性，已由盈转亏。

三、激化了企业与上级主管部门的矛盾，人为地增加了不安定因素。一家"翻牌公司"决定取消下属一家国家大型一类企业的账号，当地工商银行欲执行时，愤怒的工人准备对该银行断水断电。有的工人取走了全家存款，迫使该行未敢擅自取消其账号。公司上收该厂三个生产车间，使厂里曾出现两个生产指挥系统时，工人准备去公司游行示威，经领导竭力劝阻才未去。公司被迫交回这三个车间时，工人大放爆竹庆祝。

四、按地区行业组建的政企不分的"翻牌公司"容易形成官商垄断，分割市场，形成一些新的既得利益集团，有悖于实现市场经济所必需的平等竞争原则，难以形成统一的大市场，大流通，也阻碍了国家倡导的跨地区、跨行业的大型企业集团的发展。

经济界人士普遍认为，"翻牌公司"的理由都站不住脚：

"面对市场激烈竞争，特别是'入关'后的竞争，需要联合起来，发挥整体优势，提高竞争能力。"联合起来组建企业集团对于抵御市场冲击是十分必要的。但组建集团要更多地利用市场机制和经济手段，淡化行政手段，坚持自愿原则。违背自愿把一些企业硬捏在一起，内部缺乏有机联系，变成行政性管理，不会有好效果。

"这样做，有利于加强行业管理，解决散、乱、差问题。"散、乱、差要解决，但只能靠国家用经济、法律手段以及符合经济规律的行政手段，加强宏观调控。同时建立企业自我激励和自我约束机制来解决。截留和上收企业自主权，不但不能解决散、乱、差，还会把企业管死。

"这样做是为了积小钱办大事，对全行业发展有利。"解决行业中一些主要企业共同需要的紧缺原料的项目资金，可以用股份制办法，按照谁投资、谁受益原则，由受益企业用自有资金、自筹资金和贷款、发行债券、集资解决资金不足，完全不用付出取消法人资格的代价。非受益企业也跟着被取消法人资格，上收自主权，更无道理。

"国外集团公司中也有一些大企业没有法人资格，只是集团的成本中心。"国外情况的确如此，但中国国情不同，许多企业承担着很多社会福利和社会保障功能，外国企业订货不足，可以大量裁员甚至关厂，中国企业就不成，因而很难实现单独生产厂的模式，成为成本中心。

由于缺乏经验，80年代我国机构改革中先后成立了一批政企不分的全国性工业总公司，由总公司到企业都认识到这种体制需要改革，权力要下放。现在又不断出现一批新的政企不分的公司和集团公司。基层企业厂长、经理和经济学家们认为，企业是市场经济的主体，转换企业经营机制，把企业推向市场的前提是转换政府职能。由行政机关翻牌而成的地方公司或二级公司，除少数真正转成经济实体，交还了行政权力的以外，应尽快撤销，中央机关改革中，应严格把关不允许兴办全国性的带垄断色彩的"翻牌公司"。他们认为，政企不分是搞好搞活国有大中型企业的最大障碍。由于产权关系不顺，谁代表全民资产所有者争论不清，而公司法又迟迟不能出台，政企不分问题长期解决不了。彻底解决这个问题需要一个过程，但决不能容许政企不分在深化改革中变本加厉，否则将造成严重后果。

这篇新闻评论观点鲜明，论点新颖，指向明确，具有较强的战斗性和针对性。一是标题直白。作者不拐弯抹角，标题直抒论点，评论"火药味"较浓。二是论证有力。何为"翻牌公司"，实质是什么、危害有哪些，作者如数家珍，一一道来，对打着机构改革旗号进行不可告人勾当的"翻牌公司"给予正面有力的回击，使更多读者认清危害。三是层次清晰。提出问题实事求是，分析问题条理清楚，解决问题势在必行，评论为促进机构改革指明了方向。忧而有据，思而实在，特别是评论说理层层相扣，环环递进，直中现实弊端。

2.选取新的立论角度并且具有新鲜的由头和鲜明论据

在评论中，由头和论据，引申为议论。所谓由头就是指能够引起议论，并且能够证实论点的事实性材料。立论在评论中，除了论点要新颖，论据还必须要鲜明。评论作者要善于在生活中寻找新由头，适当对立论的角度进行更换，这样能使一篇评论更具有感染力。

1996年8月，《人民日报》发表文章《关心一下高考落榜者》：

每当高考录取工作结束之后，人们关注的热点往往集中在中榜者身上，落榜者却常常被冷落，甚至受到歧视。在这样一种氛围下，落榜者有的心情忧郁，有的自暴自弃，个别意志薄弱者甚至走上绝路，酿成不应发生的悲剧。金榜题名，固然可喜可贺，但如果一味褒奖中榜者，冷落落榜者，就会对社会特别是对青少年产生一种误导，使人

认为只有升入大学才是人生的光明大道。所以，我们觉得，学生家长、社会各界和各级领导，在热情鼓励中榜者的同时，也应热切关心落榜者。毕竟落榜者比中榜者更需要理解、温暖和鼓励。首先要帮助他们正确对待落榜的问题。报载，今年我国有二百七十多万人参加高考，而各大专院校招生总数仅九十多万人，中榜与落榜之比为一比二。这还不算中考时就分流的那部分学生。由此可见，升不

上大学的将是大多数。这种情况在今后相当长的一段时间内恐怕还难以改变。考不上大学，原因是多方面的，有必然因素，也有偶然因素，但其中一个最重要的原因，是我国的经济发展程度不够，经济实力不强，还没有条件吸收更多的高中毕业生入学。在一些城市和地区，甚至连一些成绩优良者也成批落榜。考上大学，固然是佼佼者，取得了一次深造的机会考不上大学，并不意味着低能，就不堪造就，无所作为。今年没考上可以明年再考。即使就此参加工作，在工作实践中自学，同样可以深造。华罗庚没上过大学，不是成为举世闻名的数学家吗？徐虎没上过大学，不是成为很有作为的劳模吗？所以，我们要帮助落榜者树立正确的人生坐标，鼓励他们丢掉包袱，脚踏实地，走向更广阔的人生舞台，为国家和人民建功立业。关心落榜者，还要为他们创造继续学习的良好条件。年龄较小，来年高考还想再搏一搏的落榜者，有一个继续学习的问题年龄稍大，不适合再考大学的落榜者，也有一个继续学习的问题。因为，他们走上社会或工作岗位之后，仅靠在学校学到的一点知识是不够的。现代化建设需要多方面的知识，尤其需要科技知识。所以对于他们的继续学习，无论属于前者还是后者，家庭和社会都要全力支持，大力鼓励，切不可因为他们没有考上大学，就收起"桌凳"。为了解决落榜者继续学习的问题，各级政府还要大力办好各类职业教育，以使他们通过另一个渠道，实现继续深造的心愿。社会需要的人才是多方面多层次的，大学生是人才，中学生同样可以成为拥有一技之长的人才。就目前我国的实际情况而言，具有中等文化程度的人才不是多得用不了，而是远远不够用。现代化农业、现代化工业亟须各种类型、各种层次的人才。一方面社会需要纠正对于中榜落榜学生不能一视同仁的偏见一方面落榜者需要纠正务工务农没有出息的偏见。在鼓励落榜者到农村、工厂一展才华的同时，企事业单位和党政机关在招工、招聘公务员时，也不应将中学毕业生拒之门外。这种做法不但会缩小发掘人才的范围，而且会限制中学毕业生的用武之地。实践证明，高中毕业生、初中毕业生，经过培养和锻炼，同样可以成为业务技术骨干、合格管理人才和优秀领导干部。无论从政治角度考虑，还是从实际工作需要考虑，都应该大力拓宽中学毕业生就业的门路，争取为高考落榜者创造更加广阔的用武之地。

这篇新闻评论的发表，有助于落榜者正确对待此事、缓解苦闷，起到了正确的引导舆论功能。

三、准确性

新闻评论是否新颖，应该以准确性为原则，这是立论的基本要求，如果立论没有了准确性，那么，就失去了它的性质，可能会给大众带来错误的认识，最终会误导大众。新闻评论是传媒引导舆论的重要手段，立论的准确性，直接取决于导向性。立论的导向性，在写作的过程中，应该注意避免以下两点：

1.立论、论断不正确

老板一词很是流行，现在不管是企业老板，还是厂长领导，甚至是国有企业领导都被称为"老板"。以前的老板是指剥削阶级的工厂私营企业家，而现在凡是有点能力者都称为老板，这种概念无不让人觉得粗俗，淡化了管理者和生产者主人和公仆之间的关系。

不是什么钱都能赚，这应该是大家的共识。但是，某报曾经提出"怎么赚钱怎么干"和"大利大干，小利小干，无利不干"等论断，这些是非常可怕的思想。因此，论断的不准确、不正确直接影响着舆论的导向，给人误导，影响人们的思维。

2.不符合法规、不符合语法逻辑

一些政府部门领导，一手遮天，说什么就是什么，甚至不把法律放在眼里，动不动以法律处置别人，更有知法犯法、罪加一等的说法。其实，这些都是不科学的，也是不符合法规的，王子犯法与庶民同罪、法律面前人人平等，因此，就不存在什么"罪加一等"说法。

一些语法上的逻辑性错误和模棱两可的词语，包括"大概、基本属实"这些都是不符合语法的。"基本"这个词就是十之八九怎样，如：基本可行，基本可信，如果说基本严重、基本必要，这些就很不符合语法逻辑，所以，在立论的时候要避免此类语法逻辑的错误。

四、前瞻性

前瞻性是立论的一个基本要求和前提，指的是尽早地发现矛盾和洞察矛盾，以便更加及时、准确地起到舆论向导作用。前瞻性包括洞察力和敏锐感。

1969年1月19日，《华盛顿邮报》发表一篇评论《林登·约翰逊的总统任期》，内容如下：

> 约翰逊的时代并不平淡乏味。从第一次巴拿马危机到圣多明各和南越，从1964年狂乱的总统竞选到国会的凯旋庆典，大学校园的抗议，城市的骚乱和1968年的突然放弃参选。约翰逊政府在公民权利、

社会福利的广阔天地里也并非无所作为。不管怎样，富兰克林·罗斯福认为，林肯是一个"不幸的人，因为他不能立刻实现一切——也无人能够做到"，总统对此曾经感伤不已。

林登·约翰逊努力尝试了，你必须承认，他拿出比别人更多的勇气和精力去追求总统任期的成就。他在教育、公民权利及其他方面获得巨大成功的同时，也可以说惨遭了巨大的失败：在执政期间没能赢得战争，不得不放弃下一任总统的竞选。他留给尼克松总统的为数不少的遗产包括，他转变了战争立场并使美国逐渐摆脱战争及加以政治解决。下个星期重要的和平会谈将在巴黎召开，不光是因为林登·约翰逊在10月份停止了对北越的轰炸，而且因为他在去年3月份作出相当困难的决定，拒绝了他的将军们关于增派美国部队的要求。

如果这看来是消极无用的遗产的话，那么还有更积极有效的。立法业绩包括自1964年的民权法到房租补贴、投票权、城市发展、医疗照顾方案、控制水污染、移居入境改革、职业培训、教育援助。其中有些是完成了在约翰逊之前未竟的事业，有些是新的计划。特别是对初等和中等教育法的援助，犹如一个里程碑，打破了妨碍教会和学校亲缘关系的宪法和政治上的僵局，它的实施不是依靠过去的推动力，也不是依靠国会的操纵，而全靠总统锐意革新。

总的来说，历史该怎样评价他，主要将视战争的发展情况而定，许多年以后将论及那场战争的得失。虽有时引起争论，但越南并不意味着一切，美国人的效忠也并不是从林登·约翰逊那儿开始的。这个重大的国内问题也许并没必要去处理，让它顺其自然。而如果在约翰逊时代战争没有升级的话，一切又将是多么的不同。事实提醒大家，越南当然被认为是争执不断的根源，动摇民心的关键，困扰政府高层的大事，破坏与联盟及国外对抗者关系的祸首，以及使林登·约翰逊垮台的契机。当然还有其他的祸源，不管怎样，麻烦总是有的，因为对于任何总统来说，麻烦不是出在这件事上，就是出在那件事上。约翰逊总统坚信，一个丧失了对国会的控制正失信于民的政府，苛刻地说，正处于丧失民众支持和信任的生死存亡之机。这足以说明越南问题在林登·约翰逊身上所造成的一切，原因在于当总统意识到必须调和这场他想赢的战争的时候，已为时太晚。这场战争一开始军队试图取胜，公众也认为他能取胜，在他没来得及领导、启迪，重整这个国家时，一切都晚了。

到头来异议渐增、战事拖延，最后不得不让步。必须公开承认如迪安·腊斯克所言，施加更多的压力，策划一场曾经扩张，不好收场的战争并不能迫使敌人停止他们的行动。这个被称作有限战争的新生事物受到限制时必须让步，因为它的发展与获胜无缘。

一种关于约翰逊先生的影响较广的说法认为，他的麻烦来自缺乏激励能力和领导能力。正相反，他会说，他受到东部人、知识分子、自由派人士及肯尼迪拥护者的不公正的责难，他们不屑于他的地方主义，他的粗鲁，他的进餐礼仪和浓重的鼻音。两者都是事实，同样又有讽刺意味，因为不幸的是他的出身对于他来说最好不过，这使他成其为他自己，而他毫不自知，或许他正对这一点不够自信。他试图按照控制美国参议院的办法来治理国家，他花言巧语地哄骗，施以高压并出卖，显然是在不依据其重要性审议那些法规，但这并非人们所关心的。他们关心伤亡军人的数字，战斗队伍怎样第一次踏上越南的土地，当国务卿和国防部长说战争超乎他们想象的时候战争的进程如何他们关心战争怎样全面结束，如果战争是值得的话，将给国家带来什么。而正当政府想对这个主题说点实话的时候又太晚了，人民的信赖已荡然无存。

这怎么说也算不上是个完整的故事，但它是林登·约翰逊如何丧失选票的故事的主要部分。如果他像不幸的林肯一样，他不会显示他的失败，也不会因此放慢速度，他永远在匆匆赶路。他一心只想成功，用尽各种方式。但他既想支持战争，又想拨款消灭贫困，保障街上治安状况，向穷人提供住房，使所有孩子受教育，为所有的老人提供医疗保险、获得所有人的爱戴，这是不能维持的。他想立刻实现一切，但罗斯福是对的：没有人能够做到。

与其说这是一篇评论，不如说它是一篇政治分析新闻评论。在这篇新闻评论中，作者以其敏锐的政治触角和独到洞察力的新闻眼光，深入剖析了"林登·约翰逊是怎样失去他的大多数选票的故事"。评论在掌握大量一手素材的基础上，缘事而发，分析透彻、证据充分，令人信服。

综上所述，所谓针对性、新颖性、准确性和前瞻性，这是新闻评论的基本要求和基本要点，这些要求其实都不是孤立存在的，而是相互联系相互依存相互影响的，是一个不可分割的整体，只有将这些要点融为一个整体，才会创造出经典的评论佳作。

第三节 立意的艺术

针砭时弊，对症下药。新闻评论立论不仅要切中时弊，而且必须要对症下药，予以诊治。

新闻评论的立论必须要正视一些迫切需要解决的实际矛盾问题。事实表明，新闻评论唯有正视实际矛盾，并且善于针对人们的迫切要求和疑虑，并给予受众正确的引导，才会产生积极的宣传效果。

新闻评论的立论必须要善于触及社会性的思想问题及其实质，实事求是，立论明确。这不仅要求体现在论述批评不良倾向和风气，也还要体现在正面引导乃至颂扬正面人物的评论之中。

那么，怎样体现立论的艺术性？

一、论题的艺术。论题是否新颖，这直接关系到立论的新颖性，关系到新闻评论是否具有吸引力和生命力。新闻评论的立论，只要重视新矛盾、新观点、新事物、新论题，并从这些矛盾中引发出人尚未言的见地主张和观点，自然也就有了新意，也就有了立论的艺术性，这样才可使读者对深刻的立论产生兴趣，进而对新闻评论产生阅读的兴趣。

二、见解独到。立论的艺术性和新颖性，主要表现为是否论点新鲜，是否言人之所未言，是否在理论与实践结合的基础上进行由表及里的深入开掘，分析、理解，从中引出精辟独到的见解。所谓独到的见解，并非凭空想象产生的，而是需要作者调查研究和深刻分析以及敏锐的思维运作的结果。因此，在现实生活中对新出现的思想问题和实际矛盾，要善于调查研究并且集思广益的深刻分析和整理，运用辩证唯物主义的世界观和方法论，以及哲学思维，在破与立、理论与实践相结合的基础上进行辩证思维和分析，深入开掘，并且从中引出自己独到的见解和想法。如果离开了这个前提，一味地孤立追逐标新立异，而没有独到的想法和思维，那么，就会滑向奇谈怪论，起到舆论大众的反向作用。

三、以新鲜的事实材料和深刻的独到见解作为新闻评论的论据和由头。何谓由头？由头就是指据此论点来引发议论、并且印证论点的事实性材料。只要有了典型而又恰当新鲜的由头，那么，新闻评论的论述也就有了头绪。因此，只要由头的事实材料让受众感觉新鲜新颖，并且事件整理融合得好，并且有自己独特的见解，那么，即使是一个老论题，也很容易引发出新意，成为一篇受众关注和喜欢的新鲜评论。

1979年8月4日，《人民日报》发表的文章《日记何罪》具有相当的艺术性。

日记，是生活的镜子，是战斗的武器。日记，最真实地记录着自己的学习、工作和思想，也记录着个人生活中一些最秘密、最深沉、最亲切的感情。经常翻阅这些日记，会帮助你拉开回忆的帷幕，看到自己前进的脚印，让青少年时期的理想，革命战争年代的烽烟，亲友、老乡的音容笑貌，让成功的、失败的、悲哀的、欢乐的许多往事涌上心头，激励着自己在前进的道路上，不忘怀过去，不迷失方向。

我们党的不少老一辈无产阶级革命家，在戎马倥偬、紧张战斗的岁月里，坚持用日记来记录风云变幻、错综复杂的革命和建设的重大事件。这些日记是党的宝贵史料，是揭露党内野心家、阴谋家罪证的武器，因此，也就成为那帮奸贼千方百计必欲得之的东西。

在林彪、"四人帮"横行的日子，法制荡然，许多日记和日记的主人，遭到了惊人的浩劫。成千上万本日记，在抄家时被劫走了，而且被寻章摘句、断章取义、牵强附会、歪曲捏造，罗织着一个又一个的文字狱。只要你在日记里对领袖的个别言论稍有异议，即使是正确的，也会被戴上"反革命"的帽子，组织批斗，判处徒刑，直至以"恶毒攻击"的"莫须有"罪名处以极刑。许多优秀的共产党员、革命干部和正直之士就是这样惨遭迫害的。那年头，马路上贴着揭发所谓"反革命日记"的大字报，宿舍里飘出了一阵又一阵的火焦味，大量的日记本化为灰烬。人们不仅烧掉了心爱的日记，而且愤然掷笔，让更多的不平和怀疑埋在心底。

历史的长河在曲折中前进，政治的风尘埋没不了生活的脚印。慢慢地有些人又开始记日记了。因为，人们需要用它来记录斗争，记录工作，记录生活，立此存照。但是，四害横行，国无宁日法制不立，民主不保抄家的阴影不散，写日记的余悸难消。有些人为了保险，把日记变成了"记事册"，而且大段地抄着"语录"，抄录着"东风浩荡"为了留下一点思想的痕迹，人们也只有用暗语、用代号，用……来记录自己想说而不能说、不能记的事件和思想甚至用"开天窗"的方法，留待来日补记。

朋友们，同志们，你们不觉得可笑吗？这便是几年前我们国家的社会现象之一，这正是连续不断的政治运动所带来的一种祸害，是社会主义民主和法制遭到严重破坏的一个后果。这种情况在"四人帮"被粉碎以后才逐步有所改变。但是，仍有一些因记日记而遭迫害的冤案还未得到平反，"反动思想"的"尾巴"未除，人们的余悸犹存。

在社会主义国家里，日记应该受到法律的保护，分清罪与非罪的界限，是保护日记的关键。什么是反革命罪？五届人大二次会议通过的我国的第一部刑法，有明确的规定，这就是"以推翻无产阶级专政的政权和社会主义制度为目的的、危害中华人民共和国的行为"。第一是有目的，第二是有行为。人们在日记里记录着自己的思想观点，既无推翻无产阶级专政的政权和社会主义制度的目的，更无危害中华人民共和国的行为既没有扩散，也没有对社会造成后果，何罪之有？！社会主义革命和建设事业伟大而艰巨，许多理论观点往往要经过反复实践，才能证实是正确的还是错误的，因此，这就更需要解放思想，发扬民主，允许人们提出不同意见，或者保留不同意见。即使错了，也是认识问题，只能通过说服教育来改正，怎能随意给人加上"恶毒攻击"的罪名！

日记无罪！因日记被抄家、批斗、批判的冤案应该彻底平反、昭雪。国家的法律必须真正保护公民的人身权利、民主权利，真正保障记日记无罪保证日记不致成为抄家的目标，文字狱的罪证，保证日记的作者不会成为思想犯。当然，我们知道，革命的道路从来是不平坦的。要把法律的条文变成保护人民的武器，需要经过反复的斗争。如果你是真正热爱日记的，那么，让我们共同学习谢觉哉同志几十年如一日为革命记日记，用垂危病体保护日记的顽强毅力学习党的好女儿张志新烈士为真理而献身的革命精神，做一个"强者"，无所畏惧地使日记成为探索真理和捍卫真理的武器吧！

这是一篇充满论辩色彩和控诉味道的新闻评论，以针对性、思想性和战斗性见长，是本文最大的特点。这篇评论不仅思想深刻，而且论证严密、逻辑性强、见解独到。这篇新闻评论先说明日记是"生活的镜子，是战斗的武器"；继而分析了以日记治人以反革命罪的原因是"连续不断的政治运动所带来的一种祸害，是社会主义民主和法制遭到严重破坏的一个后果"，一针见血地指出其罪魁祸首就是林彪、"四人帮"；最后，又从法律角度论证了日记无罪。全文以事实为依据，以法律为准绳，用语准确，有很强的说服力。这篇新闻评论结合了新颖的论点，鲜明的论据，生动的论证，是一篇艺术性很强的评论文章。

第七章

新闻评论学 *Xinwenpinglunxue*

新闻评论的写作方法

第一节 立论方法

写作立论性评论，除了自觉坚持因事倡导、因时倡导的原则以外，在写作过程中还需要着注意以下几个问题：

一、在提炼新颖论点上下功夫

新闻评论的论点新颖与否，直接关系到新闻评论的价值，并且对于立论性评论也是具有举足轻重的意义。生活中一切正面事物，都不同程度蕴含着同当代社会思想、行为准则相互吻合的因素。如果仅仅是满足于一般阐述事物的社会价值或意义来考虑的话，那就可能给人以"不过如此"的感觉，这样就很难唤起人们重视。因此，只有着意求新，并且将新颖的论点展现，尽可能讲出一点新意来，这样才能更好地激发人们的向往和追求。

1986年2月13日，《解放军报》发表的述评《保证、服务，大有可为》开篇就点名了主旨：

政治干部在前线非常吃香，政治工作在前线备受欢迎，奥妙就在于前线的政治工作和政治干部是一切为了前线，全心全意为保障战斗胜利服务的。相信从边防前线部队的实践中，人们会得到肯定的结论：服务好保障好，政治工作大有作为。

政治工作本来就是服务的，正像上层建筑是为经济基础服务的一样。政治工作的重要性，就表现在保证各项工作各项事业的顺利进行上。政治工作如果起不到这种作用，也就很难引起人们的重视，放到"帅位"上不行，就是放到"王位"上也不行。前线的政治工作者自觉地使自己成为积极情绪的诱发者，各种关系的协调者，特别是战斗、生活的示范者，在服务中保证，在保证中服务，恰好触到了问题的关键。关键在手，局面大开。

服务好不容易。政治工作难就难在服务对象是活生生的人。没有全心全意为人民服务的精神，同自己的服务对象没有同甘苦、共命运的感情，那就再会讲话再会周旋也难以使人有动于衷。正是在这个意义上，服务不是个方法问题，而是关乎宗旨的问题。会搞外交的最忌"搞外交"，善于宣传的最忌"做宣传"，讲究的是出神入化。政治工作要成为这样一种艺术，精髓就是服务热忱，有了这种热忱，又有恰当的方法，它就无所不在，无所不能。精诚所至，金石为开。所谓处处有政治工作而"看不见政治工作"，不就是这种境界吗？

善于出新，是使老生常谈的论题富有强大生命力的关键所在，作者在550字的短篇幅里比较好地论述了军队政治工作这个大主题，语言朴实、行文层层相扣，作者对我党优良传统充满信心，整个言论亲切明快。服务好，保障好，政治工作大有作为，论点新颖，论据生动，论证有力。

另外，这篇文章在标题制作和评论结尾也有独到之处。"保证、服务，大有可为"为题，行文短促，情感外溢，观点鲜明。结尾用反问耐人寻味，增强了评论的感染力。

二、突出说理重点

突出说理重点，包含两层意思：一是围绕着一个论题的几个方面，最终突出最重要的一方面；二是在讲一层道理的同时，尽可能删枝去蔓，去除没有价值的部分，把笔墨集中用于重点部分的论述，并且防止面面俱到、四平八稳，深入透彻地论述事物发展的本质，这是所有评论的共同要求，也是所有评论共同的特点。

立论性新闻评论则更需要高度自觉地对待这个问题。因为立论性评论主要是倡导新事物、新经验和新观念，这与社会实践和处于现实社会中的受众群体，往往存在着多种侧面、结构和层次上的联系。在这种情况下，如果这类评论稍不自觉，就很容易沦于面面俱到，也更难以准确把握重点，更无法突出重点。有些立论性评论道理讲得头头是道，但对于受众，却无法像预期的那样打动人心，究其主要原因，恐怕就是因为突出不了重点。

在具体作品之中，虽然对于怎样突出重点没有一定的规定，却必须着重把握好以下两个方面：

一是从所倡导事物的实际出发，揭示事物的本质。立论性评论不论倡导什么，都只能依靠具体、生动、充分的说理，并且帮助人们正确认识事物发展规律及其社会发展的意义，让受众能够心悦诚服地接受，并且自觉地付诸实践。从这个意义上说，以恰当的方式准确地揭示事物的本质，是实现预期倡导目标的基本保证。

二是要"情"的融入和"理"的注入。在各类评论中，感情是一个很重要的因素，但是却往往很容易被忽略了，古今中外，无产阶级的一些评论家如李大钊、瞿秋白、邹韬奋等，都喜欢在自己的作品中融入感情，李大钊的《庶民的胜利》、《新纪元》都有着憧憬革命胜利的感情。情感，表示对事物的态度，可以给正确事物一个鼓励，也可以给错误事物一个抨击，如李大钊同志在《新纪元》开头的一段，融入了他深刻的思想感情。

新纪元来，新纪元来！人生最有趣味的事情，就是送旧迎新。因为人类最高的欲求，是在时时创造新生活。今日是1919年的新纪元，现在的时代又是人类生活中的新纪元，所以我们要欢欣庆祝。

这段话融入了李大钊同志对新纪元到来的真实感受，我们可以感受到他的振奋和欢欣，这种真实的感情融入不仅可以打动读者，也可以使这篇新闻评论更加振奋，也更能使这篇新闻评论生动。

第二节 驳论方法

驳论性评论的写作方法包括驳论点、驳论据和驳论证这三种方式。

驳论点是对敌论加以驳斥，反驳，从而证明它是错误的。这类新闻评论，首先必须要摆出对方的错误观点，然后用正确的道理和确凿的事实进行反驳、论述，使对方的论点站不住脚。驳论点的方法主要有三种：一是揭露敌论虚假错误，证明论点的错误不能成立；二是证明与敌论相对立的论点是正确的，从而反证敌论是错误的；三是归谬法，即先假定敌论是正确的，然后以它为前提加以引申论述，直到充分说理并且暴露其荒唐无理，使读者一眼就能够看出敌论的错误和可笑之处。

驳论据就是揭露敌论论据的虚伪性、错误性，从而指出对方的论据是错误的、靠不住的。论据分道理论据和事实论据两类，驳论据也主要为驳道理论据和驳事实论据两种方法。

驳论证方式主要是揭穿对方的论据和论点之间没有必然的逻辑联系，即由论据推不出论点，从而来推翻论点。驳论证方式的方法有三种：

一是用一系列的论据来揭露对方循环论证的错误；

二是用论点来假定，用论据来驳论，最终揭露对方在论证过程中偷换概念；

三是用事实揭露对方的论证违反推理规则，论据不能推出论点，从而驳斥对方的论证过程违反不矛盾律。

在形式逻辑中，不矛盾律的内容是：两个互相矛盾或互相反对的思想不能同时为真，其中必有一假。只要违反这一要求的逻辑错误，通常称为自相矛盾。

如果列举的事例与要论述的论点之间是互相矛盾的、相互排斥的，那么，这个论据就违反了不矛盾的定律，最终不能有力地证明自身的论点，还很有可能授人以柄，成为对方攻击的目标。

《中国教育报》2004年4月22日第5版的评论《没有"文言"我们找不到

"回家"的路》如下：

> 是文言教育造就了白话大师，文言学习形成纯粹、典雅的汉语语感，文言是白话的根基。20世纪上半叶，中国文坛的上空升起了一片"璀璨"的群星，他们是鲁迅、胡适、梁实秋、郭沫若、老舍、巴金、曹禺、林语堂、穆旦、张爱玲等等，他们光华四射、文采灼灼、风流儒雅，他们学贯中西、鉴古知今。
>
> 与其说他们是文学大师，不如说他们是运用白话语言的大师。他们的作品90%以上用白话写成，他们灵动地驾驭白话，"垒筑"起白话汉语的华彩篇章。
>
> 与之形成鲜明对照的是，20世纪下半叶的中国文坛却"顿失光彩"、"黯然失色"，再也没有涌现出一个灵动地驾驭白话的"大师群体"，堪称"白话大师"的只有寥寥几位。
>
> 形成这种现象的原因当然很多，譬如社会政治动荡等等，但一个最合理、最令人信服的解释，也是最根本的解释，就是20世纪三四十年代开始，中小学阶段截断了系统的文言教育的"血脉"。这使得在20世纪下半叶成为文坛主流文人们，在孩童时期的语言"敏感期"阶段，即13岁之前，没有接受过系统的、深入的文言教育。他们在语言"敏感期"所接受"语文教育"，即20世纪三四十年代之后的所谓"现代语文教育"，是在废除文言的背景下，基本以白话为主体的、为本位的。20世纪三四十年代之后的人们，在语言"敏感期"，基本是"通过白话"来学习"运用白话"，而不是"通过文言"来学习"运用白话"。
>
> 20世纪上半叶的大师们，具有深厚、扎实、完整的文言根基，少年时期就基本已经形成一种以文言为本位的"语感"。这种文言本位的"语感"，跟随他们成人，伴随他们终生，奠定他们文字表达的基本格局，形成了他们文字表达的"下意识"，使得他们运用语汇时，总是比较纯粹、凝练、典雅、古朴，他们能够自如、娴熟地从古诗新闻评论中，选取极富表现力和生命力的词汇、诗句，生动、鲜活地或摹像、或写意、或达情，寥寥数语，便传神极致。

这篇新闻评论提出，文言教育造就了白话大师，文言学习形成纯粹、典雅的汉语语感，文言是白话的根基，这些都是文言文创造的辉煌历史，白话文至今没有创造出"历史积淀"。作者通过一系列的论据来证明论点，列举鲁迅、胡适等，又说他们是文学大师，是运用白话语言的大师。他们的作品90%以上用白话写成，他们灵动地驾驭白话，"垒筑"起白话汉语的华彩篇章。这样的论据非但不能论证论点，反而与论点自相矛盾，最终不能得到有力的论证，成为被人攻击的目标。

驳斥对方的论证过程还会存在不相干谬误性。

如果一个结论所依赖的前提和它的结论有关联，那么也就不能够建立起与结论真实，这个论证就可能犯有某种不相干谬误，这种最基本表现特征为：在整个论证结构中，论据与论题不相干。

这篇来自1952年1月23日《泰伯城论坛报》的驳论性新闻评论就是如此：

汉密尔顿先生：

感谢你1月21日寄来的信，尽管你的许多观点是极端错误的并带有诽谤性质。然而在最后一点上我们的观点完全一致——我们都相信新闻出版自由。因此你的信未作任何改动印在我们这张"垃圾纸"上。我想你不会反对我提出一些新的看法作为答辩，因为甚至犯人也有在法庭上为自己辩护的权利。

在你的来信的第一段，你重复几个月前就有过的指责，即我的"精神不正常"。汉密尔顿先生，简单否认你的看法似乎证据不足，尤其是以你的方式来考虑这一指责。但是也许你愿意接受我的挑战，即我们两人站在任何一个有行医资格的精神病医生面前，让他对我们俩作全面的检查，看看究竟谁的精神不正常。这应该是一件有趣的事，我想结果可能是令人意想不到的。

你在信的开头暗示，《论坛报》的广告客户和订户有许多是你们组织的成员。当然，我们无法说你的判断正确与否。如果任何想停止业务的广告客户中有三K党成员，我们有幸会立即取消这一业务。如果有任何想要我们退还订报费的订户，我们将用现金退回他的剩余订报费。我们不想要来自三K党的任何支持。有足够的人支持我们，并让我们的报纸办下去。

在第二段里你"被迫挑战"我，要我拿出证据来证明你的三K党与最近哥伦布县鞭打事件有关。汉密尔顿先生，请注意你强烈反对的那个专栏，"无论在大量类似哥伦布县鞭打案中他们是否有罪，三K党及其罪行都是带来这种恐惧的原因。"

你的三K党的出现标志着鞭打案件的开始。即使你的党羽不亲自干这一勾当，其他人也会把你们的组织作为避风港。但请相信我，如果我能够证明三K党应对这些事件中的一件负责，我将非常高兴地将这一切告诉12人陪审团，制造这些案件的团伙不会留给被告任何辩白机会。在理论上他们是该受惩罚的，他们是罪犯，没有任何权利申辩自己无辜。你的那些人将来会寻找辩护人和其他机会，在这些案件中为他们辩护，如果时间使这一行为变得必要的话。从无辜到被迫证明有罪，事情会这么发展的。

汉密尔顿先生，当你说"我"要对任何想证明我们的团体不择手段、企图支配法院的说法提出反驳的时候，要证明你的错误一点也不难。你自己已经承认，你和你的穿长袍的朋友把查利·菲茨杰拉德从他在默特尔海滩的事务所中拖出来，为了支配正义以暴力作了一些尝试。你们有没有这么做呢？

其后你提及宪法的原则。你是否读过那个文件？一个如此直露地公开演说中抨击法律、黑人、天主教的人，同时却又表示相信我们民主政府的主要原则。这种歪曲性的理解远远超出我的想象。

你问及哥伦布县的执法人员究竟出了什么问题。关于他们追捕犯人的能力，谁组织一场接一场的战斗，这些我概不知道。关于他们在这个方面作的努力，我相信他们已竭其所能。对于他们而言，清除这样一个黑社会也许是一项太过艰巨的工作。

但是无论如何，他们正尽力帮助老大哥联邦调查局和州调查局，后者有权要求得到帮助。我们相信他们正在取得进展。我们没有理由认为我们在执法上出现了问题。

如果他们不幸没能抓住这些罪行的真正凶手，我必须承认你的观点：他们缺乏某些能力和条件。我并不想把他们的任务减至最少。要获得证据是困难的。由于这一点，我给他们送去同情和良好的祝愿。

至于你的三K党人的能量，我只能说"不予置评"。但是我希望能将你们的成员名册放到上帝面前，以便获得他表示赞成的印证。这个经过精心挑选的"善人"团伙善于掩盖身份和面目。

在你的来信最后两段里，你又回过来谈到上帝与国家。二者都是我心爱的，对它们我只有说一声"阿门"。但当面对上帝交给的布道使命时，我不禁有些疑惑：上帝究竟让你布道，还是让我布道？或者是要停止你的工作，抑或停止我的工作？

这是一篇典型的驳论文，作者通过驳斥恶意读者来信的观点，阐发自己的主张，富有挑战性。新闻评论按照一般驳论文的写法，将反方的观点一一铺陈、逐条批驳、步步紧逼，用语尖锐，直至将对方的观点全部置于死地，显示出作者高超的辩论技巧和高明的说理艺术。

第三节 说理方法

评论的论证是一个摆事实讲道理证明论点的过程，说理论证本身就是一个重要的逻辑问题，是新闻评论当中重要的写作环节，因此，说理论证要求具有严密的逻辑性，判断评论的论证是否具有严密的逻辑性，这是决定一篇评论是否成败的重要因素。在新闻评论的说理方法中，新闻评论的论证，不能讲些大道理空道理，而要讲具体实在的道理，实事求是，就要做到立论与实际相结合，论据深刻明了。新闻评论在讲道理的同时，也需要讲一些理论性的原则，论据也需要讲一些大道理，大的论述，但是，在论据论述的同时不能净讲些抽象瞎话和大话、大而空的道理，必须需要有实际材料，而且必须将两者紧密地结合起来，这要求我们引用理论性原则时候，要用理论原理来分析实际情况讲明道理，并且举出事实材料，论据必须通过分析事实讲道理，这样讲的道理才具有实在意义，充分的说理，才能给读者以理性和感性的认识。

因此，在写作评论的时候，要注意以下三点：一是在写工作问题评论的时候，要联系党和国家有关的方针政策，法律法规，用党和国家的方针政策来分析问题，论述问题，解释问题，解决实际问题；二是在写阐明党和国家方针政策评论的时候，要善于联系当前的实际工作，用人们的思想实际来进行分析说理论证，最终讲解决问题的具体实在的道理；三是在写关于具体事物的评论同时，开头不要就事论事，不仅需要讲道理原则，也需要善于发现事物的内在联系和客观的规律，用这些来自实际的活生生的道理理论，来说服读者。

说理的方法必须要正确、透彻，这是对论证的重要要求。只有说理正确明了，实事求是，并且将道理讲得十分清楚明白，才能做到以理服人。

新闻评论要想做到说理透彻，就要把事情的是和非，正确观点和错误理论讲清楚，说明白，要把问题的性质、实质和危害、意义讲清楚。同时，要把问题产生的原因和影响讲清楚讲明白，还要把应该怎样解决这个问题或者怎样努力去做说清楚，给人们指出方向，提出办法最终解决问题。

说理方法具体运用到一篇新闻评论上，当然也不需要将这些方面的道理全说清楚说透彻，这就需要根据一篇评论的写作目的和论点的性质，最终决定将哪些方面的道理讲清楚，说透彻，说明白。

《人民日报》1980年6月15日刊发的《再也不要干"西水东调"式的蠢事了》新闻评论内容如下：

山西省昔阳县的"西水东调"工程，搞了四五年，投工近500万个，耗资达几千万元，最近终于下马了。这是农田水利建设工程中一个极为沉痛的教训，很值得我们深思。

所谓"西水东调"，就是从昔阳县境西部截住流入黄河水系的潇河水，通过人工开凿的隧洞穿过太行山，从地下引向东流，经过昔阳的五个公社，改入海河水系。这真是一项"改天换地"的大工程！近两年，它每年占用山西省水利费1/10，征用的劳力包括昔阳县各社队的民工、机关厂矿企业事业单位的干部、工人和教师，还有阳泉矿务局的煤矿工人，解放军工程兵的指战员，真可谓不惜工本、不惜民力。据估算，全部工程完工后，每亩水浇地成本将高达1000多元。

这就向我们提出了一个问题：发展农业究竟靠什么？多少年来，我们搞农业，一靠运动，二靠"大干"。现在看得很清楚，没完没了的政治运动，极大地伤害了广大农民和农村基层干部的积极性，结果是"你整我，我整你，整来整去，大都挨过整你上台，我下台，台上台下，大都下过台"。这种蠢事，我们不能再干了。至于"大干"，作为一种革命精神，当然很可贵，很需要发扬，不仅现在需要发扬，将来也需要发扬问题是"大干"干什么？近十几年来，在农业战线的所谓大干，就是"大搞农田基本建设"，"大搞人造小平原"，"大搞水利"，"大搞围湖造田"等等。这些工程里边，当然有很多是搞得对，搞得好的。所谓搞得对，搞得好，就是说这些工程是切合实际，投资少、收益大的。但是，其中也确有很大一部分工程，是搞得很不好，甚至根本不该搞的。昔阳县的"西水东调"工程，就是其中一例，这种工程，耗资巨大，劳民伤财，得益很少，甚至根本就是无效劳动、无效投资。如果我们把农业生产的发展寄托在这种"大干"上，我国的农业是永远没有指望的。

毛泽东同志常说："我们应该老老实实地办事，在世界上要办成几件事，没有老实态度是根本不行的。"老老实实地办事，就是从实际出发，实事求是。搞农业，也靠实事求是。大干，必须量力而行，实事求是地干。我国幅员辽阔，地形、气候、土壤、植被、水利等自然条件千差万别，各不相同。从这个实际情况出发，发展农业生产应该鼓励各个地区因地制宜，发挥自己的优势，做到农林牧副渔五业并举。搞农业基本建设，也应该从各个地区的特点出发，扬长避短，把人力、物力、财力用在最能发挥效益的地方。可是，在过去很长的一段时间里，由于不问土质、地势、生产习惯、技术条件等具体情况，统统强调抓粮食，弄得宜林不林，宜牧不牧，宜果不果，宜渔不渔，不但不能扬其所长，反而强人所难，趋其所短，结果是"以粮为纲，全面砍光"。这种"一刀切"的错误方针，表现在农业基本建设上，突出的就是到处硬搞整齐划一的"旱地改水田"，硬搞"人造平原"、"水平田"、"海绵田"，硬搞"连成片，一条线"的园林化。大量的人力，大捆大捆的人民币，耗费在收益很小的黄土大搬家上，甚至不但没有收益，反而破坏了生态平衡，贻害了子孙后代。

我们国家还很穷，在一个相当长的时期内，我们不可能拿出很多钱向农业投资。无效投资我们花不起，有效投资我们也要精打细算。像昔阳"西水东调"工程，且不说它本身是不合理的，它实际上是抢占别人的水来浇昔阳的地就算它有一点合理成分，但是花1000元建设一亩水浇地，也是我们花不起的。即使减去一半，用500元建设一亩水浇地，我们也建不起。用这种办法来搞农业，只能愈搞愈穷。我们国家人力资源丰富，是不是可以无限度地使用民力呢？也是不行的。中国农民历来能够吃大苦、耐大劳，愿意为了自己和子孙后代的幸福，为了家乡的建设，为了祖国的富强流血流汗。但是，中国农民也是讲实际的，懂得算账的。劳而无效、疲于奔命的事情，让他们干一回两回还可以，让他们长久地干下去，是不可能的。

粉碎"四人帮"以后，农业战线拨乱反正，革除积弊，是有很大成绩的。特别是党的三中全会以后，传达了中央两个农业文件的精神和规定，社队的自主权开始受到尊重，各种生产责任制和按劳分配的原则开始得到贯彻，社员的家庭副业、自留地和农村集市贸易受到保护，广大农民和农村基层干部的积极性调动起来了，党对农村工作和农业生产的领导实事求是了，整个农业经济活了。这是农业生产大有希望之所在。我们要坚定不移地沿着这条路子走下去，再也不能搞林彪、"四人帮"那套极左的东西，再也不能用一个模式来套所有的社队，再也不能搞"西水东调"这种劳民伤财的农田水利工程了。

昔阳"西水东调"工程弊端丛生，工程技术人员意见很大，为什么能够说干就干，并且一搞就是几年，直到粉碎"四人帮"一年以后才停下来呢？这里，另一个很重要的教训就是某些领导同志的封建家长式统治。我们有些做领导工作的同志，官做大了，自己不懂科学，不懂技术，又不听取专家的意见，偏要号令一切，指挥一切，甚至用个人的喜恶来左右一切。而上上下下，又有那样一些同志捧着他，护着他。明明他的主张荒谬，却要连声称赞，执行不误。于是，设计改来改去，坝址忽上忽下真理被谬误取代，科学为献媚遮蔽。你要坚持不同意见，那就是"立场问题"、"态度问题"，甚至是"搞阴谋出难题"。不幸，这样的事情，前些年在我们国家还是不少的。

家长式统治是一种封建思想。我国经历了漫长的封建社会的历史，虽然封建制度早就打倒了，但是封建传统根深蒂固，封建思想依然存在，它对我们的党造成的危害很深，对社会主义事业带来的损失很大。在我们党的生活中，仍有很多带着封建色彩的东西。它反映在我们的政治生活中，也反映在我们的经济建设上。我们要把反对封建思想作为思想战线上的一项重要任务。什么时候我们真正吸取了教训，不再搞容不得不同意见的"一言堂"，不再搞违反客观规律的瞎指挥，也就再也不会干"西水东调"这类蠢事了，我们的事业就会办得好得多。

这篇评论的标题就开门见山，直抒胸臆，深得人心。1980年的这篇社论发表后产生了巨大的政治影响，好评如潮。这篇新闻评论理论论据真实充足，有严格的说理论证，深刻地分析了这类蠢事产生的原因和条件，因而提出了解决问题的主张，"只有反对封建家长制式的统治，才能不再干这类蠢事"。之所以有这么好的反响，关键在于作者剖析得有力度，就实论虚，把昔阳"西水东调"这一典型事件层层剥离、剥透，透过现象看本质，揭露了前昔阳县委主要负责人以势压人、蛮不讲理的恶劣作风，批判了那些不算经济账不计经济效果，劳而无功的"大干"，而根源在于"四人帮"那套极左的东西带来的严重危害。

第四节　评论方法

跟记叙文和说明文不一样，新闻评论有很严格的写作方法，强烈的严谨性和真实性，在写此类的新闻评论的同时，必须注意以下几点：

一、注意导向性。新闻评论需要不断强化导向意识并且把握正确舆论导向，这是写好评论的前提。强化导向意识就是要坚持和贯彻新闻工作的党性纲领原则，坚定不移地树立大局意识、责任意识、阵地意识；坚持弘扬主旋律，打好主动战。正确做好舆论导向，这是党和人民之福，如果舆论导向出现了错误，那么将会是党和人民之祸。中央人民广播电台1981年8月27日播发的《开展批评与贯彻"双百"方针》这篇新闻评论具有很强的导向性，内容如下：

中央人民广播电台评论员粉碎"四人帮",特别是党的十一届三中全会以来,文艺界、理论界、新闻出版界,以及整个思想战线,取得了很大成绩,出现了欣欣向荣的新局面党的知识分子政策、文艺政策、科学文化政策、思想工作政策,正在这些领域里生根、开花、结果。这是思想战线的主流,必须充分肯定。

但是,另一方面,也要看到,思想战线确实存在着一些问题。例如:有人思想路线不端正,坚持左的错误有人背离四项基本原则,搞资产阶级自由化有人在自己的作品中,歪曲党的形象,丑化社会主义祖国,诋毁马列主义、毛泽东思想,等等。

怎样对待这些现象呢?有两种做法,一种是闭着眼睛不管,一种是抖起精神开展批评。对于严肃的有责任感的共产党员来说,一定会采取后一种做法。因为历史早已证明,作为我们党传统作风之一的批评和自我批评,是使我们的党、我们的事业兴旺发达的一个法宝。我们接受过去的教训,坚决不搞那种大轰大嗡、蛮不讲理的所谓"大批判"了。但是对于各种错误倾向、错误思想和行为,一定要进行认真的批评或斗争,决不能放任自流。否则,我们的国家和人民还要吃苦头。

有人担心,开展批评和自我批评,会妨碍"百花齐放,百家争鸣"方针的贯彻执行。我们说社会主义社会仍然存在着各种矛盾的基础上提出来的"。这就决定了实行"双百"方针,本身就包括批评和自我批评这个内容。唯物主义者认为,形形色色的非无产阶级思想,总是要寻找机会表现自己的。不让它表现,它也还是存在。表现出来,通过辨认,达到解决,只有好处。也就是说,实行"双百"方针,并不是让好的作品和坏的作品,正确的学说和错误的学说和平共居,长期共存,而是要在"百花齐放,百家争鸣"的过程中,让真的、善的、美的,战胜并取代假的、恶的、丑的,让正确的克服错误的,从而达到繁荣文艺事业、促进科学进步的目的。如果不开展批评和自我批评,散布了错误的言论不准批驳,发表了错误的作品不准评论,只准讲赞扬的话,不准讲不同意见,完全唱一个调调儿,还谈得上什么"百花齐放,百家争鸣"呢?还怎么能广开言路,推动科学文化事业向前发展呢?因此,能否正常地开展批评和自我批评,这本身就是衡量是不是真正实行"双百"方针的一个重要标志。

毛泽东同志1957年提出"百花齐放,百家争鸣"这一方针的时候,就指出:"毫无疑问,我们应当批评各种各样的错误思想。不加批评，看着错误思想到处泛滥，任凭它们去占领市场，当然不行。"
毛泽东同志的意见，今天仍然有着重要的现实意义。目前，思想战线
存在的自由化倾向，少数人的言论和作品存在的错误，核心就是要脱
离社会主义轨道，摆脱、抵制以至公然反对党的领导。对这些现象，
不进行理直气壮的批评，对贯彻"双百"方针是完全有害的，也是人
民群众所坚决反对的。

理直气壮的批评，一是要敢于批评，一是要注重摆事实、讲道
理。决不能以势压人，胡乱上纲，乱打棍子。我们党在批评和自我批
评的方面，有许多传统的行之有效的经验。我们要很好地运用这些经
验，正确地、积极地拿起批评和自我批评的武器，推动"双百"方针
的贯彻执行，推动社会主义现代化事业胜利前进！

评论必须有的放矢，针对性强，中央台这篇新闻评论的成功之处就在于
此。它毫不含糊、干脆明了地回答了当时关系全局的一个带有倾向性的问题，
当机而发，首发命中。这篇新闻评论语言深刻，有很强的导向意识和舆论导向
性，真正做到舆论先行，正确引导受众。

尤其是在技巧上的巧妙安排，更加强了该篇的针对性，若也写成"一大
条二小条"的新闻评论，说服力必将大打折扣。这篇新闻评论成功地运用了正
面论述和驳论相结合的写法，旗帜鲜明而又不颐指气使，尖锐锋利而不咄咄逼
人，令人于接受中受到启发，堪称佳作。

二、注意指导性。指导性是写好评论的生命，也是党报评论的一个非常重
要特征。评论直接代表编辑部亮明观点，并且阐述立场，特别是对于一个时期
的工作者来说，评论必须要直截了当地告诉读者，面向大众，应该怎么做或不
该怎么做要一目了然。下面是1981年新华社评论员的一篇评论《倾听人民的呼
声》：

最近，文化部电影局和电影研究所带着《喜盈门》等影片到农村
去放映，召开座谈会，进行家访，听取农村干部、社员对电影的意见
和要求。

这种做法很值得提倡。不只电影工作者，而且作家、戏剧家、
音乐家、诗人、画家、文艺评论家、刊物编辑、出版工作者等，都
可以走出去，到农村、工矿、部队、学校、机关、商店去，采取各种
方式，听听广大读者、观众、听众的呼声，了解自己的工作对象喜欢
什么，反对什么，渴望什么，这样，才能使我们的文艺创作、文艺演

出、文艺评论、文艺出版等更好地满足人民的愿望，为人民所接受，为时代所需要。

邓小平同志在第四次文代会上的祝辞中曾说："人民是文艺工作者的母亲。一切进步文艺工作者的艺术生命，就在于他们同人民之间的血肉联系。忘记、忽略或是割断这种关系，艺术生命就会枯竭。人民需要艺术，艺术更需要人民。"古今中外一切进步作家都是重视同人民群众联系，珍惜人民大众反应的。《冷斋夜话》载："白乐天每作诗，令老妪解之，问曰解否？妪曰解，则录之，不解则易之。"列夫·托尔斯泰曾经说，为了使作品能够被一般老百姓中的读者们理解，必须使它首先通过看院子的、赶马车的和做粗活的厨娘们的"审查"。鲁迅先生说得更好：有志于改革者倘不知民众的心，设法利导，改进，则无论怎样的高义宏论，浪漫古典，都和他们无干，仅止于几个人在书房中互相叹赏，得些自己满足。

其实，在这方面我们党的文艺工作者是有好传统的。当年，许多革命文艺工作者在毛主席的《在延安文艺座谈会上的讲话》指引下，走出"小鲁艺"，来到"大鲁艺"，向工农兵学习，为工农兵而创作，开辟了文艺界一代新风。全国解放以后，老一辈作家、艺术家和文艺领导干部仍保持着当年延安传统，经常到工农兵中去听取意见。

当前，我们国家的政治、经济生活形势一天比一天好，正在发生着深刻变化。随之而来的，人们对精神文化生活也提出新的要求。他们渴望作家、艺术家们告诉他们"新的人物，新的世界"。对人民负责的文学家、艺术家应当自觉地意识到自己肩负的历史重任，同人民群众保持密切联系。

"耳朵贴在人民的胸脯上，听一听他们的声音。"这是一位作家在一次座谈会上讲的。这话讲得好。只有到基层去，到人民中去，才能听到人民的真正呼声。

本篇评论精于举一反三，旁征博引。通过文化部送电影下乡这一事，认为人民需要艺术，而艺术更需要人民，倡导各行各业的艺术家多多倾听人民的呼声，肩负起新时期的历史重任，加强精神文化的建设。这篇新闻评论具有浓郁的现实针对性，时代感强，指导性强，主旨鲜明，文字强劲有力，应该怎么做不应该怎么做，一目了然。主体部分内容翔实，层次有条不紊，有理有据，显示了作者深厚的文化底蕴及写作功力。

三、注意时效性。一篇好的新闻评论很讲究及时、讲究时效，这种实效性

的评论及时体现党的要求，也最及时地反映群众的呼声。如果一篇评论缺失了
时效性的话，不仅没有新鲜感，也没有了价值，更起不到指导、鼓舞、推动感
染的作用。下面是新华社1982年5月14日的评论《农民劳动致富同经济犯罪、
活动的界限不容混淆》：

　　　　《中共中央、国务院关于打击经济领域中严重犯罪活动的决定》
指出，在打击经济领域中严重犯罪活动的同时，一定要继续坚持对
外实行开放、对内搞活经济的方针。在农村贯彻落实这一方针，当前
值得注意的一个问题，就是必须严格划清农民劳动致富同经济犯罪活
动的界限，特别是要正确对待社员个人或几户联合兴办、承包的工副
业，正确对待依靠自己劳动富裕起来的农民。

　　　　然而，目前在少数地区却出现了把农民劳动致富同经济犯罪活动
混淆起来的苗头。例如，有的社队割"鸡"（机）尾巴，把社员集资
买的小型农业机械宣布为"不法财产"有的基层干部声称，劳动致富
只能靠手工劳动不能靠机器劳动，只能靠集体劳动不能靠个人劳动，
只能靠大田劳动不能靠工副业劳动有的已经领了营业执照的社员家庭
加工业、修配业被停办了。甚至还发生了这样的怪事，有的农民由于
劳动致富去年秋天领奖状，今年春天却挨了批。这些虽然还是个别现
象，但如果不立即加以制止，任其发展下去，刚刚活跃起来的农村经
济就会再次被窒息。

　　　　党中央和国务院的政策很明确，打击经济领域中的严重犯罪活
动，主要是打击那些走私贩私、贪污受贿、投机诈骗、盗窃国家和集
体财产等严重违法分子。对劳动致富的农民，对发展于国家、集体、
个人有利的农村工副业，不论是社队办的，还是社员几人或几户联合
兴办、承包的，不仅不能打击或限制，而且应当积极地予以保护和支
持。因为，打击经济领域中严重犯罪活动的目的，正是为了扫除障
碍，促进工农业生产的发展，加快现代化建设的步伐。

　　　　当然，近几年来，在搞活农村经济活动中确实发生过一些违法乱纪
事件和不正之风，扰乱了国家计划管理和经济秩序，对此是需要查处和
解决的。但是，在查处和解决时一定要严格掌握政策，划清经济上的不
正之风同违法犯罪的界限，划清实行搞活经济中由于某些制度、办法不
完善而发生的问题同违法犯罪的界限。对于违法犯罪者必须追究法律责
任，而对于其他的问题，一般则以进行教育和改进管理制度为主，决不
能把这场斗争的范围任意扩大到劳动致富的农民中去。

在打击经济领域严重犯罪活动的斗争中，要做到正确对待社员个人或几户联合兴办、承包的工副业的农民，还需要注意清除"左"的思想的影响。现在有些干部看到打击经济犯罪活动，就误认为党在农村的政策又要"变"了。这是"左"的思想影响还未肃清的反映。因此，在坚决打击经济领域里的犯罪活动的同时，要警惕"左"的思想的干扰，要加强思想政治工作。

要着重指出，中央关于允许并且鼓励社员个人或者几户联合发展正当工副业的政策是不会变的，也是变不得的。我国的商品经济还很不发达，而没有充分发达的社会主义商品生产，我国农业不用说实现现代化，就是连摆脱贫困落后的窘境也不可能。搞好包括工副业在内的多种经营，发展商品经济，就必须调动八亿农民的积极性，国家、集体、个人一齐上。目前，社员个人或联合兴办、承包的工副业不是多了，而是还很不够。我们不应当拿着斧头去砍，而应当满腔热情地去提倡、鼓励和扶持。

还应当指出，中央关于允许一部分农民先富裕起来的政策是完全正确的，也是不会变的。这是各尽所能、按劳分配这个社会主义原则所决定的。实践证明，允许一部分人先富裕起来的政策，对发展生产起了良好的作用。一部分农民发挥自己劳动力和技术上的优势，通过劳动致富，为社会创造了更多的财富，对国家、对集体都有利而无害。目前，我国城乡人民吃的肉、禽、蛋等副食品，很大一部分就是社员的家庭生产的。况且，现在那些所谓富裕起来的农民，就其富裕水平来说还是相当低的，也可以说离真正的"富"还差得远哩！

我们一定要坚持一手打击经济领域中的严重犯罪活动，一手搞活经济的政策，二者并行不悖、缺一不可。任何人都不应当把农民劳动致富和经济犯罪活动混为一谈。

这篇新闻评论通篇一个"强"字给人印象至深。

针对性强。在关键时刻，发表这篇新闻评论，重申党的搞活农村经济的方针，划清一些政策界限，尤为重要。

指导性强。提出区别对待、分别解决的方法，同时又把关于政策界限的论述作为评论的中心内容，对实际工作起了很大的指导作用。

时效性强。新闻评论也讲求时效性，早发晚发，其宣传效果是很不同的，效果自然非同一般。

逻辑性强。无空话、套话，一针见血，开门见山，界限鲜明，层层推进，可操作性强。

　　四、注意理论性。新闻评论不仅需要过硬的文字功夫和写作能力，关键还要有一定的思想性，要有真知灼见的能力。运用理论的力量把问题的实质分析透彻充分，最终表明理论的力量。1983年6月28日的新华社评论员文章《不准向重点建设工程敲竹杠》内容如下：

　　　　山西洪洞县司法部门把敲国家竹杠，破坏重点建设工程的罪犯李小文依法逮捕了，此举甚得人心。我们希望那些至今还在打小算盘、向重点建设工程敲竹杠的单位和个人，从中得到警戒，改弦易辙，纠正前非。

　　　　全国支援重点建设，这是党中央、国务院的伟大号召，是刚刚闭幕的六届人大一次会议发出的强烈呼声，而且正在变成各地区、各部门广大干部、群众的自觉行动。但是有些人对支援重点建设至今仍采取相反的态度，突出表现就是向重点建设工程敲竹杠，乘机捞一把。他们中间，乘重点建设工程征地拆迁之机，超过国家规定标准漫天要价、勒索财物的有之利用为重点建设提供物资、劳力的机会，巧立名目，乱收费用的有之打着为重点工程服务的幌子，捞取资金、物资，乱上国家计划外一般建设项目的有之在光天化日之下哄抢偷盗重点建设工程物资器材的也有之。目前，一些重点建设工程之所以迟迟不能开工，或者开工后工期一再拖长，投资一再追加，重要的原因之一就是四面八方向它们伸手，把用于建设的钱挖走了，把建设的时间拖掉了。

　　　　值得注意的是，大凡对重点建设工程敲诈勒索的地方，常常可以查到党员、干部渎职或推波助澜的背景。他们或者对少数群众敲竹杠的歪风邪气视而不见，不闻不问或者厕身其间，从中牟取私利或者公开站出来，同重点建设单位讨价还价，扯皮纠缠或者暗中支持、煽动一些人乱提无理要求，寻衅闹事，阻挠施工等等。这些党员、干部往往把自己装扮成"群众利益的代表者"，打着"为民请命"的旗号，其实却不过是少数利己者的尾巴，哪里像共产党员、领导干部的样子呢？

　　　　对于这些向重点建设工程敲竹杠的少数单位和个人，办法只有一个，那就是人们通常所说的"先礼后兵"。

　　　　先礼，就是首先要对他们进行顾全大局、维护整体利益的思想教育，使他们懂得，国家集中资金进行重点建设，是取之于民，用之于民的，是国家利益之所在。我国还是一个发展中的国家，如果不从现在起抓紧建设一批对国民经济发展有决定意义的现代化骨干工程，那就很难实现90年代的经济振兴，到本世纪末工农业年总产值翻两番的目标就有落空的危险。因此，对于广大干部、群众来说，支援重点建设就是为了自己幸福的明天，为了四个现代化的美好前景损害重点建设，就是损害自己的根本利益，就是贪小利，误大事，殃大害。把这个道理说清楚，那些向重点建设工程敲竹杠的许多人是可以改正错误，转而支援重点建设的。

但是，思想教育不是万能的。有的人之所以明目张胆地向重点建设工程敲竹杠，而且不择手段，并非不知道这样做是错误的，而是明知故犯，屡教不改。"礼"不成，就只好"兵"相见了。那就需要像山西洪洞县对待李小文那样严加惩处。不管他是什么人，该制裁的制裁，该法办的法办，决不姑息迁就。不这样，不足以煞住敲竹杠的歪风，不足以确保重点建设的顺利进行。

当然，重点建设工程在哪里建，就会涉及当地人民政府和一些群众的利益。对于国家规定范围内有关单位和个人合理的利益，从事重点建设的单位必须十分尊重和维护。这就要求建设单位教育所属广大职工，尊重当地政府的领导，爱护当地群众的利益，以争取更多的干部、群众的支持，把重点建设搞好。

这篇新闻评论针砭时弊，将歪风邪气暴露于光天化日之下，从而道出群众的心声，为党做喉舌，维护了国家和人民的利益。

这篇新闻评论针对性极强，并且注意理论性的向导，没有停留在对一般现象的列举上，一针见血地将锋芒指向那些为敲竹杠推波助澜的少数党员干部，评论就要敢讲、讲透，既晓之以理，又义正词严，使人信服，颇有感悟，并且运用理论的力量把问题的实质分析得相当透彻。

同时，这篇新闻评论的层次分明，脉络清晰，文字不拖泥带水，利用充分的论据进行了精辟的说理，确为一篇力作，有入木三分之感。

五、注意艺术性。评论要有好的论点，论据深刻，提出的问题、观点，并且阐述出道理才能在社会上立得稳、站得牢，才能经得起读者的挑剔和时间的考验，才能成为一篇有感染力号召力的新闻评论，这是写好评论的灵魂和基石，如果没有这一点，那么也就没有了评论。同时，在写评论的同时也要注意评论的艺术性，新闻评论的艺术性首先是要在文字上下功夫，虽然新闻评论内容好，但是，如果文字死板、干巴、枯燥乏味，那么最终也会影响宣传效果，达不到最初预想的目的。

对于评论的文字要求，顺口、优美，适当运用群众当中很有影响力和感染力的语言，这些通俗语言还可以运用为评论的题目。曾经在群众中就广泛流传的一句话"上有政策，下有对策"这个说法，就抓住了党政府有些领导不正之风的特点，感染力很强。《中国农民报》1980年4月20日的评论《假如都像徐永山》表现出了此特点：

> 看了《徐永山和他的拖拉机》这篇报道，使人十分高兴。油是最宝贵的能源。现在，全国的农业动力机械已经有了1.8亿马力，其中1.3亿是用油的。农业生产一年要用800多万吨柴油，是消耗柴油最多的一个部门。
>
> 按规定，耕一亩地用的油，不能超过0.8公斤。不少机车超过了1公斤，而徐永山只用0.65公斤。
>
> 按规定，耕一亩地，机车的修理费不能超过1角5分钱，而徐永山只要一分一厘。
>
> 按规定，耕一亩地，作业成本不能超过8角钱，有的地方超过了1元，而徐永山只要4角3分5。
>
> 按规定，拖拉机工作量达到5万亩就得大修，大修一次得花三四千元，而徐永山的拖拉机工作量已达11 7万亩，还不用大修，机车保持了良好的技术状态。
>
> 所有这些，没有高度的社会主义觉悟和技术水平，是根本办不到的。
>
> 高消耗不可能有高速度。搞四化必须精打细算，努力降低消耗，增加收入，这是搞四化最实际的行动。
>
> 榜样的力量是无穷的。我们该不该学习徐永山？大家都该认真想一想：
>
> 假如都像徐永山，一台拖拉机一年节省柴油一吨半，单是60万台大中型拖拉机，一年就可以节省90万吨柴油。
>
> 假如都像徐永山，一台拖拉机一年节省修理费1500元，全国就是9亿多元。
>
> 假如都像徐永山，一台拖拉机一年少开支费用2800元，全国就可以为农民节省20多亿元。
>
> 假如都像徐永山，十年如一日，精心保养操作，全国200多万台拖拉机，就可以一台顶一台、甚至顶两台用。

假如我们不能把高消耗压下来，不讲经济核算，不讲经济效果，那四化就没有希望。假如都像徐永山，实现四个现代化就大有希望，时间也可以大大提前。

一篇《假如都像徐永山》，其实已让人们觉得应该如此，应该都像徐永山那样，之所以能达到说服人的效果，关键在于两点：一是言之有物，以小见大，高屋建瓴；二是讲究写法，修辞得当，议论风生，没有刻意地要拔高些什么，更无正襟危坐，高谈阔论，也无猛榨空论，有的是侃侃而谈，文采飞扬，并加之对比、假设、排比等诸多修辞手段，使得这篇新闻评论一气呵成，浑然一体，叫人过目不忘。这篇新闻评论形象生动，具有很强的艺术性。

六、注重针对性。评论的针对性，主要是对人们普遍关心、迫切需要回答的思想问题做一个解释阐述，并且运用马克思主义的立场、观点和方法，运用具体科学的分析，实事求是的精神给予说明、回答和指导评论导向。下面是中央人民广播电台1980年10月17日播发的评论《绝不允许有"特殊公民"》：

在国家机关工作人员中，有少数人搞特权。所谓特权，就是政治上、经济上在法律和制度之外的权力。这种现象早已引起广大干部和群众的强烈不满。刚刚闭幕的五届人大三次会议强调指出，绝不允许有任何"特殊公民"逍遥于法律与纪律之外。这反映了人民群众的意见和愿望。

我们共产党的干部为什么不能搞特权而要反对搞特权呢？从根本上说，搞特权同共产党的性质是不相容的，同我国的社会主义制度也是不相容的。共产党人的神圣职责，就是为无产阶级和广大被压迫被剥削人民的彻底解放，为实现社会主义、共产主义而奋斗。共产党员应当吃苦在前、享受在后，全心全意地为人民服务，搞特权是党性原则所不允许的，和共产党员的光荣称号是不相符合的。马克思主义的国家学说告诉我们，在社会主义制度下，国家公职人员是人民的公仆，应当勤勤恳恳地为人民谋利益，而不应当享受任何特权。

近年来，由于党中央三令五申，特权现象同过去一些年相比逐渐有所克服。但是，这种歪风现在还没有完全刹住，大家仍然可以看到那么一些"特殊公民"。

这些"特殊公民"，有的利用职权为自己的衣食住行获取制度规定之外的特殊待遇有的不择手段地为家属亲友的升学、就业、晋级、出国等谋求特殊照顾有的自己目无法纪，还包庇甚至纵容子女违法乱纪蛮横无理地干涉公安、司法机关的工作，企图依仗权势徇私枉法。有的地区、有的单位还有那么几个官不大、权不小、惹不起、管不了的"小霸王"，他们把一再敲响的警钟当成耳边风，继续为非作歹，闹得很不像样子。"特殊公民"搞特权，损害党的威信，危害社会主义民主和法制，影响人民群众的积极性，妨碍社会主义建设的发展，广大干部、群众对特权现象议论纷纷、提出批评是完全应该的。

为什么现在还会存在特权现象呢？从本质上讲，搞特权是剥削阶级的一种恶习。在历史上，特权是随着私有制和阶级的产生而出现的剥削阶级把持国家机器，既是特权的享受者又是特权的维护者。在我国长达几千年的封建社会里，形成了封建地主阶级的种种特权，并且实际上一下延续到解放前夕。解放以后，我们打碎了旧的国家机器，进行了一系列重大的改革，但是对于旧中国留下的封建主义残余影响，并没有系统地加以清除，不少具体制度上还残留旧的痕迹。现在，少数人搞特权，追求政治上经济上的法律和制度之外的权力，就是封建主义残余影响的表现。

特权现象的根源是很深的。因此，反对特权就不能不是一场长期的严肃的斗争。实践证明，克服特权，要解决思想问题，但更重要的是要从制度上解决问题。就是说，一方面要加强对干部的思想教育，特别要注意肃清封建主义思想残余。我们的干部，特别是高级干部，有责任带头遵纪守法，带头同那些违法乱纪、徇私枉法、相互包庇等恶劣行为作坚决的斗争。更重要的一方面，是要改革和完善保障人民民主权利的各项制度，保证公民在法律和制度面前人人平等、党员在党章和党纪面前人人平等，保证群众和党员能够有效地监督干部。一句话，只有实现政治制度的民主化、法制化，特权问题才有可能彻底解决。

领导中国人民推翻了"三座大山"的中国共产党人，一定能够根除特权。在社会主义的中国，"特殊公民"是永远拿不到许可证的。

"种花容易栽刺难"，正面的表扬性稿子好写，批评揭露性新闻评论难作，因它的政策性强，社会影响大，而如何为群众敲鼓呐喊，就需要针对现实生活中的尖锐问题，有的放矢，针砭时弊，为党为民代言。

七、注意新鲜性。对于一篇评论来说，论点是观点，是灵魂，是一篇新闻评论的核心价值体现。如果论点不新鲜，或者和报纸上发表过评论相雷同的话，那么读者在看了开头的时候就兴趣索然，也就像鸟之失去双翼。评论与新闻有着不解之缘，所有这类新闻评论中各类具有新闻价值的论说文，不论长短，不论署名与否，均可称为新闻评论。评论文体可以就全局性发表宏观的论述，也可以一事一议，深刻阐述问题的某一观点或见解，而作为论述式的文体更多的则是配合热点新闻，当新闻报道无法充分阐述内容的时候，用评论的话语形式加以阐述表达观点想法，使新闻热点相关评论更加具有可读性、指导性和宣传性。

下面是《工人日报》1981年10月31日的评论《谨防"精神贿赂"》：

最近，一位三年之内长了两级工资的同志，私下对朋友洋洋自得地泄露了"天机"，他说："其实，我的工作干得并不出色，关键在于送了厂长不少'精神礼品'……"此话何意？后经了解，原来，每当职工给厂长提意见时，他总是挺身而出，巧舌如簧，为其辩解。结果，此君以"精神贿赂"，换来了物质实惠——连提两级。群众对此十分不满。

我们有些领导同志对"物质贿赂"是有警惕的，例如，送"机"他们不收，请酒他们不喝，这些固然是值得称赞的但他们一听到批评就发火，一发现有人告状就报复，而对那些为自己护短或捧场的人，却欣然受之，这种态度是要不得的。其实，接受"精神贿赂"，同样有很大的危险性，如果他们因而信任、重用、提拔那些吹捧自己的人，其结果必然被坏人钻空子，败坏我们的事业。我们对"物质贿赂"和"精神贿赂"都要同样提高警惕才好。

这篇文章的价值主要在于新。首先是选题新。在领导面前逢迎拍马、巴结讨好、美言谄媚者历来大有人在，然而，人们大多是见怪不怪，作者却敏锐地抓住这一问题，提出"精神贿赂"之说，提法之新颖，论点之新鲜，概括之到位，令人叫绝。二是立意新。对"精神贿赂"的危害性，许多人认识不足，总以为顺风承意、趋炎附势之举毕竟不同于请客送礼行贿受贿，危害不深、情有可原，而作者则一针见血地指出，"接受'精神贿赂'同样有很大的危害性"。这在当时是要有勇气、有见地的。

要想写好新闻评论，不仅需要一定的写作技巧方法，更需要勤奋和刻苦。俗话说：天道酬勤、勤能补拙，就是这个道理。因此，想要提升评论写作的高度，还要有以下"六勤"的运用：

1. 脑勤：勤于思考，对新闻事件保持高度的敏感，善于分析和理性的思维能力；

2. 眼勤：勤于观察，能迅速发现身边的新闻线索，发现价值所在，并且提炼新闻价值；

3. 嘴勤：不耻下问，善于打听，针对有价值的材料和资料进行过滤整合，提炼价值新闻；

4. 耳勤：说者无心，听者有意，要认真听取不同的意见，认真吸收不同的观点，然后，取其精华，去其糟粕；

5. 手勤：好记性不如烂笔头，好的新闻价值材料要第一时间记下，并记下关键字，切勿忘记；

6. 脚勤：近距离观察，身临其境，有现场，因为只有自己身临其境了，才会深刻体会新闻价值，才会感悟心灵深处的精华。

第八章

新闻评论学　*Xinwenpinglunxue*

新闻评论的语言风格

新闻评论是大众传播的新闻体裁，它的出现是为了更接近于事实的本质和真理。阐述真理需要在用语方面做到质朴、庄重，同时还要注意语言的优美和活泼。因此，新闻评论的语言也应是多元化的，具有独特性的。

早在1842年，马克思就曾指出，丰富多彩的生活应当产生绚烂夺目的文化。从马克思到毛泽东，他们的许多著作都风格独具。春秋时期鲁国左丘明的《左传·襄公二十五年》中有语："言之无文，行而不远。"新闻评论也要用恰当的言语用来表达意愿，用飘逸的文采来完备语言。从谋篇、立论、设喻、遣词、造句等方面，都要反复推敲，精心写作。

第一节 朴素凝练

新闻评论的朴素语言风格，要求在写作态度上实事求是，在文字上要尽量使语言质朴、文笔流畅，把评论的内容和感情用适当的篇章生动准确地表现出来，不宜连篇累牍。

评论语言的朴素凝炼，指的主要是语言文字要简洁、内容要丰富精彩，尽量用短小的篇幅表现更多的内容。

可见，新闻的短小特征不仅应该表现在消息的写作中，在社论、评论员评论、短评等文体中也要加以突出。

一、实事求是地讲道理

实实在在地讲道理是一种朴素的文风。摒弃空话、套话和生硬死板的八股腔，尊重事实，用实事求是的态度，说真话，讲真理，以更好地把作者的观点和思想感情表达出来。新闻语言是带有新闻特性、适合新闻信息传递的实用语言，它"用事实说话"。评论要有感而发，但不能感情用事，以感情代替政策，要充分考虑到新闻评论所带来的社会效果。如以下案例：

> 黑龙江省五大连池市30万农民售粮3个月后竟无一人拿到粮食款，千万余元的巨额粮款被政府挪用建立机构矿泉水厂，致使农民手中近2000万元的白条迄今没有兑现。"钱不到位，老百姓过年怎么过呀？当官的想吃饺子，老百姓就不想吃饺子？"
>
> 《巨额粮款化为水》（1996年12月7日）

二、简明扼要地讲道理

新闻评论要运用抽象的概念进行判断与推理，得出科学的结论，就得借助准确的语言来表达。在评论写作中，每个词语的运用，都必须力求准确、恰当。新闻评论语言往往用抽象的方法，简明扼要地概括出事物的内在属性和规律。如以下案例：

> 今天本报又公布了两个重要案件。坏人受到揭露处理，这很好。
> 有些问题群众看得很清楚，干部也有很多议论，问题的性质已经非常明白，但是就是处理不下去，而且长期处理不下去。为什么？
> 一是自己屁股有屎
> 二是派性作怪
> 三是软弱无能。
> 还有什么？也许还有其他原因，但主要是这三条。
> 你这个单位的问题长期处理不下去，是什么原因，算哪一条，不妨想一想。
> 《有些案件为什么长期处理不下去？》（《福建日报》1982年2月7日）

这就是一篇经典的篇幅短小的新闻评论，全文仅有136字。

三、深入浅出地讲道理

深刻的思想，流畅的语言，也就是论题要集中，篇幅要适度。评论要根据内容量体裁衣，把深刻的思想内容与通俗的分析论述结合起来，使读者也能理解，并理解得深刻，使新闻评论思想明确，行文语气集中，言简意赅，简洁精粹，长短适度。当然，尽量用短小篇幅表达丰富的内容，切不可拖泥带水、长篇大论。如以下案例：

> 中国共产党在国家政治生活中的领导地位，是历史形成的。如果说，在民主革命过程中，由于历史的原因，资产阶级及其政党曾经充当过一个时期的领导者，那么，搞社会主义，共产党就是唯一的领导者了。因为只有中国共产党，才能提出实现社会主义和共产主义的纲领，制定出相应的路线和方针，并领导人民卓有成效地付诸实践。没有共产党就没有新中国。同样，没有共产党就没有社会主义的现代化。这是历史的结论。
>
> 《四项基本原则是近代中国历史的必然》
> （《人民日报》1990年1月8日）

四、精雕细刻地讲道理

要把新闻评论写得简洁精粹，就要在内容上下功夫，要"炼意"、"炼句"、"炼字"，主要在语言上精雕细刻，字斟句酌，精益求精，切不可走马观花，一挥而就，文不加点。如以下案例：

记者在采访中得知，就是这样一位局长，微山县的领导却迟迟未对他作出处理，原因是没有合适的人选胜任工商局长一职。真不知是偌大的微山县无人呢，还是微山县领导目中无人？！

《违法违纪，乱收乱罚》（焦点访谈）

五、通俗易懂地讲道理

新闻评论主要是就"事"论"理"。为了议论而叙述，这样就容易写得晦涩难懂，而通俗易懂正是群众对评论可读性的要求。这就要求作者从群众的思想水平与接受能力等情况出发，摆事实，讲道理，使读者易于接受。如以下案例：

有些学者认为，中国人口增长如此迅猛，其原因是马寅初提出的节制生育，控制人口增长的正确主张不仅没有被采纳，反而被作为"新马尔萨斯主义"遭到严厉的批判。为此，1979年8月5日《光明日报》登载一篇标题为"错批1人，误增3亿"的小文，阐述了中国人口增长的原因。这种观点随后成为文献上对50—60年代中国人口政策及后果的概括。马寅初先生怀着一腔爱国热情，以无私无畏的精神，冲破旧传统观念的束缚，言他人想言而不敢言，一针见血地指出中国人口问题，呼吁实行计划生育。这些主张完全正确，闪烁着真知灼见的光辉，是中国人口理论的宝贵财富。1958年掀起批判马寅初先生《新人口论》的浪潮是对真理的践踏。但是，人们是否因此可以把中国人口增长的原因归咎于对马寅初先生的批判，却值得质疑。1949年中华人民共和国成立后，社会经济秩序越来越安定，经过3年恢复时期的艰苦努力，工农业生产获得了迅速的发展。人民群众安居乐业，休养生息。由于卫生工作的开展，人口死亡率大幅度下降，出现人口增长率的剧增，国家卫生部门从维护妇女健康的角度出发，发布了一个禁止人工流产的规定。

《纵横》（2000年第7期）

综上所述，新闻评论要想在富有文采的基础上达到内容和形式的统一，就必须遵循它的新闻性和思想性，不宜对新闻评论过分地修饰，而要用确定的概念、判断和推理来理性表达，以议论说理服人，讲求其效率性。

新闻评论的朴素性和精炼性互为因果、相得益彰。具有深刻思想、内容卓越的新闻，朴拙的形式反而会使它们相反相成，这样更能表现真切、朴素的思想感情。因此，篇幅短小精悍，内容真实深刻，语言平实质朴的新闻评论更具说服力和感染力。

第二节 形象生动

新闻评论要想更好地被读者所接受，不仅要有很强的逻辑性，还要富有形象性，在论述抽象道理的过程中，适当地增添一些活的形象，用由近及远、由实及虚、由具体到抽象的说理方法，把道理讲活、讲得生动具体，从而加强新闻评论的吸引力和说服力。

一、善用比喻说理

运用比喻是形象说理常用的方法。通过形象的比喻，由感性到理性，用鲜明熟悉的事物理解新闻评论的思想内容。这样可以使抽象的道理形象化，把深刻的思想讲得平实，增强评论的生动性。如以下案例：

> 7月22日，经湖南省纪委有关部门证实，湖南省农业厅党组书记、厅长程海波涉嫌严重违纪，于7月21日被有关部门带走，目前正接受组织调查。（2009年7月24日《中国经济周刊》）
>
> 2005年9月，就党政干部廉政文化建设的重要性，当时官居常德市委书记的程海波曾引用一句俗语说，篱笆扎得紧，野狗钻不进，广大党员干部要在头脑里"扎紧"一道防腐拒变的"篱笆"。
>
> 真是怪事，程海波本是扎"篱笆"防"硕鼠"的人，他扎的"篱笆"只防他人，不防自己。看来这种不牢靠的"篱笆"，不但没有防住"硕鼠"，就连"野狗"、"疯狗"乃至"饿狼"也进来了。
>
> 近年来，特别是今年以来，各地频频传来"硕鼠"被捉的"捷报"。据检察部门统计，今年上半年全国检察机关共立案侦查贪污贿赂、渎职侵权犯罪案件19204件24514人，其中大案12888件，县处级以上干部要案1527人。看看，县级以上特大"硕鼠"就有1527个，这个数字足以让百姓晕厥，让世界震惊。这不得不令人痛心和纳闷，为什么反腐的"篱笆"老挡不住"硕鼠"呢？我想不外乎以

下原因。

一是党性教育，流于形式。长期以来，缺乏对党的宗旨再教育，党性修养不够，党的知识学习不够。不注重平常的学习教育，总是上面有要求了，而被动的学。什么"三讲"教育了，"科学发展观"学教活动了，中央有号召了，各地闻风而动，铺天盖地，打突击战，强行灌输，实际效果不大。

二是法律法制，存在欠缺。对于当前的法律和牢狱的运行律制，我没做过深入的研究。但我总觉得有不对劲的地方。为什么总是有人对犯罪司空见惯，不屑一顾呢？为什么有人出去了，不久又进来了？最近媒体报道比较多的一件事，河南有一农民捅死妻子而服刑17年，但在获释前不愿出狱。竟然哭闹："我不愿出去，你们别放我，这里有吃有住，什么都不要操心，我出去什么都不懂。"同时对贪官的惩处过于人性化，前不久巨贪陈同海涉案近2亿元，竟然获得"免死金牌"，理由是他认罪态度好，主动退还赃款，主动投案自首，主动检举他人等等。

三是任用干部，把关不严。这个问题恐怕是各地普遍存在的弊端。现在干部翻身落马简直是"如走马灯"，层出不穷。媒体上除了以往的，每天都能增加许多大案要案的报道，小小不为的还不上算。人们对干部任用的把关程序早就怀疑了，早就不满了，只是无可奈何罢了。不少地方不是任人唯贤，而是任人唯亲，任人为钱。所以对人的背景，人的素质缺乏深层的了解，从而使干部队伍良莠不齐，鱼龙混杂。

四是监督不力，疏于管教。不少地方空有机构，无所作为。不到万不得已，绝不轻易出马。纰漏大了，问题重了，勉强抓一抓，然后再松一松。每每采取"杀一儆百"或是"杀鸡吓猴"的办法，糊弄一下百姓，以示清廉。监管干部要从平时抓起，从点滴抓起，不要等时机成熟了，条件具备了，可以抓到"大鱼"，然后来个"双规"，表示有了成绩。殊不知，这样既害了干部，又损了形象。

如何从源头防范腐败，这不是个简单的问题，从上到下，应进一步高度重视，采取过硬措施，真正筑牢"篱笆"，挡住"硕鼠"，最好让"硕鼠"没有孕育生长的土壤。

《反腐的"篱笆"为何老挡不住"硕鼠"？！》

（人民网2009年7月24日）

二、善用形象说理

深入观察生活，选取恰当的形象，用形象化的语言描绘客观事物，突出其特点。这种形象化笔法的运用，要求作者深入观察生活，关注百姓人生大事，发现客观事物的特点，从而选择适当的形象。新闻评论的语言要生动、活泼、吸引人，要求说理形象化，即"寓理于形"，在这样描述过程中，就包括了作者的态度。如以下案例：

> 大骗子陈梦已经被人民法院依法判刑。这个触目惊心的诈骗案公之于众，为全国人民提供了又一份反面教材。听了这个诈骗案，人们不禁要问：那些大大小小的受骗者为什么会上当受骗呢？可以得出哪些教训呢？
>
> 那些与陈梦诈骗案有牵连的领导干部，各人的情况是不一样的，有的陷得很深，有的陷得浅一些。他们受骗的原因也是多方面的，归结起来，主要有三条：
>
> 第一，利欲熏心，蜕化变质，被陈梦拉下了水。有些干部见利忘义，利令智昏，为陈梦出谋划策，牵线搭桥。如果没有他们的支持，陈梦纵有天大的本事，也无法玩弄这么大的骗局。需要指出的是，这些干部当中有极个别的人，对陈梦的底细是了解的，他们不是受骗上当，而是与陈梦同流合污。陈梦的诈骗案以及近来揭发出的其他经济犯罪案件说明，我们党内有极少数的领导干部，枪林弹雨挨过了，林彪、"四人帮"的监牢坐过了，都没有被征服，但是，却被资产阶级的糖衣炮弹征服了，打倒了。这个惨痛的教训值得各级领导干部认真汲取。事实证明，阶级斗争并没有消失。我们必须保持清醒的头脑，必须坚定不移地对党内特别是某些党员负责干部的腐败现象，作严肃认真、坚持不懈的斗争。
>
> 第二，爱搞不正之风，被陈梦所利用，是一些干部受骗的另一个重要原因。陈梦采用各种不正当的手段，精心编织了一个"关系网"。他像蜘蛛一样，"布下八卦阵，专捉飞来将"。有些领导干部就当了这样的"飞来将"。他们满脑子装的是孩子、房子和票子，只要有人能给他私人一点好处，他就毫不吝惜地拿原则去做交易。陈梦正是抓住了这些"飞来将"的弱点，利用他的"关系网"，为几个干部解决了子女和亲属的就业和工作调动等问题，打通了行骗的一道道关口。还有的干部企图利用陈梦的"关系网"，解决本单位生产上的困难，因此把陈梦奉为上宾，为他提供种种方便，骗子利用不正之

风，不正之风掩护骗子，这就是二者的关系。

第三，政治上麻木不仁，丧失警惕性，存在着严重的官僚主义作风，被陈梦所蒙骗，这也是不可忽视的原因。有的领导干部喜欢到处"挂名"，听说陈梦那个"董事会"既不用投资，也不负任何责任，就欣然当个"挂名董事"。正是这张"挂名董事"的名单，成了陈梦招摇撞骗的王牌。还有的干部超出自己的职权范围，不该插手的他插手，不该表态的他表态，使陈梦捞取了不少政治资本。

俗话说得好，"篱笆扎得紧，野狗钻不进"。像陈梦这样的骗子，过去有，现在有，将来也还会有。但是，只要我们各级领导干部都能做到事事出以公心，处处按党和国家的政策办事，再高明的骗子也是无法得逞的。让我们汲取教训，堵塞漏洞，把"篱笆"扎得紧些吧！

《一起诈骗案的教训》（中央人民广播电台1982年8月25日）

三、善用典故说理

巧妙而恰当地运用成语典故、寓言故事以及古代诗文，也是说理的有效方法。要注意学习人民群众中富于表现力的语言，恰当地运用古人语言中有生命力的成分以及人民群众喜爱和熟悉的成语、典故、谚语等，评论可以从一个故事引发议论，可以依托一个人物形象，进而引起读者的阅读兴趣，增加新闻评论的感染力。如以下案例：

从上个世纪90年代后期开始，我国体育新闻评论逐渐褪去原有的政治色彩而向体育本体回归。在不断的探索后，体育新闻评论自身获得了一种不同于任何新闻评论的独立品格。具体来说，在标题上，巧用或改编典故、俗语，更加吸引普通受众的眼球。在风格上注重通俗化，趣味化，运用类比、借喻、拟人、曲解等修辞手法和大众化的语言，摈弃了以往单调、空洞、呆板的写作套路，令体育新闻评论更显生动形象并且深刻，大大增强了体育新闻评论的易受性。在视角上注重从人性、人文的角度评说热点体育新闻，在理性批判中洋溢着感性的光华，将技战术分析与散文化写法相结合，从而更好地满足了不同层次体育受众的信息需求和审美需求。以下从评论的标题、风格、视角等三个层面，以《河南日报》的体育评论专栏《一刀快评》为例，对我国当代体育新闻评论的特色予以具体分析。一、标题：妙用典故抓人心标题是体育新闻评论的眼睛，精彩的标题通常能提升体育受众的兴趣，当代体育新闻评论的大部分标题都颇具匠心地运用了具有教育意义且大众耳熟能详的公认人物、事件和丰富贴切的修辞手法来吸引刺激受众的眼球。

《我国当代体育新闻评论的特色分析——以〈一刀快评〉为案例》

（《神洲》2012年第32期）

四、善用口语说理

新闻评论要在适当控制说理的抽象程度的基础上，反映多数群众的思想和情绪，在语言上要注意群众化，通俗化、口语化。把深刻的思想用通俗化的口语表达出来，使其平易近人，这样才能为读者所喜闻乐见。当然，要着重于说明事理，要防止片面追求生动，发生做作、庸俗甚至油滑的毛病，影响言论的严肃性。如以下案例：

> 我是石家庄市平山县的一只鸭子，我们吃苏丹红饲料已经多年了，下的蛋也不计其数，它们大多卖到北京等大城市的大超市，可我们的主人从来不吃的——原来我还纳闷他们自己怎么不吃，现在明白了，原来是有毒。
>
> 若没有记者的艰苦调查，我们还不知道要吃这种有毒的饲料到何时！我知道，媒体曝光后，相关部门就会马上进行查处，但我们还是担心：风头一过，他们还会不会故伎重演？
>
> 我希望，我们的人类朋友，能把好关，既让我们能吃上健康的饲料，也让你们吃上真正健康美味的鸭蛋。果真如此，岂不是真正的双赢吗？

《一只吃苏丹红饲料的鸭子的自白》

（《珠江晚报》2006年11月14日）

用人们容易理解的浅显的事物或道理来说明深奥的事物或道理，可以生动地把道理讲得浅显，给人以鲜明的印象。

第三节 逻辑严密

新闻评论的道理要讲得正确、讲得深刻，就要把复杂的事物综合整理，使之成为简单明了的语言，通俗的论述应当以深刻的内容为基础，把复杂事物做简单的说明，把抽象的道理以生动的形象来说明，化繁为简，受众容易理解和接受。

美国著名专栏作家沃尔特·李普曼曾说过："必须对所论述的内容完全精通，这样就能以非常简明易懂的方式加以表达。"这句话的意思就是把深刻的思想内容和通俗的论述结合起来，使新闻评论通俗化，易于读者接受。

一、要充分具备深刻的思想内容。

新闻评论中要把深刻的思想和明白晓畅的论述相结合，就要对所评论的事物和所阐述的道理有充分的研究和深刻的理解。即把所表现的生活内容、思想感情、社会意义、深层内涵、评价观点态度等这些丰富的内容体现到评论中去。如以下案例：

> "客人隔顿不隔天，烧茶煮饭不断烟，茶壶酒壶长流水，面笑心愁口难言。"这是谷城县一个养兔专业户诉说苦衷的几句打油诗。其实，这何止是他一个人的苦衷。襄阳县一个养鸡专业户一年多接待客人上千次，花去招待费六百余元，粮食五百多斤，还有个"客人"竟愣向他要七百元现金，被拒绝了。枣阳县有名的"万元之家"也遇到这种情况，张家买缝纫机要他"发扬风格"，李家买自行车要他"无私支援"，搞得他难以招架。南漳县"天麻能手"境遇更糟，连长在地里的天麻种也被挖掉了……这就是当前某些地方出现的一股"吃富风"。真心实意到冒尖的专业户去"取经"是可以的，但是以"取经"为名去揩油就不地道了。至于以各种名目径直要求"无私支援"，那就无异于敲竹杠。人家靠勤劳致富，你凭什么白拿、白要他的劳动成果？凡是冒出这股"吃富风"的地方，领导者应该注意纠正。否则，专业户就有被"吃"垮的危险，冒尖的也不敢再冒尖了！
>
> 《"吃富"者，止步!》（《人民日报》1983年2月3日）

二、要充分了解群众的特点和要求。

掌握群众的认识规律和理解能力，把评论所讲的道理同他们所熟悉的事物和切身经验联系起来，或用他们所熟悉的表述方式来进行说理。联系群众的切身经验讲道理，说理方式和语言的运用也要从实际出发，不能脱离群众。如以下案例：

> 人的一生中，有很多梦想。小时候，我们的梦想多半稀奇古怪、天马行空，随着年龄的增长，生活压力的迫近，梦想会越来越接地气。比如在当下，对于众多普通人尤其是艰难奋斗中的屌丝来说，估计最迫切的梦想，就是拥有自己的住房。

近日，一则购房帖子在网上引发了强烈关注。一位来自普通家庭的80后男屌丝自述，他大学毕业后在上海一家单位做销售，收入很低。就是在这样的状况下，他于2005年用父母赞助的15万元首付，咬牙购入一套总价40万元的小两房2007年，他果断将其出售，得80万元接着又购入两套小公房，一套用于出租，一套用于自住。现如今，他娶了老婆，收入也涨到了5000元，每月收房租1500元，虽然要还贷，可压力还在承受范围，生活过得有滋有味。他的结论是，"只要用心经营生活，屌丝也有春天！"

相信，这位男屌丝的购房经历，让屌丝一族羡慕不已。当今天买房对于很多人还只是一个梦想的时候，颇有远见的他，却已悠然自得地住在自己的房子里，享受生活。

当然，这位男屌丝让人艳羡的背后，是近十余年来中国楼市的迅速崛起。楼市扩张的速度，虽然超出了很多人的预料，但其实自有其内在规律。横向地看，世界上所有发展起来的国家和地区，随着各种生产要素的全面提升，处于价值洼地的楼市，其价格都呈向上的走势，这是一个不以个人意志为转移的客观规律纵向地看，有重土安迁传统的中国人，有了钱后向来习惯置地买房，几千年来都是如此。如今改革开放所带来的财富，更让国人对房子的渴求得到前所未有的释放。

在如此局势之下，如何让曾经疯狂的楼市平静下来进入良性轨道，同时最大限度满足普通民众痴心不改的住房诉求，无疑对于执政者是极大的挑战。不管是楼市调控措施，还是保障房建设的推进，无疑都是为了实现这一目的。

回望这一年来桂林的楼市，可谓波澜不惊，很多人实现了住房梦，也有很多人还在梦想中徘徊。而展望2013年，在调控措施继续实施、保障房建设力度加大以及贷款利率调低等众多利好之下，楼市有望延续平稳态势，由此也给那些等待中的民众增添了一些希望。相信，越来越多的人能像上文那位男屌丝一样，早日实现自己的住房梦。

《短评：屌丝也有春天》（广西新闻网2013年1月14日）

三、要充分运用平实的语言。

群众的语言表现实际生活，要用通俗生动，平易通俗的语言，把评论的内容很好地传达给受众，使其生动活泼，接近群众，增强评论的效果，切勿艰深晦涩、矫揉造作。如以下案例：

　　去年11月30日，习近平总书记在参加一个世界艾滋病日活动时，曾明确强调：艾滋病本身并不可怕，可怕的是对艾滋病的无知和偏见，以及对艾滋病患者的歧视。艾滋病感染者和病人都是我们的兄弟姐妹，全社会都要用爱心照亮他们的生活。然而，一个多月之后，广东省教育厅在发布的《广东省教师资格申请人员体格检查标准（征求意见稿）》中，就表示包括艾滋病在内的多项病症患者，都不能被录用为教师。

　　在很多公益人士看来，这一做法显然涉及对艾滋病人的就业歧视。一如北京益仁平中心常务理事陆军所认为的，这违背了艾滋病防治条例和就业促进法的相关规定。而需要看到的是，意见稿中的这一规定并非本次才增加，仅仅是继续保留之前的版本。这意味着在教师录用方面，制度性的就业歧视乃作为一种传统存在，要打破它，有着超乎人们想象的难度。

　　甚至，可以直白地说，中国社会目前对于艾滋病人的歧视现象还非常普遍，对于艾滋病所持有的错误、扭曲观念还非常深厚。在一些陈旧的夹杂着道德评判的认知体系中，艾滋病如同洪水猛兽，与艾滋病人接触充满了风险。他们并不明白，艾滋病只有血液、母婴和性三种传播途径，日常的教学工作不可能造成病毒的传播。

　　面对根植于社会的错误观念，原本也不用感到意外，毕竟一般民众对于这一目前还缺乏根治手段的病症，抱有恐惧乃是一种本能。但人基于本能的恐惧可以通过科学的认知进行消除，个体在了解艾滋病、走近艾滋病人的前提下，就能消除不必要的恐惧。诸如政治领导人、公众明星公开与艾滋病人进行日常接触，则更被视为是一种值得推广的宣传途径。

　　当然了，扭转错误的社会观念，需要广泛的宣传，更需要制度层面的反对歧视。例如，在求学求职等一些正常的社会行为中，确保艾滋病人不受歧视，获得公平的待遇，将在很大程度上维护该群体的正当权益，也会对消除歧视观念起到积极作用。但现在，即便执政党的最高领导人表示要消除对艾滋病人的歧视，在地方性的规章制度中，却依旧存在与之相悖的内容，这也让人在感到惊讶的同时更感到愤怒。

　　在一个现代社会的建立进程中，历来不乏破除各种歧视观念的重任。如何滤清对艾滋病人的种种误解，几乎可以作为一个社会是否迈进文明门槛的风向标来看待。而这一目标的实现，根本上还是需要在制度上确立一个公平的原则。这一公平性的原则既体现在法条中，也体现在具体的实施中，通过制度的生产和推进，科学的观念得到传播，丑陋的偏见和歧视将得到稀释和化解。

因此，广东省教育厅发布的征求意见稿，从一开始就在制度上强化了错误的观念，假如得不到纠正，非但无法消除对艾滋病人的歧视，反倒可能加剧社会对艾滋病人的恐惧和排斥。

《短评：科学看待艾滋病，反对就业歧视》

（《南方都市报》2013年1月8日）

由此可见，新闻评论写作，就是为了把深刻的道理讲得浅显，在做到对问题了然于心的基础上，更要做到以辞达意，要明确畅快、具体形象地把评论的内容准确地表达出来，自然也就生动引人，使读者受到感染。

第四节 情理相融

有人说，"无情未必真评论"。新闻评论要有所为而作，还要有所感而发，除了以理服人外，还要以情动人。这就要求情在理中，情理交融。评论作者对所评论的事物、问题，或阐明一个观点时，总要受自己的情感所统率，所制约，带有一定感情因素，才能感动读者并引起读者感情上的共鸣。

新闻评论写作中情与理是对立统一的，情为理服务，理借情化人，这样才能做到评论情理兼备，更好地与读者的感情进行交流、沟通。所以，评论作品不仅要有真知灼见，还要有真情实感。反之，写出的评论只能是些无关痛痒的教条或空洞的道理。

一、具有情感性

只有做到通情才能达理，以理服人和以情动人，是由深切感受而流露的真实情感，这就需要评论作者对所评论的内容要有深刻的理解，要注重入情入理。

增强评论感情色彩的五个途径是：

（1）寓情于事，情、事交融：将鲜明的感情渗透到对典型事件或现象的叙述、剖析中，强烈的感情，令读者在明白事理的同时，得到感情的陶冶；

（2）寓情于景，情、景交融：将真实的感情融汇在特定的景物或生活场景中，借对场景的描摹刻画抒发作者触景生情的喜怒哀乐等感情，创造情景交融的意境；

（3）寓情于物，情、物交融：将感情注入对典型物体的描写和评点中去，借对典型物体的刻画，揭示出作者鲜明的爱憎好恶感情，使读者受到感染；

（4）寓情于聊，情、聊交融：将满腔真情融入到与受众拉家常般的思想中去，使读者在平易近人、富于人情味的聊天式讨论中"移情明理"，逐渐接受作者的观点；

（5）寓情于辩，情、辩交融：将强烈的感情和理直气壮的论辩相交融，鲜明地表达作者的立场观点，以引起读者的共鸣。

如以下案例：

> 改革开放给我们这个12亿人的大国带来了前所未有的变化，但现在还远非黄金铺地。我们人均还不到400美元……光是在我国的中西部地区，就有2700万农民仍在为温饱发愁，河北一个失学的孩子，天天在家扎扫帚，想凑够不过四五十元的学费对比这些，那种千金散尽、挥霍无度的"潇洒"该有多么不协调……"艰苦奋斗"，是一面鲜红的旗帜，在我们奔小康、奔四化的路上，让这面旗帜高高飘扬！
>
> 《拜金主义要不得》（中央人民广播电台）

二、具有形象性

在新闻评论说理论述中，可以借用形象或通过对客观事物形象化的描绘说明道理，或表达作者的感情，从而增强评论的感染力，引起受众的共鸣。如以下案例：

> "彭市长，你别往正门走，有一群上访的人正堵在那里。""那我从哪儿走？""后门。""后门要是也堵了呢？"工作人员被武安市市长彭学增问得哑口无言。他来到上访群众中，提高嗓门喊道"我是彭学增，大家要反映什么问题，请说吧!如果时间短，我就地答复如果时间长，请大家先回去，留下几个代表到我办公室来。"上访群众听了市长这番话语，憋在心里的气消了一半，围得水泄不通的大门顷刻畅通无阻，尔后大家心平气和地酝酿代表人选。
>
> "刘县长，你们快改道吧，有几个村民要截车。"易县县长刘建军从呼机上读完这条"十万火急"的信息后命令司机加速，把车开到村民要设卡的凌云册乡路口等候群众。过了一会远远地走来一个村民，问清刘县长是在等他们之后，急忙招呼后面的人，"呼啦"一下，涌来一大帮。大家听说刘县长已在此等候他们多时，深受感动，

一再催促县长赶路程，他们的事回乡里找乡长说去。

这是我省农村工作中的两组"特写镜头"，情节不复杂，但发人深省。

为什么有似马上会激化的干群矛盾会瞬间平息？道理并不深奥，领导干部只要迎着老百姓的方向走，矛盾就能降温，对就会变为对话，即使尖锐化的矛盾也是可以妥善解决的。人民公仆不能怕群众、躲群众，不能"支应"群众。为什么有些地方原本不大的矛盾竟闹得不可收拾？恐怕与那里的领导者不懂得"迎着老百姓的方向走"有很大关系。看来，处理干群矛盾的方法，已不再是一般的工作方法问题，而是关乎大局关乎党的原则的大问题。群众直接找领导者反映问题，这是很正常的，是群众相信我们、依靠我们的表现如果有了问题却不找我们，那才是不正常的、危险的。所以，群众来了并不可怕，哪怕是"民告官"，也不可怕。这往往正是给领导者提供了调查研究的好机会，提供了开展群众工作的好机会。工作做好了，干群关系中的摩擦、冲撞，还能成为建立干群鱼水关系的契机。所以，哪里有老百姓我们就到哪里去，哪里老百姓问题我、意见大、困难重，我们尤其要注意到哪里去。现在，有些干部把躲避老百姓视为一种"聪明"或"领导艺术"。群众要求直接见张书记，张书记却把李书记推到前沿群众要求李县长来答复，李县长却让秘书去和群众捉迷藏。如此拉锯、推诿、踢皮球，不但于事无补，反而会加剧矛盾冲突。老百姓是我们的衣食父母，我们是人民公仆，每一个党的干部，都应该以深厚的感情来对待群众反映的各种实际问题，并努力帮助解决，为了排忧解难，切不可视而不见，听而不闻，心不在焉，敷衍塞责，漠然处之，更不能居高临下，动辄训人，把反映问题的在群众视为"刁民"。对待群众的态度，应当成为新时期领导干部是否合格的一块试金石。

迎着老百姓的方向走，绝不是说可以不讲原则，绝不是提倡违法上访、集体上访。相反，我们干部以积极的姿态到群众中去，是为了更好地贯彻落实党的方针政策，引导群众摆正眼前利益与长远利益、局部利益与全局利益的关系，从而使我们成为群众利益的真正代表。近闻涉县县委在旧城改造中，面对群众上访事件，县委书记杨志科没有回避矛盾，而是主动来到告状者中间，晓之以理，组织告状群众代表到外地参观。告状的群众大都是一辈子没有出过太行山的人，他们到市里、省会和京城走了一遍后，观点来了个180度大转弯。他们说，我们涉县这儿哪像个县城，不动大手术，连马车都过不去，怎么能跟上时代的步伐？迎着老百姓的方向走，在这里变成了一堂最切实、最生动的思想政治工作课。

《迎着老百姓的方向走》（《河北日报》1998年11月1日）

三、具有审美性

活用修辞手段和评论的感情色彩，活用句式，变换语气，用含蓄幽默的笔法，使读者不会感到乏味，适当地运用修辞手法，使评论新闻评论合情合理，情理交融，才具有一定的耐读性。如以下案例：

中国情势，事事皆现死机，处处皆成逆境，膏肓之疾，已不可为。然犹上下醉梦不知死期之将至。长日如年，昏沉虚度。软痛一朵，人人病夫。此时非有极大之震动，极烈之改革，唤醒四万万人之沉梦，亡国奴之官衔，行见人人欢然自戴而不自知耳。和平改革既为事理之所必无，次之则无规则之大乱，予人民以深创巨痛，使至于绝地，而顿易其亡国之观念，是亦无可奈何之希望。故大乱者，实今日救国之妙药也。呜呼！爱国之志士乎！救国之健儿乎！和平已无可望矣，国危如是，男儿死耳！好自为织，毋令黄祖呼佞而已。

《大乱者救中国之妙药也》（《大江报》1911年7月26日）

可见，新闻评论作为说道理、论是非的文字体裁，是提倡或反对一种东西，达到扶正祛邪、兴利除弊的目的。其中很重要的一条，就是从"情"入"理"，自"理"感"情"，也就是融情于理，将感情融化在说理的过程中。

第九章

新闻评论的内部结构

第一节 逐层剥笋式

逐层剥笋式结构是指按照事物的本质和内在联系安排层次，各层次之间是递进关系。新闻评论的整体结构形式是由表及里，由此及彼，由浅到深，步步深入，就如剥笋一样，一层又一层地剥，最后触及问题的核心，即回答论点，得出结论。

这是一种纵式的逻辑思维方式，即说理新闻评论中的一种纵式结构。思维中的纵向脉络，有深度，却无广度，容易出现片面性，但它的逻辑严密，论证性很强，能够引导受众去思考问题，从而接受作者的评论观点。

逐层剥笋式结构的基本要求有以下四点：

第一，依据内在逻辑联系。根据事物间的逻辑关系，应当把逻辑思维和形象思维并用，把事物的内在联系与人们认识事物的心理、习惯结合起来安排结构。

第二，依据总论点展开分论点。总论点与分论点间，要纲目明确，主从得当。在论述过程中，分论点不得脱离了总论点。各分论点可以是并列、递进、因果等关系结构。

第三，依据中心论点组织材料。安排层次要为中心论点服务，要做到纲举目张，环环相扣，使观点和材料有机地结合，对中心论点所涉及的几个主要问题，分别进行阐述。

第四，依据创新观点布局结构。在程式化的评论结构基础上，加以创新。新闻评论的结构不是凝固的、一成不变的"程式"，它可以是新颖的、不常见的结构形式。

如以下案例：

《中共中央、国务院关于打击经济领域中严重犯罪活动的决定》指出，在打击经济领域中严重犯罪活动的同时，一定要继续坚持对外实行开放、对内搞活经济的方针。在农村贯彻落实这一方针，当前值得注意的一个问题，就是必须严格划清农民劳动致富同经济犯罪活动的界限，特别是要正确对待社员个人或几户联合兴办、承包的工副业，正确对待依靠自己劳动富裕起来的农民。

然而，目前在少数地区却出现了把农民劳动致富同经济犯罪活动混淆起来的苗头。例如，有的社队割"鸡"（机）尾巴，把社员集资买的小型农业机械宣布为"不法财产"有的基层干部声称，劳动致富只能靠手工劳动不能靠机器劳动，只能靠集体劳动不能靠个人劳动，只能靠大田劳动不能靠工副业劳动有的已经领了营业执照的社员家庭加工业、修配业被停办了。甚至还发生了这样的怪事，有的农民由于劳动致富去年秋天领奖状，今年春天却挨了批。这些虽然还是个别现象，但如果不立即加以制止，任其发展下去，刚刚活跃起来的农村经济就会再次被窒息。

党中央和国务院的政策很明确，打击经济领域中的严重犯罪活动，主要是打击那些走私贩私、贪污受贿、投机诈骗、盗窃国家和集体财产等严重违法分子。对劳动致富的农民，对发展于国家、集体、个人有利的农村工副业，不论是社队办的，还是社员几人或几户联合兴办、承包的，不仅不能打击或限制，而且应当积极地予以保护和支持。因为，打击经济领域中严重犯罪活动的目的，正是为了扫除障碍，促进工农业生产的发展，加快现代化建设的步伐。

当然，近几年来，在搞活农村经济活动中确实发生过一些违法乱纪事件和不正之风，扰乱了国家计划管理和经济秩序，对此是需要查处和解决的。但是，在查处和解决时一定要严格掌握政策，划清经济上的不正之风同违法犯罪的界限，划清实行搞活经济中由于某些制度、办法不完善而发生的问题同违法犯罪的界限。对于违法犯罪者必须追究法律责任，而对于其他的问题，一般则以进行教育和改进管理制度为主，决不能把这场斗争的范围任意扩大到劳动致富的农民中去。

在打击经济领域严重犯罪活动的斗争中，要做到正确对待社员个人或几户联合兴办、承包的工副业的农民，还需注意清除"左"的思想的影响。现在有些干部看到打击经济犯罪活动，就误认为党在农村的政策又要"变"了。这是"左"的思想影响还未肃清的反映。因此，在坚决打击经济领域里的犯罪活动的同时，要警惕"左"的思想的干扰，要加强思想政治工作。

要着重指出，中央关于允许并且鼓励社员个人或者几户联合发展正当工副业的政策是不会变的，也是变不得的。我国的商品经济还很不发达，而没有充分发达的社会主义商品生产，我国农业不用说实现现代化，就是连摆脱贫困落后的窘境也不可能。搞好包括工副业在内的多种经营，发展商品经济，就必须调动八亿农民的积极性，国家、集体、个人一齐上。目前，社员个人或联合兴办、承包的工副业不是多了，而是还很不够。我们不应当拿着斧头去砍，而应当满腔热情地去提倡、鼓励和扶持。

还应当指出，中央关于允许一部分农民先富裕起来的政策是完全正确的，也是不会变的。这是各尽所能、按劳分配这个社会主义原则所决定的。实践证明，允许一部分人先富裕起来的政策，对发展生产起了良好的作用。一部分农民发挥自己劳动力和技术上的优势，通过劳动致富，为社会创造了更多的财富，对国家、对集体都有利而无害。目前，我国城乡人民吃的肉、禽、蛋等副食品，很大一部分就是社员的家庭生产的。况且，现在那些所谓富裕起来的农民，就其富裕水平来说还是相当低的，也可以说离真正的"富"还差得远哩！

我们一定要坚持一手打击经济领域中的严重犯罪活动，一手搞活经济的政策，二者并行不悖、缺一不可。任何人都不应当把农民劳动致富和经济犯罪活动混为一谈。

《电农民劳动致富同经济犯罪活动的界限不容混淆》

（新华社 1982年5月14日）

这篇新闻评论逻辑性强，无空话、套话，一针见血，开门见山，界限鲜明，层层推进，可操作性强，并提出区别对待、分别解决的方法，同时又把关于政策界限的论述作为评论的中心内容，对实际工作起了很大的指导作用。

第二节 推波逐浪式

推波逐浪式结构是指按思维的空间顺序来安排层次，各层次之间的关系是一种平列的关系。这类新闻评论的整体结构是辐射型，即围绕着中心论点多侧面的展开，使复杂的客观事物显得条理清晰，在展开之后可以收回来。

推波逐浪式结构是横式的逻辑思维方式，重在对问题作横的剖析。它总是"一放一收"地向各个侧面展开，讲完一个问题之后就收，再展开第二个问题，再收。这样能扩宽广度，有利于对事物进行分析和综合。一些分析型的评论和论说文常用此结构方式。

如以下案例：

民族精神是激励一个民族自强不息的强大动力。今天，我们从事的社会主义现代化建设，关系到中华民族的前途和命运，更加需要唤起可贵的民族精神，激励中国人民为中华民族的繁荣昌盛而奋斗。所以，大力振奋民族精神，应当成为我们思想战线上的一个长期的重要任务。

我们中华民族具有悠久的历史和灿烂的文化。我国各族人民在数千年的不懈斗争中培育和熔铸了优秀的共同的民族精神。正是这种精神，形成强大的生命力和凝聚力，维系着中华民族大家庭，使我们的民族代代繁衍，生生不息，自立于世界民族之林。毛泽东同志曾经对我们的民族精神作了这样的概括："我们中华民族有同自己的敌人血战到底的气概，有在自力更生的基础上光复旧物的决心，有自立于世界民族之林的能力。"作为中国人民，为有这样可贵的民族精神而感到无比自豪。

解放前的一百多年，由于社会政治制度的腐败和经济文化的落后，我们中华民族处于被动挨打的地位，迭遭帝国主义的入侵。帝国主义的铁蹄踩躏，殖民主义的残酷压榨，不平等条约的丧权辱国……给中华民族带来了深重灾难，使中华民族蒙受了奇耻大辱。然而，中华民族的不屈不挠的斗争精神始终没有泯灭。中国人民高举民族独立的大旗，前仆后继，英勇奋斗，从鸦片战争、太平天国运动、中法战争、中日战争、义和团运动、辛亥革命、五四运动、五卅运动，直到抗日战争，一次又一次的抗争，都表现了中华民族不甘屈服于帝国主义及其走狗的顽强的反抗精神。特别是在中国共产党的领导下，经过二十八年的英勇奋斗，就推翻了三座大山，赢得了中华民族的独立和解放。

解放以后，我们的民族结束了一个屈辱的时代，开创了一个独立自主、扬眉吐气的新时代。中国人民顶天立地的英雄气概赢得了全世界人民的尊敬。然而，历史是曲折的，在"十年浩劫"中，我们的民族精神受到了严重的摧残。林彪、江青反革命集团是国家的蠹贼，民族的败类。他们大搞民主虚无主义，把宝贵的民族精神当做"污水"泼掉，把充分体现民族精神的民族英雄当做"叛徒"批倒，把反映民族精神的优秀文化遗产当做"四旧"横扫。流毒所及，至今没有肃清。现在，有的人精神空虚，缺乏自强不息的斗争意志有的人甚至自暴自弃，看不到我们民族的长处有的人数典忘祖，丢掉民族气节，做出丧失人格、国格的丑事。这些情况表明，振奋民族精神，保持民族气节，是何等重要、何等迫切！

当前，我们要在哪些方面振奋民族精神呢？

首先，振奋民族精神，就要坚持实现我们民族的伟大理想。自从马克思主义传播到我国之后，我们中华民族就有了一个崇高的理想，这个理想就是在中国建立社会主义，在全世界消灭剥削制度，实现共产主义。这个崇高理想，是我们全民族利益的集中表现，是我们全民族团结的政治基础，也是我们全民族力量的源泉。但是，由于在"十年动乱"中，林彪、江青反革命集团的干扰破坏，使我们社会主义事业受到了很大挫折，因而现在有些同志对我们民族的崇高理想认识上糊涂起来，思想动摇，缺乏信心，有极少数人甚至反对我们的社会主义制度。对于这个问题，我们必须采取彻底的唯物主义态度。我们坚信只有社会主义才能救中国，只有社会主义才能振兴我们的民族。我们已经建立起来的社会主义制度，消除了人剥削人、人压迫人的现象，这比之弱肉强食、损人利己、尔虞我诈、巧取豪夺的资本主义制度具有无比优越性。社会主义制度是我们前进的基点，这是不可动摇的。现在，我们正沿着一条不平坦的崎岖道路前进。然而，多难可以兴邦，苦斗可以锻炼我们的民族精神。我们已经走过了一段曲折的道路，付出了很大的代价，今后还可能付出一定的代价，但只要我们坚持社会主义方向，抛弃一切已经被实践证明是错误的东西，坚持一切已经被实践证明是正确的东西，不断完善社会主义制度，那么我们民族的崇高理想必将实现，我们的国家必将逐步富强起来，我们的人民生活必将逐步得到改善。我们的民族的前景是无限美好的。这一点，我们应该充满信心。

振奋民族精神，就要为实现四化发愤图强，艰苦奋斗。民族是我们每个人生存和发展的基地，社会主义中国是我们中华民族的国家。现在我们国家还是很贫穷的，要赶上世界上经济发达的国家，不费大力气是决然不行的。因此，一切具有民族精神的人们，都应该以国家民族的大局为重，为国家的富强，民族的繁荣奋斗不懈。在对越自卫反击战中，我们的战士英勇顽强，流血牺牲，誓死保卫祖国的边陲，他们为的是什么？许多海外赤子毅然抛弃优厚的物质待遇，贫困、险阻不在话下，委曲痛苦毫不计较，他们又是为什么？我们千千万万人民，为了四化的早日实现，不惜作出各种自我牺牲，挥洒汗水，勤奋劳动，又为的是什么？不都是为了实现四个现代化的建设，实现我们民族的崇高理想吗？他们不愧是中华民族的优秀儿女!民族兴衰，匹夫有责。现在我们需要的就是人人都发愤图强，艰苦奋斗，一心一意，为完成四个现代化的伟大任务，脚踏实地做好我们的工作。鲁迅先生有段话至今对我们仍有深刻的启示。他说："中国现在的人心中，不平和愤恨的分子太多了。不平还是改造的引线，但必须改造自己，再改造社会，改造世界万不可单是不平。"现在，我们需要的不是坐而论道的政治空谈，而是脚踏实地的创业精神需要的不是袖手旁观、冷眼而视的观察员，而是要身体力行、兢兢业业的实干家需要的不是怨天尤人的情绪，而是勇于献身的气概需要的不是自暴自弃，而是发愤图强、卧薪尝胆的决心！

振奋民族精神，还要树立民族的自尊心，打掉民族的自卑感。一个民族能够做到自尊自重，是有力量、有信心的表现。我们中华民族正是以自己固有的特点和长处，成为世界民族大家庭的重要成员之一。我们有许多可以引以自豪的优点：悠久的历史、灿烂的文化、丰富的资源、辽阔的土地、勤劳的人民、先进的社会制度，等等。保持民族自尊心，就是要充分认识本民族的特点，发挥本民族的优势，走本民族独立自主之路。像我们这样拥有9亿人口的大国，要实现四化宏图，靠谁都不行，只有依靠自己的力量。那种看不到自己民族的优势和长处，把自己的民族看得一无是处，是丧失民族自尊心的表现，也是不符合实际的，因而是错误的。当前，随着我国对外开放，随着国际交往的增多，受到外国资本主义腐朽思想作风、生活方式的影响而产生的崇洋媚外的现象，已经开始出现。这是很值得我们注意的。

应当指出，我国经历了百余年的半封建、半殖民地社会，封建主义的思想有时也同资本主义思想、殖民主义奴化思想互相渗透结合在一起。因此，我们在肃清封建主义思想遗毒的同时，决不能放松对资产阶级思想和殖民地奴化思想的批判。毛泽东同志说得很清楚："一切民族、一切国家的长处都要学，政治、经济、科学、技术、文学、艺术的一切真正好的东西都要学。但是，必须有分析有批判地学，不能盲目地学，不能一切照抄，机械搬运，他们的短处，缺点，当然不要学。"因此，我们在四化建设中，对于外国先进的科学技术要引进，科学的经济管理方法和经验要学习，一切先进的因素都要借鉴，但是我们决不学习资本主义的社会制度，决不引进资本主义的腐朽生活方式。我们要提高民族自尊心，坚信我们中华民族在中国共产党领导下，能够克服前进道路上的一切困难，沿着社会主义大道勇往直前。

振奋民族精神，我们还应该大力宣扬我们民族的光荣传统。我们祖国上下几千年，有多少劳动人民斗争的故事、传说，有多少历史上的变革，有多少可歌可泣的光辉业绩，有多少风流人物，有多少思想家、政治家、军事家、文学家和艺术家，这些丰富的民族精神财富，值得我们大书特书。我们应该在广大群众中，特别是在青少年中，经常地、生动地、形象地进行爱国主义教育，让他们学习祖国的悠久历史，熟悉祖国优秀的文化遗产，参观祖国人民创造的光辉业绩，树立做一个中国人的光荣感和自豪感。我们的新闻、广播、出版、教育、文艺工作要发挥积极作用，引导我们整个民族朝气勃勃，奋发向上。所有从事这些工作的同志，都应该为此付出毕生精力。要大力创作优秀作品，反映我们的民族精神，鼓舞我们的民族士气。除了历史题材，我们更应该反映当前全国各族人民同心同德大搞四化的精神风貌。我们热烈期望出现新时代的《大风歌》、《满江红》和《义勇军进行曲》，让优秀的精神产品，点燃我们民族精神之光，引导我们的人民向着更高的精神境界攀登。

民族精神深深地扎根在人民群众之中，具有广泛的群众基础，民族精神一经振奋，就能够产生一种无形的所向披靡、排山倒海的力量。我们深信，在中国共产党的领导下，在社会主义的大道上，我们中华民族是大有希望的！

《要振奋民族精神》（《安徽日报》1980年12月22日）

本篇新闻评论回答了如何振奋民族精神这个严肃的问题，作者将正确的政治观点与激情融为一体，纵横古今，层层递进，有情绪，有波澜，有例证，有议论。紧紧围绕着振奋民族精神这个主题为中心，有引人入胜的效果，情理交融得极好。

第三节 画龙点睛式

画龙点睛式结构是指没有分论点，或不分层次，而是致力捕捉生动的事实，贯穿于全文，在事实本身中却包含生活哲理。这类新闻评论形式上不拘一格，但从布局谋篇上看，一般评论开头部分不会提出中心论点，而是列举生动的事实，它的主体部分和结尾部分紧密相连。

一些"材料型"的新闻评论经常采用这种画龙点睛式的结构。从整体结构的外部形式上看，是叙事多于理论的倒金字塔式的，这样的结构灵活生动，反之，用得不好，就会失之散乱，"活"不起来。

如以下案例：

　　"老当益壮"这句格言，是指思想、意志、精神状态而言的，是说人年纪大了，志气更应该豪壮，不是说人越老精力越壮。从生理上说，老不如壮，人到了老年，体质减弱，精力不济，毕竟不如青、壮年，这是新陈代谢的自然规律。因此在谈"老当益壮"的时候，有必要谈谈"老当易壮"的问题。

　　有些老同志常以"老骥伏枥，志在千里"自勉，其志可嘉。但曹操咏这诗句时，年纪才五十二三岁，他虽存"志在千里"雄心，尚自喻为"伏枥"的"老骥"，而这时的曹操同我们一些老同志相比，只能算是"小字辈"。现在我们不少老干部年逾"花甲"近"古稀"，在体力上，更不能不正视"老不如壮"的现实。再要这些老干部长期地人不下鞍、马不停蹄，像十几年、几十年前那样干，恐怕就强其所难了。因而，我们称道"老当益壮"，更倡言"老当易壮"。易者，移换、替代也，易位于壮也。此事虽则要按不同的情况与规定稳妥慎重地进行，但态度应当积极。

　　我们的革命事业任重道远，要像接力赛跑一样，代代相传地去奋斗。这就要求我们的干部队伍，要适应新陈代谢的自然规律，不断地新老更替。尤其在目前，干部队伍的老化问题相当严重，到了非解决不可的地步，"老当易壮"显得更为紧迫。半个多世纪来，革命老干部在党的领导下，为开国大业南征北战，戎马倥偬，为建国大业日夜操劳，殚精竭虑，为人民建立了丰功伟绩。今天进行建设四化的兴国大业，要攀"十八盘"，过"南天门"，上"玉皇顶"，老干部作用是极为重要的。但以体力和精力的支付而论，总是年轻的耐过年老的。所以，各级领导岗位应当越来越多地由年富力强的优秀干部唱主角，让他们去负重任，挑重担。这里我们分别看到了两种带规律性的现象：从人们年岁的增长来看总是"壮当易老"，即壮年时代总要发展到老年时代去而从领导班子的配置来看，则相反是"老当易壮"，即老年人让位于壮年人，今日之壮年若干年后，又要让位于来日的壮年，如此循环往复，以至无穷。这种规律都不是以人的意志为转移的。

　　这样说"老当益壮"是否可以免了？不，我们还是要提倡"老当益壮"。《后汉书·马援传》中讲得好："丈夫为志，穷当益坚，老当益壮。"用现代的话讲：这个"壮"，主要体现在"志壮"上，就是说要有共产主义胸怀，远大的眼光，革命事业的责任心。而作为老同志的第一位的责任心是什么呢？党中央负责同志指出：老干部要把选择中青年干部作为第一位的庄严职责，别的工作做不好固然要作自然批评，这项工作做不好，就要犯历史性的错误。可见从工作出发，不恋权，不计个人名利，热心选拔培育和交班于中青年，真正做到了"老当易壮"，也才最好地体现了"老当益壮"的精神，也才最能自豪地说："吾乃老当益壮也！"不久前煤炭部和三机部有十三名副部长主动辞去副部长职务，易位于"壮"，最近国务院机构改革，又有一批老革命老领导愉快地让位。他们是"老当易壮"的模范，也是"老当益壮"的模范!好了，愿"老当益壮"与"老当易壮"携手并行！

《老当易"壮"》（《长江日报》1982年3月27日）

这篇新闻评论避实就虚，针对"干部队伍要革命化、年轻化、知识化、专业化"的伟大号召，在当年恰值新老合作和交替处于酝酿的思想发动的时候，该文如一枚重型炮弹，抓住火候，从思想上正确回答了现实生活中迫切需要解决的矛盾。这篇新闻评论就论述说理，突出体现了矛盾的侧重点，完美地体现了言之有理，理之有节，持之有节，无丝毫强词夺理或片面武断的弊端。这篇新闻评论的标题也起到先声夺人，画龙点睛之效。

第十章

新闻评论学 *Xinwenpinglunxue*

新闻评论的外部结构

第一节 几种常用的开头

一、题旨式开头法

题旨式开头法是指用简约的文字，告知读者新闻评论用意的开篇技法。此开头法单刀直入，紧扣主题，具有上题快、开门见山、朴实自然等特点。在新闻评论开头中把悟出来的深刻道理用浅显简短的话语表现出来。

开篇议论，题旨高远，在新闻评论开头就洞开读者的思想之门，这样的新闻评论读起来意味深长，紧紧吸引读者读下去。这样的构思方法，便于读者更好地领悟新闻评论的主题思想，而且，用简短的话引发读者的阅读兴趣，使读者不会感到索然无味。如以下案例：

> 甲午之役，兵破国削，朝野惟外国之坚甲利兵是羡，独康门诸贤，洞察积弱之原，为贵古贱今之政制、学风所致，以时务知新主义，号召国中。尊古守旧者，觉不与其旧式思想，旧式生活状态相容，遂群起哗然非之，置为离经叛道，名教罪人。湖南叶德辉所著"翼教丛篇"，当时反康派言论之代表也。吾辈后生小子，愤不能平，恒于广座为康先生辩护，乡里瞀儒，以此指吾辈为康党，为孔教罪人，侧目而远之。
>
> 《孔子之道与现代生活》（《新青年》1916年12月1日2卷4号）

二、总结式开头法

总结式开头法是指用总结式语言高度概括新闻评论内容的开篇技法。在新闻评论的开头，用简短的语言概括全文的主要内容，然后，再围绕开头的概括，展开全文。此法要将复杂的新闻评论内容，用精练的语言，简要地在新闻评论的开篇就呈现给读者，使读者了解整篇新闻评论的思想。

这种开头法要求对新闻评论内容进行高度概括，提炼出主题，并贯穿到整篇新闻评论的全过程，先作结论，后叙述情况。此法要求开头简明而硬朗，语言概括而精湛，接下来提供大量的信息，待读者的阅读期待形成后，那么，读起新闻评论来，就会饶有兴味。如以下案例：

> 从1978年12月党的十一届三中全会召开至今，邓小平同志开创的改革开放事业整整经历了20个年头。改革开放20年，作为一个特殊的

"历史单元"，正在成为当今世界备受关注、争相评说的焦点。当人们集结知识，用新的智力和眼界破解这一不同寻常的20年时，人类思想正在进入一个新的活跃期。

改革开放20年的吸引力主要基于以下几个方面。一、在这20年中，中国人民的命运发生了深刻变化。而中国人口占整个人类的1/5，占发展中国家的近1/3二、改革开放20年的成败关系着一个新型社会形态社会制度的兴衰，而即将过去的这个世纪，恰恰是社会主义从无到有，从弱到强，从轰轰烈烈到遭受严重挫折，又于改革开放中焕发生机的世纪三、改革开放刚刚进入攻坚阶段，整个进程如何向前发展，受到人们的关注。

历史的长河有时是停滞的混浊的，有时又急转直下，一泻千里，这都是有规律可循的。这里有历史的契机和积累，也有人的主观能动性的发挥，人的对于客观规律的认识和把握。认真研究和正确评价这不同寻常的20年，对于我们总结经验，把握规律，更有成效地建设有中国特色社会主义，具有重要意义。

《评改革开放二十年》（《人民日报》1998年12月17日）

三、叙述式开头法

叙述式开头法是指把叙述事实作为新闻评论的开篇。新闻评论的开头尽管可以做形象化的叙述，但不论是立论性新闻评论，还是驳论性新闻评论，开头都应该简明扼要、干净利落。

有的新闻评论用叙述开头法时，开头用几笔白描，就突出了人或事物的基本特征。在语言运用上，为了达到生动形象的效果，可以结合描写的手法，多用动词，调动情感，这样就不会显得生涩，使开头更加活泛。如以下案例：

在北京的街头已有消费者在抱怨，一经合资生产的雪糕、冰淇淋等冷饮，价格就高达一二十元，而一个普通工人的日工资只有二十元左右。永久、飞鸽、凤凰等名牌自行车也已被几个外国品牌夺去了"风骚"，化妆品市场更成了外国品牌的天下……

《合资：引进来，更要利用好！》（北京电视台1995年）

四、描写式开头法

描写开头法是指用生动的语言技法对新闻评论的人或事物进行形象的摹绘。这样的开头，往往能将人物形象或事物的情境真切地表现给读者。不要为了描写而描写，其具体手法有白描、细描等。

　　当然，也可与叙述、议论、抒情结合，这样能把人与事的形与神绘声绘色地表现出来。在描写中，特别要注重新闻的真实性，不宜做过分的渲染，使新闻失真，这样就因小失大，影响了全篇内容的真实性。如以下案例：

　　　　秋深矣，鸣蝉寂矣，草木渐摇落矣，万籁无声。时闻寒蛩，似断似续，如诉如泣矣。此佳节乎？而有心人当之，顿生无穷之感。悲天欤？悯人欤？噫！如此乾坤，吾何独为此佳节贺，吾亦悲悯中人也！
　　　　　　　　《中国万岁〈民立〉万岁》（《民立报》1910年10月11日）

五、议论式开头法

　　议论式开头法是指以对新闻评论所报道的人或事物进行议论作为开头的一种技法。这样的开头法能使新闻评论主题先入为主地把主题暗示给读者受众，更加鲜明地为其内容的展开做好铺垫。

　　在具体运用中，一定要在具体事实的基础上进行，用观点统率事实，用事实反映观点，也就是说所议论的观点不仅要正确，而且要与具体事实统一，切不可做空泛的议论，否则就成了标语口号式的宣传。如以下案例：

　　　　"个别"不过是客观事物存在的一种状态，倘用之于实事求是的描述，本无所谓"主义"不"主义"的。但如果为"个别"障目，或不加分析动辄冠以"个别"，就有可能演变成一种"主义"。
　　　　　　　　　　　　　　　《个别主义》（《检察日报》）

六、抒情式开头法

　　抒情式开头法是指用抒情的方式作新闻评论的开篇。这种开头法要求所抒之情要真实，抒人民大众之情或内心深处之情。在新闻评论的开头，抒发作者强烈的情感，以引起读者共鸣，所抒发的情感应该是积极向上的，不能为了抒情而抒情。

　　抒情式开头法可用直抒胸臆的直接抒情法或借景、借物、借人的间接抒情法，或褒或贬，或扬或抑，鲜明直率，真切动人，也可以通过叙述、描写、议论抒情，将感情渗透到新闻评论中去，为新闻评论涂上浓重的感情色彩。如以下案例：

　　　　值此春节藏历新年到来之际，我们向战斗在万里高原的各民族知识分子致以节日的祝贺，为他们在科技文化教育战线所付出的辛勤劳动及其取得的丰硕成果表示亲切慰问和崇高敬意。

李佳俊：《西藏，知识分子的广阔舞台》（《西藏日报》）

七、凤头式开头法

凤头开头法是指用美丽的情境、平实的语言写作新闻评论开头的一种技法。这种开头法以平实、漂亮为特点。运用此法写作新闻评论开头，要注意开头与正文之间的内在逻辑性，一定要根据前因后果，顺理成章。

写作时，此使用得当，会使全文变得更有条理，读者更快地了解新闻评论梗概，同时为下文的阅读埋下情感基调，为正文部分的展开和情节的发展做好导引。这样的开头法能凸显新闻评论主旨，激发读者兴趣，引发读者思考。如以下案例：

> "彭市长，你别往正门走，有一群上访的人正堵在那里。""那我从哪儿走？""后门。""后门要是也堵了呢？"工作人员被武安市市长彭学增问得哑口无言。他来到上访群众中，提高嗓门喊道："我是彭学增，大家要反映什么问题，请说吧！如果时间短，我就地答复如果时间长，请大家先回去，留下几个代表到我办公室来。"上访群众听了市长这番话语，憋在心里的气消了一半，围得水泄不通的大门顷刻畅通无阻，而后大家心平气和地酝酿代表人选。
>
> 《迎着老百姓的方向走》（《河北日报》1998年11月1日）

八、设悬式开头法

设悬式开头法是指以提出问题或用悬念的手段作为新闻评论开头的一种技法。这种开头法是借用我国传统戏曲的一种开头方式，亦适用于新闻评论的写作。此法开篇就是惊人之笔和突变性的情节，造成强烈的悬念，以吸引读者的注意力，具有醒目的特点。

新闻评论用这种开头方式可以先声夺人，或激发读者深思，或造成悬念引人入胜。在此类评论中，开头是矛盾冲突的焦结点，这就要求必须从新闻评论的情节需要出发，运用各种艺术手段，让读者明白事件的渐变性过程，将事件的前因后果交代清楚，决不能故弄玄虚。如以下案例：

> 读者诸君看到本期的《生活》时，最惨痛的"九一八"的国耻纪念日已到了目前，大家必都在痛心疾首，悲愤痛慨的空气中，尤其

是和帝国主义势不两立的劳苦大众。

邹韬奋：《做阴寿式的国耻纪念》（《生活》周刊1932年9月1日）

九、正楔式开头法

正楔式开头法是指以交代背景材料与人物关系开头的一种新闻评论技法。这种开头法是借用古代戏曲、小说开头的一种方法。在新闻评论写作中，在矛盾冲突尚未充分展开以前，对人物所处的时代背景和社会环境，以及主要人物之间的关系所作的交代或提示。

此法的新闻评论开头，一开笔便能吸引读者，引起读者的兴趣，符合新闻评论情节的自然发展。运用正楔开头法要注意"正楔"部分与正文展开部分要自然和谐，该用则用，绝不能死搬硬套、貌合神离。如以下案例：

> 响应以江泽民同志为核心的党中央号召，一个向孔繁森同志学习的热潮正在全党和全国兴起。
>
> 在学习中，许多同志思考着这样一些问题：孔繁森同志的先进事迹和崇高精神有什么普遍意义？在我们党内出现孔繁森同志这样的优秀党员、优秀领导干部说明了什么？孔繁森的时代意义是什么？等等。认真思考和探讨这些问题，对于深入持久地开展向孔繁森同志学习的活动是非常必要的、有益的。
>
> 考察一个先进典型的时代意义，离不开这个典型出现的时代背景。从国际上来看，冷战已经结束，世界正向多极化的方向演进，和平与发展成为当代世界的主流。但是，和平并不是风平浪静的和平，发展也不是互不相干的发展，国与国之间以经济实力和科技实力为基础的竞争、较量和角逐将是长期的、激烈的。要使我们中华民族在世界经济与科技的马拉松比赛中急起直追，跻身前列，一要有正确的路线、方针、政策，二要有大批忠诚地为党为国为民奋斗和奉献的领导骨干。孔繁森同志正是这种符合时代需要的我们党的领导骨干的优秀代表。从国内来说，我们所处的时代可以用三句话来表述：第一，处在建立了人民民主专政的社会主义新中国的历史新纪元第二，处在实行改革开放的历史新时期第三，处在发展社会主义市场经济的历史新阶段。
>
> 《论孔繁森的时代意义》（《人民日报》1995年6月2日）

十、奇楔式开头法

奇楔式开头法是指用象征、比喻等手法写作新闻评论开头的一种技法。此开头法要注意所用"楔"的材料，必须与新闻评论所表现的内容有本质上的内在一致性，不能风马牛不相及，否则会适得其反，使读者怀疑新闻评论的内容的真实性。

运用此法还要注意用作"楔"的内容或人物、事件要合乎常理常规常情，简明扼要，宁短勿滥，止于当止，不能荒诞离奇，展示出陌生、罕见的或有悖于生活和语言的常识和准则，使读者产生不伦不类、牵强附会的感觉。如以下案例：

> 春节庙会，元宵灯展，三月踏青，重九登高，熙熙攘攘，好不热闹。近几年，政治安定团结，经济蒸蒸日上，这些富有民族特色的群众性游乐活动也越来越多，着实令人高兴。
>
> 《春天的忠告》（《人民日报》）

十一、逆意式开头法

逆意式开头法是指用与新闻评论主体相反的内容作开篇的一种技法。此种开头法开始不是提出正面观点，而是将反面的事物或观点放在前面，故意将它渲染，然后再进行批驳。在这一正一反中，体现着正反两面事物的连贯性，一定是人与事的"自身"的比照。

在逆意作开头的新闻评论写作中，还要注意对比，服务于主题，切不可为了突出某一方面的意义而冲淡了主题。逆意其实是一种逆向思维，要遵守思维的逻辑关系，切忌夸大其词，要充分考虑到读者的阅读思维。如以下案例：

> 西瓜为我们上了一堂"流通"课。理顺流通，货畅其流，的确能给市民带来福气。随着市场放开，市民的这种"口福"、"脚福"、"眼福"着实越来越多了。可是，有种被称为"供不应求"的现象也时常困扰着人们。
>
> 张建星：《商品是天生的平等派》（1986年）

十二、引用式开头法

引用式开头法是一种在引论中打比喻，举出一个有喻义的事实或引用诗词、对话，以及时新材料、精美故事等作为新闻评论开头的技法。这种开头法包括引用诗词、歌赋、格言警句、语言对话等类别。以直接体现新闻评论内容和主题，然后以此发论。

　　写作新闻评论时不仅要注意引用的准确性，还要注意所引用语言、故事与新闻评论主要事实的相关性。没有内在的逻辑规律性，所引用语就成了无根的野草，也就不能引导读者接受评论的主题，使读者不能接受话语构建的新闻意蕴。如以下案例：

　　　　常听到这样的报道："某次会议为国家节约经费若干元"、"某项活动为国家节约开支若干元"……听得多了，不免产生一点疑问。

　　　　　　　　　　　　　　　　　　《不能令人信服的"节约"》

十三、细节式开头法

　　细节式开头法是指用关于新闻评论主题的细节作开头的一种技法。可以用人物的富有特色的动作，或是几句精彩的对话等，这种开头法能生动形象地表现新闻评论的主要内容或主题，使新闻评论达到活灵活现的阅读效果。

　　在写作中，应注意对所评论事件、人物或内容要经过认真细致的观察琢磨和推敲，所用细节要在精炼的基础上能够突出、深化主题或关联主要内容。要言简意赅，以一当十，不能牵丝攀藤，反之，会深害其义，达不到预期效果。如以下案例：

　　　　昌珠寺门外甜茶馆本色难辨的门帘上方挂着一方饱经风吹雨蚀的木匣。震耳的藏族传统小调和着现代摇滚的节奏从那里传出，音质略显嘶哑。

　　　　门前土路上匆匆而过的车辆留下满目尘烟。尘雾起处，身着蓝黄相间运动装的一双藏族少年骑着色泽同样艳丽的山地车追逐嬉戏。

　　　　如此反差乍看起来颇显怪异。但一个月来长途跋涉于"世界屋脊"的我对此早已见怪不怪。和四年前的西藏之行一样，我为青藏高原上摄人魂魄的蓝、白、黄所构成的强烈对比陶醉着。但真正令我惊讶的是遍及西藏城乡的新与旧的反差。

　　　　　　　　　　　　　　　　　　　　　　《变也西藏》

第二节 几种常用的结尾

一、含蓄式结尾法

含蓄式结尾法是指一种用精练的语言结束新闻评论内容的结尾技法。此结尾法含而不露，平中见奇，委婉含蓄地表示一种道理，给人留下了思考的广阔天地，耐人寻味，发人深省。语言含蓄使新闻评论意义深远，余味无穷。

不用十分明确的语句点出中心思想，而是在结尾留下意味深长的话让读者自己品味出作者要表达的意思，给读者留下一定的思考和想象的空间，可以让读者通过思考来理解新闻评论的中心，领会新闻评论的含义。如以下案例：

> 中国还有一部分知识分子和其他人等存有糊涂思想，对美国存有幻想，因此应当对他们进行说服、争取、教育和团结的工作，使他们站到人民方面来，不上帝国主义的当。但是整个美帝国主义在中国人民中的威信已经破产了，美国的白皮书，就是一部破产的记录。先进的人们，应当很好地利用白皮书对中国人民进行教育工作。
>
> 司徒雷登走了，白皮书来了，很好，很好。这两件事都值得庆祝的。
>
> 毛泽东：《别了，司徒雷登》（新华社1949年4月18日）

二、褒抑式结尾法

褒扬式结尾法是指一种在新闻评论结束时表明新闻评论内容中鲜明态度的结尾技法。此结尾法在新闻评论结束时点明和突出中心。在全文结尾处，或热情激励，或者辛辣讽刺，对所评论的事实或问题表明鲜明的态度。

此结尾法要注意不要流于形式，在新闻评论中也要有真情实感地亮出自己的立场，引导读者向新闻评论所表达的中心思想靠拢，用醒目的话语进行提醒式的备注，这样读者才容易被新闻评论的主题所感染。如以下案例：

> 话说回来，让无聊的敌机来肆扰吧！我们还是在割稻子，因为这是我们的第一等大事。食足了兵也足有了粮食，就能战斗，就能战斗到敌寇彻底失败的那一天！
>
> 《我们在割稻子》（《大公报》1941年8月19日）

三、叙述式结尾法

叙述式结尾法是指一种将新闻评论中的内容做因果式或事实交代的结尾技法。此种结尾法是对内容的叙述，应当顺应其条理和相关内容，为深化突出主题进行必要的交代。运用此法要考虑在结尾时，与上一段或正文部分的过渡照应。

运用此法还应注意结构的完整性，用此法的新闻评论在结尾处的叙述，要注意不要造成形式上的间隔性，否则会造成节外生枝、徒劳无功、弄巧成拙的效果，使读者误认为还在叙述事实，而没有结尾。如以下案例：

> 面对不公正的判决，84岁的东史郎老人已向东京最高法院提出上诉，最高法院将于今年9月26日开庭，再次审理东史郎案件。人们相信历史事实是永远抹杀不了的。
>
> 《历史事实 不容抹杀》

四、描写式结尾法

描写式结尾法是一种用生动形象的描写作新闻评论结尾的技法。用描写结尾法，要注意描写具有深化主题、结束情节作用的事件或人物，要调动多种描写方法，包括肖像、语言、行动、环境、心理、细节等多种描写方法。

此结尾式描写中，描写不一定单一进行，可以与叙述、议论、抒情夹杂在一起，也可以夹叙夹议，中间插以描写，但要注意结合的紧密性和连接的自然性，不能过分地去区别评论的方法，否则就失去了新闻评论的原本用意。如以下案例：

> 看来，台湾还像是苟安之局，不过，问题却出在另外一个地方。谁叫美国来了一个基辛格国务卿，把笔一挥，挥到"上海公报"上边。"上海公报"明明显示，美国和中国的一个行省，签了防卫条约，无论如何，说不过去。现在再来了一个"超级杜鲁门"的总统，他何时兴动起来，有谁能料。
>
> 东海扬波，惊涛拍岸！
>
> 《孤臣孽子之心》（香港《明报》1978年6月21）

五、议论式结尾法

议论式结尾法是用议论的方式作新闻评论的一种结尾技法。此结尾法，主要是对通篇主题的揭示与深化，要求作者必须在议论时注意与新闻评论内容的统一性，只能是理性的提升，不能作一般性的概括。

这种结尾的议论，一定是新闻评论中全部事实的终结，是作者或作者借他人之口阐发议论，使论点更加清晰明确，结构更加缜密。在归纳全文时，强化论点，不是简单地重复，而是有所发展和深化，使新闻评论达到水到渠成，顺理成章之效。如以下案例：

> 在生活中，有些人找对象就是因为"高不成低不就"而拖成了大龄青年。在横向经济联合中，只要从实际出发，充分发挥本地优势，能够取得好的经济效益，"高不成"，也可以"低就"。当不上"驸马"同样能够娶到一个"好媳妇"。
>
> 　　　　　　《当不上驸马不能不娶妻》（《视听界》1987年4期）

六、抒情式结尾法

抒情式结尾法是用抒情的方式作新闻评论结尾的一种技法。这种结尾法包括直抒作者情感、胸臆的直接抒情结尾法和借景物描写、夹叙夹议、借议论抒情的间接抒情结尾。其目的都是将作者的情感抒发出来，用以影响、感染读者。

此结尾法要注意抒情的真实性，注意抒情与主题、内容的相融性，用对某一人物或事物的感叹作结尾，把作者的独特情感、主观感受抒发出来，烘托事物，拓宽意境，使抒情结尾起到感染读者、启发激励读者的作用。如以下案例：

> 十亿国人，干什么的都有，怎样的资历都有，也因此怎么想问题的都有，怎么活着的都有。
>
> 倘是还像过去似的划一，则必是还像过去似的死气倘是彼此能够尊重，彼此能够理解，居庙堂之高不傲，处江湖之远不卑，则人人都去创造自己的价值，在公平竞争与光明竞争之中去奋斗，全社会亦必将得以迅速发展与进步！
>
> 只要是干事，只要是向上，请彼此理解吧！
>
> 理解万岁！
>
> 　　　　　　　　　　　　　　　《对于"理解万岁"的理解》

七、伸展式结尾法

伸展式结尾法是新闻事实进行报道时事件还在延伸发展事态的一种结尾技

法。此结尾法要语言简练、利落，具有精辟的特点，适用于事件性新闻和负面报道，有以观后事和待后续报道的态势。用此法写作新闻结尾，要特别注意把握好分寸。

新闻事件在发展延伸中，有不可预测性。新闻评论把握好分寸，能使受众在感受新闻事实的同时，对未来的新闻事件也产生关注。如此结尾的新闻，既报道了事件的进展情况，也为受众追踪事件的发展提供了期待的空间。一旦报道将话说绝对，就会对事态的发展不利，这样就会适得其反，使新闻失去可信度。如以下案例：

> 黎巴嫩的局势仍在捉摸不定地发展，叙利亚和黎巴嫩能不能协调立场？黎以协定会不会变成一纸毫无价值的空文？以色列和叙述亚会不会在贝卡地区发生新的战争？美国和苏联下一步将采取什么样的动作？观察家们正在等待着事态的发展来做回答。
>
> 《黎以协议和美苏在中东的新较量》（新华社1983年5月17日）

八、回味式结尾法

回味式结尾法是用具有感染力、引人思考、内涵丰富的内容结尾的一种技法。此结尾法在运用时要扣紧新闻事实，提炼重点，启发读者，深化主题。因为新闻是事实的报道，结尾不能离开主体中的事实，不能用空泛的议论"引人思考"。

结尾要对正文具有丰富内涵的内容进行凝练的概括，要有启发性，让读者思考。一篇新闻的结尾，要言尽意远，点化和深化主题，增强内涵，不能对主体内容重复或进行空谈说教，更不宜进行空泛议论。如以下案例：

> 从明天（8月9日）上午8时30分在中河路开始。本台在杭州市解放路和中河路交界处的丰乐桥设有登记站。前来参加义务救树活动的同志请到登记站登记，最好带上铁锹、水桶、绳子、锯子、剪刀等工具，并请自备开水。义务救树活动的时间紧迫，集中安排在最近两三天。中河救树活动现场，有杭州市园林管理局技术人员指导。
>
> 各位听众，扶一棵树，浇一桶水，都是对杭州城市绿化的贡献，欢迎您参加，谢谢。
>
> 《以实际行动报答大树的恩情》

九、总括式结尾法

总括式结尾是指一种将全文的线索串起来，总结全文点明主旨的新闻结尾技法。此结尾法需要对全文的思想进行精炼和明了的概括，点出整篇新闻评论的中心思想。这种结尾法能加深读者的印象，将全篇新闻的重点内容在结尾处加以强调，发人深省。

用此结尾法，还要注意的是内容要准确全面，突出主题，不仅要和正文部分相吻合，还要考虑到与主题的照应，使受众在阅读结尾时，能在简洁的总结中，领会到主题，更好地接受新闻事实和提炼新闻事实的内涵，给读者以归纳性的逻辑思维力量，使新闻评论余味无穷。如以下案例：

> 综上所述，欲治理服务修配行业的萎缩症，除了有关部门端正经营思想外，如何从政策上扶持便利群众生产的微利服务业，如何使服务业的管理体制更适合服务业扩大发展，都是值得深入探讨的。然而，所有这一切，最终也只有通过改革才能得到解决。
>
> 《服务行业萎缩症亟待治理》

十、启发式结尾法

启发式结尾法是一种在新闻评论结束时用具有启迪性的语言和内容来结尾的技法。此结尾法往往带有深刻的哲理，有言尽而意无穷之妙处。结尾处可以用设问式逐层推理，引出主题，也可以用反诘方式或正论加以肯定，还可用抒情、议论方式启发读者。

在写作中，要注意将结尾与正文进行内在的逻辑思考，不能脱离正文内容，单摆一套启发性结尾的语言，也不要把话说尽、说满，绝对化地肯定、否定并不是启发性，要给读者留空间，让受众自己去思考。如以下案例：

> 我们国家是礼仪之邦，有着讲求文明礼貌的优良传统，我们每个人都应当有点儿谦让精神和豁达的气度，遇事多说些在理儿的话，这样才能保证正常的工作和社会秩序，才能有利于社会主义精神文明建设以及改革和现代化事业的顺利进行。您说这话对吗？
>
> 听众朋友，以后遇到类似的事，请您说声"对不起"！
>
> 《请您说声"对不起"》

十一、点睛式结尾法

点睛式结尾法是在新闻评论结尾时，用一两句精确的话语点明新闻评论中心或主题的结尾技法。使用此法在结尾处与开头或正文部分的内容相照应，或在结尾时点化开头或正文部分。用此技法可以将全文思想的凝聚点点出来，加深评论的主旨，也可以叫"篇末点题"。

点睛式结尾法在写作中要注意，所点之"睛"必须是新闻评论的重要、主要的内容或突出与深化主题之内容。在语言上，点到为止，必须简练、扼要，起锦上添花、画龙点睛之妙用，不宜拖沓。如以下案例：

> 记住吧！教师之德，在于培养出超过自己的学生。这难道不是当前教育体制改革中的一件十分重要之事吗？
>
> 《"苏步青效应"》（《光明日报》1985年9月22日）

十二、推论式结尾法

推论式结尾法是一种用推理论证的方式作新闻结尾的技法。推论式结尾按着逻辑学方法包括归纳推理方式、演绎推理方式和类比推理方式等。论证的方式有例证、引证、排比论证、因果论证、援引论证、反驳论点论证、反驳论据论证等。

用此结尾法要注意，不论用哪种论证方式，都要用事实说话，在推论时以新闻事实为主、为准，严格遵守逻辑学的基本规律和方法，这样读者在阅读时才能根据新闻评论的主体思想按照顺序往下读，使读者易于接受新闻评论的评论内容。如以下案例：

> 我们常说，儿童是祖国的花朵。是花朵，就需要肥沃的土壤、充足的阳光和雨露，否则，就会枯萎。要使今天的少年儿童成长为祖国未来的栋梁之材，就需要有良好的教育。且不敢企望把现在破漏的"茅屋"都变为高级"广厦"，倘能从各方面想点办法，使"寒童"们能够"风雨不动安如山"地专心读书学习，就功德无量了。
>
> 《"寒童"的呼唤》

第三节 几种常用的过渡

一、结构式过渡法

结构式过渡法是在新闻评论内容中用过渡方式使前种意思引出后种意思，让二者衔接起来，让人不感到中间有间断的一种过渡技法。此过渡法通常出现在新闻评论中一层意思的叙述转入到另一层意思时的转折处，使评论中叙述表达不同层次意思的段落自然地联结起来。

此过渡法一般设置在新闻评论结构的起止处，如总和分衔接点或是在表达方式的变换处，也可位于叙述方式的转化区，如插叙、分叙、倒叙等。结构性过渡部分可以是一个过渡段，几句衔接的话，如果意思的转折不大，则可用关联词。

由于结构式过渡连接的是两个内容上有一定独立性的段落、层次，所衔接的两个段落之间的关系是对比，还是顺承或是其他，都由过渡部分的用词决定。此过渡法在衔接两个层次段落时，也要与整篇作品的主题、风格融合，与全文结为一体。这样，读者才不会感到突兀。如以下案例：

> 香港回归，百年盛事，普天同庆，举国欢腾。在1300多万平方公里国土上，热血沸腾的中国人民，以千歌万曲、千言万语表达着自己欢乐、自豪、振奋的感情。
>
> 在欢庆香港回归的时候，我们决不能忘记，为了这一天，中国人民走过的不平凡的道路：——为了这一天，无数中华民族的英雄儿女御外侮、争主权，前赴后继，同殖民统治进行不屈不挠的斗争，充分显示了维护民族尊严和国家主权不可动摇的信念，表现出崇高的爱国主义情怀。但是，由于当时的祖国积弱积贫，由于当时的政府腐败无能，斗争是壮烈的，结局是悲哀的。一代又一代仁人志士斗志难酬。
>
> 《中国民族的百年盛事——热烈庆祝香港回归祖》

二、叙述式过渡法

叙述式过渡法是指用叙述性文字在段落或章节间过渡使上下文衔接自然的一种技法。此过渡法的表达方式只能是叙述，它的特征是简单直接明了，传达的信息中一般包含着下文展开所必需的背景条件或是一两句提纲挈领式的评语，可使读者了解它所要过渡到的内容。此过渡法出于全文的需要，有时过渡部分可能只是一处细节或一句话。这样的叙述式过渡可以令全文增色，有时甚至是全文叙述中心的转移点。这时需要对词语进行精挑细选和反复推敲，以抓住读者的阅读心理。如以下案例：

> "随着现代经济的发展和社会文明的不断进步，如何搞好新形势下的家庭伦理道德建设，更好地促进社会主义精神文明，促进社会的稳定发展，已成为摆在我们面前的重要课题。"这是全国妇联最近组织全国30个省区市妇联，对家庭伦理道德建设经过深入调查以后，向我们提出的一个重要问题。

加强家庭伦理道德建设，首先是我国社会变革的需要。目前，我国正处于由传统社会向现代社会的转型时期，家庭是社会的组织形式之一，社会的转型，必然要求家庭也随之进行转型，实现由传统家庭向现代家庭的嬗变，以便与社会的发展相适应，否则便要落后于时代，与社会的发展脱节。同时，我们还要看到，家庭的转型与嬗变，并不是自然完成的，而是充满着新与旧、传统与现代、民族特色与外来文化等观念的激烈碰撞与斗争，只有用积极的观念克服各种消极观念的影响，家庭的转型才能实现。所以，现在提出加强家庭伦理道德建设，既是社会发展对家庭的必然要求，又是家庭自身的逻辑发展，必须引起我们的高度重视。

《编织家庭幸福的纽带——一论家庭伦理道德建设》

三、细节式过渡法

细节式过渡法是以一个细节式的叙事材料完成新闻评论结构过渡的写作技法。在以过渡式表现主题的材料中，典型、新颖的材料是构成新闻评论的主体，还包括起穿针引线桥梁作用的次要材料。新闻评论内容要主次分明，才显得饱满、疏密协调。因此，细节过渡法也是一种软过渡法。

新闻评论是由诸多细节展开对新闻主体评论的论述。细节材料可能只是一件物品、一句话或是一个微小的动作，它并非新闻评论所要讲述的重点，但却不可忽略。作者要善于把握这些材料，进行深入开掘，从而达到引出新闻评论主体的目的。

此过渡法要求有敏锐的观察力和感受能力。运用时要注意生动自然，要从作者的真实感受出发去连接过渡。新闻评论要一张一弛，透过细节过渡，看到作品里精致、丰富的主体部分。切不可将不相关的言行物件作为过渡的媒介，这样会让读者缺乏真实感情的印象。如以下案例：

5月15日，中国人民银行发出公告，从即日起，储蓄利率普遍上调。好消息使这几日各储蓄点储户盈门。

然而，不少储户们未必心情舒畅，他们急匆匆赶来，并非单是为了存钱。他们要干的是，揣着户口本和身份证，到柜台上，把自己的定期存款取出来，然后，重新再原封不动地把钱存回去。

在东城、西城、海淀的不少储蓄所里，记者看到的都是相同的场面。储户们一边排队等待，一边不停地抱怨。甚至连储蓄所里的营业员们，都把他们正忙着的事，叫做——"倒腾"。

事实上，对绝大多数3月1日以来开户的定期存款储户来说，不"倒腾"不行！

《利率调整牵人心》

四、说明式过渡法

说明式过渡法是一种以渲染气氛或说明情况的评论内容作过渡的写作技法。此过渡法是为了渲染突出主题而服务，说明过渡部分一般是对关系到新闻评论主体部分的各种因素进行预先的解释或交代，说明过渡部分对人物心情的渲染，性格的衬托都起到了重要作用。

不同的说明式过渡，所引出的故事情节、人物情绪可能色彩完全不同。只有擅用说明过渡法，才能使人物形象更加丰富饱满，也具有可读性。比较有针对性的说明过渡，多出现在抒情、议论性文字的前面，对所要议论、抒情的事物进行解释说明。

这类交代说明的过渡式材料要简单精致，不宜过长，要集信息性、趣味性于一体，这样才能为接下来的抒情议论打好基础，不至于使抒情、议论变成毫无感染力的文字，让读者了解议论抒情的起点。如以下案例：

近几年来，我国出版了长篇小说500多部，数量是不算少的。然而，这些作品在读者中的反响却很小。

据本市南京东路新华书店统计，该店长篇小说库存已达650000册，仓库容纳不下，又堆满了会议室，总金额为10万元，占整个书店资金积压总数的1/3，严重影响资金的流动。书店叫苦不迭，视这些长篇小说为包袱，拟削价出售，但是否有人买，仍然是个问号。笔者查看了一部分库存长篇小说的卡片，有不少书经销了两三年后，竟连进货的半数还没卖掉。这家本市屈指可数的大书店，对不少新出版的当代长篇小说，现在只敢订购100册，简直少得可怜。而在少得可怜的买主中大多是单位，个人很少问津。

长篇小说在图书馆的命运又如何呢？笔者来到市图书馆外借处，只见一排排崭新的长篇小说躺在书架上，包括几部得奖的长篇，显然处境不佳。笔者随手从书架上抽看了几本，发现有些新出版的，一次也没被人借阅过。同样是长篇小说，一些外国当代和中国古典名著，却仍然吸引着读者。管理人员指着一捆捆包扎起来的长篇小说，不无遗憾地说，这些书长期受人冷落，只能束之高阁。

当然，长篇小说在读者中"失宠"，原因是复杂多样的，以笔者之管见，或许有以下几点：

一、现在有些长篇小说粗制滥造，质量不高，缺乏新意。加之前一段受到武侠小说泛滥的冲击，更是每况愈下，造成一度"非武侠不买"的局面。其实，"长篇"的冷落和"武侠"的热门，是互为因果的。

二、随着社会生活节奏的加快，人们整段的闲暇时间相应减少，没有精力和兴趣去读那些不够精彩的"长篇"。丰富的电视节目现已成为人们娱乐的主要内容。就文学作品而言，人们对中短篇更有兴趣。这在无形之中也是对长篇小说的一种新的挑战，对长篇小说提出了更高的要求。

三、文学评论工作不够活跃，不少新书出版了，读者还不知道。现在纯文学的作品和者甚寡，这里既有读者的文化素质问题，同时和文学评论缺少必要的指导也有关。

长篇小说向何处去？这个问题值得文学界重视，出路或许就在重视之中。

王晓鸥：《长篇小说何处去》（《解放日报》1985年10月19日 ）

五、设问式过渡法

设问式过渡法是指一种以设问的形式在新闻评论的段落或章节间直接过渡的写作技法。此过渡法在交代了一定的情节、背景后，以设问的表达方式开启对主题的论述，可以是简单的设问句，或是成段的过渡段，具有承上启下的衔接作用。

这种过渡法要因"答"而设"问"，而回答通常就是新闻评论的主题思想或中心内容。设问式过渡将读者直接引入作品主题，有了设问性过渡，读者可以循着问题的线索轻易地找到新闻评论的主题，对新闻评论的主题也就有了更清晰明确的了解。

在设问句过渡中，要求对新闻主题有清晰的把握，设问句所提出的问题需要一定的现实材料作依据，这样才能使读者在接受这一问题时有一定的认识基础。从而大大加强读者的参与性，保证了新闻评论思想被读者所接受的高效率。如以下案例：

"黄牌"，自从沈阳市首次把它从足球场引入经济领域之后，一些长期亏损企业的厂长们为之冒了一身冷汗，人们战战兢兢地躲着它，生怕"黄"祸临头。谁知过了一年半载，情况竟发生了戏剧性的变化：沈阳市原来一些怕"黄牌"的企业，现在却三番五次地到有关部门争"黄牌",有的厂长甚至到市有关部门领导同志的家里说小话。争到手的,暗自庆幸,没争到的,反倒愁起来。

既然"黄牌"是不祥之兆,为什么还争着要呢?难道他们都想破产吗?记者带着这个疑问,来到沈阳市一家集体企业。该厂厂长对记者说:"不错,我们是想争个'黄牌'戴,以前的厂领导也为这个事跑了好几趟,但我们争'黄牌'可不是想破产,而是想得到'黄牌'企业的优惠政策。"记者问:"都有什么优惠?"他掰着手指说出好几条:"一、可以得到低息贷款二、可以免缴营业税、所得税、产品增值税和能源交通税三、可以暂缓偿还外债四、可以得到社会各方面的无偿技术服务。"这位厂长说:"我们也知道挂'黄牌'脸上发热,可一想到这些实惠太馋人,企业困难又这么大,也就顾不得那么多了!"

据沈阳市有关部门透露,全市像这样的企业不止一个,而是十几个。这些企业有一个带共性的问题:技术力量、设备条件还可以,但由于管理混乱,连年亏损,债台高筑,资金紧张,眼下日子很不好过,可他们明白,自己得的不是要命的病,当几天"难民",输点"血",日子还混得下去。于是,这些企业并不想通过改革获得新的生命,而希望靠"黄牌"吃几天饱饭,渡渡难关。

在工业企业中试行破产倒闭制度,无疑是经济体制改革中一个较高层次的探索,它获得了成功,但还需要完善。亮"黄牌"的目的,是给那些处于困境中的企业敲个警钟:企业吃企业"大锅饭"、企业吃国家"大锅饭"的日子过不成了!再不奋起,还有"红牌"在前面等着。在某些方面,上级主管部门给企业一些扶持也是必要的但最好的扶持是帮助企业深化改革、挖掘潜力。如果一边亮着"黄牌",一边用让利免税的办法去救这些企业,这就无异于用"大锅饭"救"大锅饭",从而失去了这项改革的真正意义。其实,这些企业经营不善的根本原因是在他们自己,如果不解决这个根本问题,企业照样摆脱不了困境。

侯恩贵:《他们为何争"黄牌"?》
(《辽宁日报》1987年5月12日)

六、排比式过渡法

排比式过渡法是指在新闻评论各层或各段的起始或结尾处用排比句,构成层次或段落间的排比以提出本层本段的内容一种过渡技法。用此过渡法写新闻要与评论主题密切相关，通过排比句渐近渐深，指引到主题。

用排比式过渡法写新闻评论可以自然地由此一部分过渡到彼一部分。要依据不同的新闻评论风格选择不同的修辞手段，排比句的内容要有贯通性，符合表述目的。排比句式可以是连续的议论、连续的记叙，也可以是连续的设问等。如以下案例：

看了《徐永山和他的拖拉机》这篇报道，使人十分高兴。

油是最宝贵的能源。现在，全国的农业动力机械已经有了一亿八千万马力，其中一亿三千万是用油的。农业生产一年要用八百多万吨柴油，是消耗柴油最多的一个部门。

按规定，耕一亩地用的油，不能超过零点八公斤。不少机车超过了一公斤，而徐永山只用零点六五公斤。

按规定，耕一亩地，机车的修理费不能超过一角五分钱，而徐永山只要一分一厘。按规定，耕一亩地，作业成本不能超过八角钱，有的地方超过了一元，而徐永山只要四角三分五。

按规定，拖拉机工作量达到五万亩就得大修，大修一次得花三四千元，而徐永山的拖拉机工作量已达十一万七千亩，还不用大修，机车保持了良好的技术状态。所有这些，没有高度的社会主义觉悟和技术水平，是根本办不到的。

高消耗不可能有高速度。搞四化必须精打细算，努力降低消耗，增加收入，这是搞四化最实际的行动。

榜样的力量是无穷的。我们该不该学习徐永山？大家都该认真想一想：

假如都像徐永山，一台拖拉机一年节省柴油一吨半，单是六十万台大中型拖拉机，一年就可以节省九十万吨柴油。

假如都像徐永山，一台拖拉机一年节省修理费一千五百元，全国就是九亿多元。假如都像徐永山，一台拖拉机一年少开支费用2800元，全国就可以为农民节省二十多亿元。

假如都像徐永山，十年如一日，精心保养操作，全国200多万台拖拉机，就可以一台顶一台，甚至顶两台用。

假如我们不能把高消耗压下来，不讲经济核算，不讲经济效果，那四化就没有希望。假如都像徐永山，实现四个现代化就大有希望，时间也可以大大提前。

《假如都像徐永山》（《中国农民报》1980年4月20日）

七、标明式过渡法

标明式过渡法是指在新闻评论结束时用总结性的词语标明下边是新闻评论的结尾,使之能够自然结束的一种过渡技法。通常用的一些词语比如"总而言之"、"综上所述"、"总之"等。它们在新闻评论的主体部分完成后出现,表明新闻评论开始结尾并即将结束。

此过渡法过渡明显、容易判断,用特定的词语,向读者发出结束信息,使用时要注意依据上下文选择恰当有力的词语,起到承上启下的作用,使读者将精力集中于新闻评论最后的总结部分,让读者能感到评论自然流畅。如以下案例:

> 它还严重影响到社会治安。为了筹措大笔结婚费用,个别人去赌博碰运气,或贪污盗窃,甚至陡起歹心,铤而走险,抢劫行凶,落入法网。结果婚事未郎当锒入狱,这样的事例已发生多起。
>
> 由此可见,婚事奢办确实已成为"社会公害",它腐蚀思想,败坏风气,切不可等闲视之。
>
> 反对婚事奢办这一"社会公害",需要全社会关注,大家动手。目前,已有越来越多的青年和家长认识到婚事奢办的危害,要求治理这个"社会公害"的呼声也日益强烈。不过,也有相当一些同志面对"公害","心则非之,身则受之",踌躇犹豫,无可奈何。
>
> 《大家都来反对婚事奢办》(《解放日报》1981年12月11日)

八、顺序式过渡法

顺序式过渡法是指在分条写作的新闻评论中利用序数词等类似词汇作为条目标志的一种过渡技法。在应用此过渡法的评论中,条与条之间通常存在着一定联系。这时可运用序数词或"首先"、"其次"等词汇将事物并列的各方面进行合理的排列、划分。

此过渡法需要对所要阐述的事物的各个层面有明晰、透彻的认识。将要用序数词标明的各条之间进行先说和后说的区分,这样写出的新闻评论自然思路清晰,中心突出,使读者按照由主而次、由易到难等方式科学地吸收消化新闻评论的内容。

作者对新闻评论的内在层次进行划分时,要求新闻评论的各个部分既存在着客观联系,又能够彼此独立,各有侧重。借助序数词将松散的层次联系在一起,但仍要为一个中心服务,使各部分有机地结合为一个整体,又显得条理清晰。如以下案例:

用生产力的标准衡量人，并不是一句抽象的口号，它有着具体实在的内容。

首先，生产力是社会的生产力，虽然它要体现在每个生产单位的生产水平上，但考察一个单位的生产情况、经济效益，必须与全社会的生产发展和经济效益相一致。在局部与整体的关系上要做到一盘棋。本单位的发展要有利于全社会的发展，本单位的经济效益要有利于全社会的经济效益，对本单位有利，而对全社会无利或有害（如计划外挤计划内，非重点挤重点之类），则谈不上有利于生产力的发展。

其次，是否发展了生产力还要做到短期行为与效益同长期行为与效益相一致，眼前与长远要结合来考察，如果拼设备，拼体力，寅吃卯粮，竭泽而渔，断送后劲，即使从一段时间来看生产搞得火红，这也谈不上是有利于生产力的发展。

再次，发展生产力也还有个客观成果与主观方法的统一。在发展生产力的过程中，路子正不正，方法对不对头，对于能否真正有利于生产力的发展关系极大。我们提倡科学的方法，正当的路子，尊重经济规律，尊重国家法令，特别是要两个文明一起抓，着重从社会主义觉悟和劳动技能上提高劳动者的素质，调动广大群众的社会主义劳动积极性。如果路子搞歪了，像步鑫生后来那样，生产是搞不上去的，即使一时奏效，产值、利润倒也可观，怕也不能认为这是有利于生产力的发展的。

《用生产力标准衡量改革中有争议的人物》

九、提示式过渡法

提示式过渡法是指一种在一个层次或段落的结束处写上一两句对下文有提示作用的话作为过渡的技法。此过渡法要求这些语句不仅要自然地完成上下文的过渡，而且要展开对下文内容的提示作用。

此过渡法除了符合这一层次论述的主题，是本层次的自然延伸外，还要对下文所要展开的主题有明确的引导性，提示式过渡语句可以是陈述举例，也可以提出问题，这样就会造成它与下文内容联系紧密。

此过渡法要求对全文的脉络有清晰的把握，在联系上下文的基础上还要注意语言的简明扼要，使新闻评论不会显得过于冗长，这样读者才能抓住阅读重点，把握下文的基本内容，使作品达到层层深入的效果。如以下案例：

但是，令人惋惜的是还有某些人不把这个巨大的力量放在眼里。

他们还是随意站在市场上，作出各种各样的规定，发出各种体现个别部门不合实际的意志和命令。一个带着商品进入市场的农民，如果受不到法律的保护，他就会变成任人宰割的对象。我在各地采访，听到农民最强烈的声音，就是要求法律保护的呼声。一位致富的农民，无法挡住几十只手向他的钱袋伸来，不少乡镇企业，成了当地政府可以随时支配的小金库。一个村镇上的小业主甚至宣布他的东西都姓"社"。谁想拿就拿。这是多么令人吃惊的现象！

当然，这是少数现象，我们看到多数农民具有博大宽广的胸怀，不是昨天的小生产者所能比拟的。

无锡市郊有个年轻的农民企业家，叫许福民。他领导400名农民，打破太湖只准保护不许开发的规定，在太湖滩涂上，用补偿贸易的办法，建成一个每年向市民提供三四百万斤产品的养殖场，创造出养殖业的高额生产率。

《第二个高度》

十、句子式过渡法

句子式过渡法是指一种用承前启后的句子将新闻评论中上下两个层次的不同内容连接起来的新闻写作技法。此过渡法要使两段相异的内容衔接顺畅、自然，使读者看到新闻评论时感到主题鲜明、重点突出。

此过渡法一般在背景段的开头，可以引用俗语、典故、成语等引语式过渡连接上下文内容，也可以用"以前"、"过去"等词将两段相反或相异的内容连接起来，从而使两段内容连贯畅通，使新闻评论更易于被读者接受。

运用此过渡法要注意选用简洁明了、恰当贴切的过渡句，自然流畅地把两段相异的内容衔接起来。因此，过渡句要使整个新闻评论生动有力就要在语言上注意简洁准确，不宜太长，以免详略失当，重点难辨。如以下案例：

还是先从我自己的感受说起吧。在湖南的岳阳市，一对夫妻领着三个孩子招摇过市，这是当地人见怪不怪的日常一景，只是让我们显得有点少见多怪了。在湖北的洪湖市，我到一所高中去采访，顺便问了一下初中、小学的开学情况，在场的高中生都能说得清清楚楚，因为他们家差不多都有三个孩子，弟弟妹妹是否开学了，他们还不了解吗？

我的感受是真是假，可以用最近出现的新闻人物来做个旁证。那个在湖北省嘉鱼县大水中抱住大树9个小时、最后被解放军救了出来的小姑娘江姗，现在她和一个姐姐被安排到北京上学去了，在洪水中她失去了一个姐姐、两个弟弟，就是说，原先家里一共5个孩子。那个在电视上两次亮相的湖北省公安县的女考生陈凤，已被某大学录取，然后又免收了学费，她感激地说：“幸亏这么多好心人帮助我！不然我家里还有弟弟、妹妹，真没钱上学了。”她没说清楚家里到底几个孩子，至少也是三个了。那张风靡全国的赈灾照片《母女重逢》，其背景材料是：嘉鱼县的妇女段德莲，领着一儿两女（都不到10岁）去躲洪水，失散之后又在此重逢了。9月10日的某报头版头条，用“三兄妹同题金榜”、“两姐妹峰回路转”之类题目，报道了灾区里各方人士资助特困生上学的事，超生之多，生育之密，已经属于不打自招、不知羞耻了。这家报纸的“编者按”热情洋溢地说：“这使他们深深地感受到了社会主义大家庭的温暖”，是这个“大家庭”叫你生这么多孩子吗？你把孩子生出来，当然就有责任让他过上好日子。家里那么多孩子，一口饭要好几个人分，好日子何时能光临到你的头上！相反，你这还耽误了别人的好日子，全国人民的好日子。

《另一种溃堤》（1998年9月）

十一、段落式过渡法

段落式过渡法是指用段落过渡和衔接上下两层新闻评论内容的新闻写作技法。

此过渡法可以使两段相关、相异或相反的内容自然地衔接起来，既总结前面内容，又开启下文的叙述。运用过渡段可以使新闻评论连贯，读起来一气呵成。

运用段落式过渡法在层次间过渡时，要简明扼要地概括新闻事实的主要内容，要将过渡段写得贴切、准确、精炼，使两部分内容结合得更加自然紧密，同时，既要将上文结合进去，又要将下文内容引发出来，从而使整篇内容自然、和谐。如以下案例：

> 北京市今年有两件工作是颇有新意的：
>
> 一是大抓节约用水。不仅仅见诸行动，而且在报上大讲水源危机，一个夏天没断。几场大雨之后，报纸马上如实报告城、郊区降雨量和水库蓄水量，并说明库区上游降水不多，危机未缓，继续大讲水源危机。而且说，如果不节约用水，北京市将面临生活用水管制。
>
> 二是永定河上修了一座大桥，过往车辆一律收过桥费，一时间汽车司机怨声四起。于是报纸又开始讲话了，讲建这座桥花了上千万

元，国家没有这笔投资，市政府怎样筹了钱。收过桥费一年可收多少，收了以后还要派什么用场，不收费前景是桥坏了没钱修，过往车辆还得在这儿卡脖子。后来人们气消了，主动一次多买几张过桥票，以备后用。

这两件事看起来简单，却提出一个问题：要不要把困难和危机如实告诉人民。

我们的事业不是一帆风顺的，困难多得很。在困难的时候，过去我们习惯于讲成绩，讲光明，认为这样可以提高我们战胜困难的勇气而比较讳言困难，更讳言危机。实际上这样是不行的。困难和危机是客观存在，并取决于我们讲不讲，而且困难还要靠人民共同去战胜，如果又要人民去战胜，又不讲我们要战胜的困难有多大，就如同要率军出征，却讳言敌人的实力一样。这样怎么能使人们有充分的准备和足够的勇气呢？

《不要讳言困难和危机》（《中国青年报》1986年11月14日）

十二、标题式过渡法

标题式过渡法是在新闻评论各个相对独立又彼此联系的内容前面冠以小标题，以联结整体的过渡技法。一般说来，篇幅较长或内容较多较复杂的新闻评论运用此过渡法，此过渡法要将新闻评论按段落意思进行层次划分，要求作者对新闻评论的内在层次有准确的把握。

此过渡法用小标题过渡，通常是一个短语或一句话，概括了所要过渡部分的主要内容，能很好地显示出新闻评论的层次性和阶段性，保证评论叙述脉络的清晰性和结构的完整性，使整篇新闻评论的文风流畅。

使用此过渡法加小标题时也是对各个部分重新组合排列，要将具有单一层面、相对独立的各部分章节系统地联系起来，更好地诠释主题。这通常需要根据主题的性质，选择相应的逻辑顺序进行，帮助读者更好地接纳新闻评论的主题内容。如以下案例：

毛泽东思想是马克思列宁主义普遍真理与革命具体实践相结合的产物。毛主席的革命路线与"左"、右倾机会主义路线进行了长期的斗争。在一个时期内，毛主席的革命路线没有占主导地位。长期的革命斗争，成功的经验和失败的教训，从正反两个方面证明毛主席的革命路线是正确的，而"左"、右倾机会主义路线是错误的。标准是什么呢？只有一个：就是千百万人民的社会实践。

理论与实践的统一，是马克思主义的一个最基本的原则

有的同志担心，坚持实践是检验真理的惟一标准，会削弱理论的意义。这种担心是多余的。凡是科学的理论，都不会害怕实践的检验。相反，只有坚持实践是检验真理的惟一标准，才能够使伪科学、伪理论现出原形，从而捍卫真正的科学与理论。这一点，对于澄清被"四人帮"搞得非常混乱的理论问题，具有特别重要的意义。

"四人帮"出于篡党夺权的反革命需要，鼓吹种种唯心论的先验论，反对实践是检验真理的标准。例如，他们炮制"天才论"，捏造文艺、教育等各条战线的"黑线专政"论，伪造老干部是民主派、民主派必然变成走资派的"规律"，胡诌社会主义生产关系"是产生新的资产阶级分子的经济基础"的谬论，虚构儒法斗争继续到现在的无稽之谈，等等。所有这些，都曾经被奉为神圣不可侵犯的所谓"理论"，谁反对，就会被扣上反对马列主义、反对毛泽东思想的大帽子。但是，这些五花八门的谬论，根本经不起革命实践的检验，它们连同"四人帮"另立的"真理标准"，一个个都像肥皂泡那样很快破灭了。这个事实雄辩地说明，他们自吹自擂证明不了真理，大规模的宣传证明不了真理，强权证明不了真理。他们以马列主义、毛泽东思想的"权威"自居，实践证明他们是反马列主义，反毛泽东思想的政治骗子。

马列主义、毛泽东思想之所以有力量，正是由于它是经过实践检验了的客观真理，正是由于它高度概括了实践经验，使之上升为理论，并用来指导实践。正因为这样，我们要非常重视革命理论。列宁指出："没有革命的理论，就不会有革命的运动。"（《列宁选集》第1卷第241页）理论所以重要，就是在于它来源于实践，又能正确指导实践，而理论到底是不是正确地指导了实践以及怎样才能正确地指导实践，一点也离不开实践的检验。不掌握这个精神实质，那是不可能真正发挥理论的作用的。

有的同志说，我们批判修正主义，难道不是用马列主义、毛泽东思想去衡量，从而证明修正主义是错误的吗？我们说，是的，马列主义、毛泽东思想是我们批判修正主义的锐利武器，也是我们论证的根据。我们用马列主义、毛泽东思想的基本原理去批判修正主义，这些基本原则是马、恩、列、斯和毛主席从革命斗争的实践经验概括起来的，它们被长期的实践证明为不易之真理但同时我们用这些原理去批判修正主义，仍然一点也不能离开当前的（和过去的）实践，只有从

实践经验出发，才能使这些原理显示出巨大的生命力我们的批判只有结合大量的事实分析，才有说服力。不研究实践经验，不从实践经验出发，是不能最终驳倒修正主义的。

客观世界是不断发展的，实践是不断发展的。新事物新问题层出不穷，这就需要在马克思主义一般原理指导下研究新事物、新问题，不断作出新的概括，把理论推向前进。这些新的理论概括是否正确由什么来检验呢？只能用实践来检验。例如，列宁关于帝国主义时代个别国家或少数国家可以取得社会主义革命胜利的学说，是一个新的结论，这个结论正确不正确，不能用马克思主义关于资本主义的一般理论去检验，只有帝国主义时代的实践，第一次世界大战和十月革命的实践，才能证明列宁这个学说是真理。

客观世界是不断发展的，实践是不断发展的。新事物新问题层出不穷，这就需要在马克思主义一般原理指导下研究新事物、新问题，不断作出新的概括，把理论推向前进。这些新的理论概括是否正确由什么来检验呢？只能用实践来检验。例如，列宁关于帝国主义时代个别国家或少数国家可以取得社会主义革命胜利的学说，是一个新的结论，这个结论正确不正确，不能用马克思主义关于资本主义的一般理论去检验，只有帝国主义时代的实践，第一次世界大战和十月革命的实践，才能证明列宁这个学说是真理。

革命导师是坚持用实践检验真理的榜样

革命导师们不仅提出了实践是检验真理的惟一标准，而且亲自作出了用实践去检验一切理论包括自己所提出的理论的光辉榜样。马克思和恩格斯对待他们所共同创造的著名的马克思主义科学文献《共产党宣言》的态度，就是许多事例中的一个生动的例子。

《实践是检验真理的惟一标准》（《光明日报》）

十三、转话题过渡法

转话题过渡法是指在新闻写作中用转变话题的方式由一个意思过渡到另一个意思，使上下文内容得以自然衔接的过渡技法。此过渡法的话题可以通过疑问句、祈使句、一段话或通过议论来进行过渡。

此过渡法可以通过上文的陈述来提出与其相关的疑问句，通常是自问自答的设问句，在回答中，解释缘由，使话题引到作者的本义上来，而用祈使句过渡，一般是一句话自成一段，作者开门见山地提出观点。用议论过渡，往往是在陈述完事实后，引出作者的观点。

此过渡法，不仅能升华新闻评论的思想、挖掘出评论的深层次内涵，同时也使新闻评论具有形式美。此过渡法在运用中，一定要注意有的放矢，使新闻评论的主题明确，思想集中，不致出现秩序混乱、思维紊乱的状况。如以下案例：

> 由一岗定终身到多次再就业，是职工对市场经济最深切的感受，也是就业方式变化的最重要特征。再就业就是再选择。对劳动者来说，这首先是一种挑战，同时也意味着更多的机遇，意味着自身的解放。
>
> 然而，面对这一转变，从"零失业率"走过来的人们还没有做好心理的思想准备，因而在行动上难免表现出种种不适：
>
> 有的下岗职工被动等待"上级"安排再就业，而不肯到市场主动求职
>
> 有的下岗职工放不下国企身份的架子，宁可在家领失业救济，也不愿到其他经济成分的企业去端"泥饭碗"
>
> 有的下岗职工对再就业的条件开价很高，但自身劳动技能与市场需求却相距甚远……
>
> 《劳动者，该有怎样的就业观——二谈大力实施再就业工程》

十四、关联词过渡法

关联词过渡法是指在新闻评论中用表示假设、因果、转折、递进、并列等关联词语过渡上下层次之间评论内容的一种技法，关联词语包括"如果"、"因此"、"所以"、"总之""但是"、"却"、"虽然"、"相反"、"还有"、"同时"等。

这些词语在解释原因或者概括理由时起到不可替代的作用，使用关联词使新闻评论的思想完整、语言流畅读起来条理清楚。运用关联词语进行过渡要注意从新闻评论的实际情况出发，尊重新闻评论体裁，力求语义简洁精炼。如以下案例：

> 5月15日，中国人民银行发出公告，从即日起，储蓄利率普遍上调。好消息使这几日各储蓄点储户盈门。
>
> 然而，不少储户们未必心情舒畅，他们急匆匆赶来，并非单是为了存钱。他们要干的是，揣着户口本和身份证，到柜台上，把自己的定期存款取出来，然后，重新再原封不动地把钱存回去。
>
> 在东城、西城、海淀的不少储蓄所里，记者看到的都是相同的场

面。储户们一边排队等待，一边不停地抱怨。甚至连储蓄所里的营业员们，都把他们正忙着的事，叫做——"倒腾"。事实上，对绝大多数3月1日以来开户的定期存款储户来说，不"倒腾"不行！

因为按照今年3月1日出台的《储蓄管理条例》第四章第二十六条规定，"定期储蓄存款在存期内遇有利率调整，按存单开户挂牌公告的相应的定期储蓄存款利率计付利息"。故此，3月1日以来刚存入定期存款的储户宁肯受点累，也要着眼于自己的长远"效益"，除非他对提高了二三个百分点的利息不在乎。

但是，现在要取出定期存款，储户们还要继续"忍痛割爱"。《条例》第四章第二十四条规定："未到期的定期储蓄存款，全部提前支取的，按支取日挂牌公告的活期储蓄存款利率计付利息部分提前支取的，提前支取的部分按支取日挂牌公告的活期储蓄存款利率计付利息。"这么着，几个月的定期利息又变成了活期利息，"里外里白忙活"。

因此，许多储户都说，还是以前的"规矩"好。

《利率调整牵人心》

第四节 几种常用的标题

一、艺术式标题法

艺术式标题法是指为满足新闻读者的审美需求而艺术化制作标题的一种技法。此标题法是在保证新闻事实、内容以及所要表达思想的准确性和鲜明性的同时，生动形象地制作有深意的新闻标题，给人以启迪，这种标题法要求既有其思想性，又有艺术性。

此标题法，不论在内容上还是形式上都不流于形式，艺术地创造饶有情趣的标题，力求新颖别致、声情并茂，出奇制胜地吸引受众。有的新闻评论标题节奏鲜明、趣味盎然，读起来朗朗上口，有音韵之美。

案例①：《别了，司徒雷登》（新华社1949年4月18日）

案例②：《"一分钱"的分量》（《大众日报》1980年4月23日）

二、含蓄式标题法

含蓄式标题法是用含蓄的风格表达新闻标题内容的一种技法。此标题法要注意语言平实，引而不发，标题有意在启发性的言外含义。在制作标题时，根据内容和新闻读者审美的需求，在标题中用一个字或一个词点出重要的新闻思想。

用此标题法的标题有启发性，但话又不直接说出来，字面表达的意思之外要有更深刻、更新鲜的意境。因此，用此标题法的语言不宜过于直白，给人以鉴赏的方便之处，让新闻标题的内含引发新闻读者强烈的想象，从而诱导读者去思考、联想。

案例①：《平均数字的后面》（《张家口日报》1985年12月27日）

案例②：《滴血的斧头不是诗》（《杂文报》1993年12月14日）

三、对称式标题法

对称式标题法是指一种用形式整齐对称的一组两个短句组合标题的技法。此标题法中的对称是一种形式，在为内容服务的基础上，要具有针对性，要根据新闻的主题和内容，结合读者的审美心理体现对称美。

在制作新闻标题时，要以内容为中心，以艺术审美为宗旨，调动语法及各种修辞手段，为新闻受众制作出具有审美性和不拘一格的标题，使这篇新闻评论读起来朗朗上口。但是，用对称式标题法要注意不能为了形式整齐、字数相对而忽略新闻评论的真实性。

案例①：《中国的成功世界的奇迹》（新华社 1992年9月28日）

案例②：《发扬优良传统 保持红军本色》（《解放军报》1992年10月30日）

四、推敲式标题法

推敲式标题法是指一种在语言上仔细斟酌的制作标题技法。运用此标题法，要在深入理解新闻整体内容和主体思想，做到对主题融会贯通的基础上，把握推敲标题的语言。

此标题法在制作过程中可以使用更加适合语境，更能表达出这篇新闻评论中心的字或词。但是，使用此标题法要注意不能只是为了吸引人眼球，就不顾新闻内容上的真实性和思想性，更不能为了推敲而推敲、吹毛求疵，如果到了以辞害义的程度，就适得其反了。

案例①：《文明姓"文"》（《天津日报》1994年5月19日）

案例②：《扣扣"政绩"里的"水儿"》（吉林前郭广播电台1994年12月）

五、修辞式标题法

修辞式标题法是指一种运用语法中的修辞手段制作标题的技法。此标题法要求，不仅要明确新闻所要表达的内容和主题思想，而且要对各种语法修辞的规定性技巧熟练掌握和恰当运用，这样才能鲜明生动地表现出标题所反映的主题。

修辞法包括积极修辞法——辞格运用和消极修辞法——语法的运用。用比喻、夸张、对偶、排比、拟人、引用、象征、双关等修辞格，语句优美，吸引读者，可以生动形象地写出新闻评论的主体内容，表达评论的中心思想。

案例①：《日记何罪》（《人民日报》1979年8月4日）

案例②：《力不从心的世界警察》（中国国际广播电台1993年12月14日）

六、创新式标题法

创新式标题法是指一种在新闻评论内容和形式上有所突破和创新的标题制作技法。此类标题法要在切合新闻事实和突出主题的前提下，力求用突破常规的标题技法来更好地表现新闻评论的内容，形式主要也是以服务内容为主。

此类创新式标题法在突破创新形式上的技法有标点式和符号式等。突破创新表现手法上的技法有倒装句式、白描式、特写式等。在新闻评论中用此标题法的标题多具有新颖性和趣味性，这样能更好地引起读者的阅读兴趣。

案例①：《研究一下"冒犯学"——致大惑不解的贺斌》（《中国青年报》1989年4月14日）

案例②：《公仆的"牢骚"——从一副对联谈起》（《中国市容报》1987年6月11日）

七、叙述式标题法

叙述式标题法是指一种用叙述性的语言制作新闻评论标题的技法。此类标题法要求把新闻评论中最主要、最新鲜的事实直接写出来，读者在阅读正文前，就能对新闻评论的内容有个大体了解。

用此类标题法的新闻评论标题大多具有概括性与提炼性，主要以准确和朴素为特点，不要求过分修饰。它在语言和风格上无需多加描绘，便自然成题，这样能很好地体现出新闻评论的主要思想，也更容易吸引读者。

案例①：《从雄鸡过法到罐头进城》（《新华日报》1984年12月2日）

案例②：《让"海上孤儿"回到母亲怀抱——评解决台湾渔船被扣问题的途径》（福建人民广播电台1989年）

八、描写式标题法

描写式标题法是一种用简洁朴素且有特色的描写手法来制作新闻标题的技法。此类标题法要求紧扣中心主题，用精练的语言概括新闻评论的主要事实。用描写式标题法多形象入题，使读者有身临其境之感。

描写式标题法用最能表现主题、最有意义的特殊场面或最有趣的情节对新闻评论的主要内容作简洁而生动的描写。用此类标题法多要语言精湛，不需要过长的话语，就能形象地表现出新闻评论的主题思想，这样能给读者一个鲜明的印象。

案例①：《我们在割稻子》（《大公报》1941年8月19日）

案例②：《舍孔雀而取凤尾》（《新华日报》1990年10月9日）

九、议论式标题法

议论式标题法是指一种用议论的语气制作新闻标题的技法。运用此标题法要注意站在正确鲜明的立场上，提出符合事物客观发展规律，能反映事物本质属性和褒贬分明的观点，也就是说所议论的内容必须是准确的。

用此标题法要求必须对所要评论的事物要有深刻的分析与把握。新闻评论事实有时是一种现象，需要在标题里揭示事物的本质，要注意所评论的事物使人明辨是非，不能似是而非、模棱两可，这样会向评论读者发出误导信号。

案例①：《大好时光忙些啥？》（《人民日报》1985年5月30日）

案例②：《在堕胎问题上操之过急了》（《芝加哥论坛报》1985年7月26日）

十、抒情式标题法

抒情式标题法是指一种用抒情语言和抒情风格制作新闻标题的技法。此种标题制作法要注意用读者感兴趣的事例和事物，寓情于事理之中，抒发作者的感情，用情感打动读者，引起新闻评论与读者的共鸣，进而引发读者的联想。

用此标题法要注意有感而发的同时，还要注意抒情情致和格调的素雅性。要注意用积极向上的抒情方式，而不是作无病呻吟状。从而达到用感情激发理性思考的目的，使读者从新闻评论的标题上就能了解到新闻评论的中心思想。

案例①：《要振奋民族精神》（《安徽日报》1980年12月22日）

案例②：《祖国万岁——热烈庆祝中华人民共和国成立50周年》（《人民日报》1999年10月18日）

第十一章

不同体式的新闻评论

第一节 社 论

一、社论的概念

社论是代表报刊、通讯社、广播电台、电视台等媒体编辑部，针对当前重大事件或重大问题发表权威性的立场、观点、主张等言论。广播、电视媒体的社论称为"本台评论"。

二、社论的地位

1. 社论具有极强的政策性、高度指导性和针对性，是表明新闻媒体政治目的一面鲜明旗帜，通常直接表达同级党委和政府的思想观点和政治立场。

2. 社论是党和人民的重要喉舌。它不仅代表编辑部发言，而且集中体现了人民的利益和要求，直接表达党委、政府的观点和意图。

3. 社论内容多针对当前的重大事件、重大问题或重大节日和纪念活动，提出解决问题的指导思想和措施，指明任务和方向，表明报刊编辑部的立场、态度和意见。

4. 党的领导干部有亲自写作并审阅党报社论的传统，因为有的重要社论实际上会成党的重要文献。

5. 各报会强势处理社论的编排问题，如加框、变换大字号、排列在最显要的版序上等，在各新闻媒介对社论的转载或统一联播方面，也显示出其传播渠道的独特优势。

三、社论的要求

1. 社论要注意从受众关心的问题出发，把广大读者具有普遍兴趣或普遍关注的问题同广大读者本身相联系再加以阐释。因此，要经常调查，关心形势的变化和发展。

2. 社论要选择具备一定思想水平和理论色彩的论题，提炼出明确而尖锐的主题思想。在选择论题时还要注重从实际出发，体现出党的方针和政策。

3. 社论在语言上要求简洁准确、通俗易懂。要多用群众易于接受的口语化语言进行写作，比如俗语、谚语等。把抽象的道理或事物在具体的剖析、生动的阐释后讲得简洁明了。

如以下案例：

读书、看病、就业、种地、买房……这些都是百姓过日子实实在在的内容。2009年伊始，记者在采访中听到了百姓的一些"生计"之言，有对震区孩子全面发展的关注，有对个人发展的设计，有对解决"看病难"的建议，有对农民增产增收的期盼，有对房价降到可接受程度的预期等等，均体现出居家过日子的精打细算，更传递出对经济发展、社会进步的强烈信心。

2009年，我们带着更多的希望出发。

"我最大的希望就是孩子们能在学校锻炼身体。"四川平武县南坝镇高庄小学老师胡世龙在电话里对记者说，"汶川大地震后，高庄小学在有关政府部门的援助下恢复重建，目前200多名学生在板房里上课准备期末考试。"

胡世龙说，2008年10月，退伍军人戴忠金给他们学校捐了近3万元钱，给孩子们买了200多套课桌椅。买完课桌椅后，还剩下一点钱，胡世龙老师就买了一个乒乓球桌。"现在全校只有这一张乒乓球桌，其他的体育器材就没有了，而且我们这里大部分学生是住宿生，除了上课和睡觉，孩子们很少能进行体育锻炼。"胡世龙老师担忧地说。

不过，让胡世龙老师放心的是，新年伊始，温家宝总理在由新华社播发的署名这篇新闻评论里，明确指出"研究制定《国家中长期教育改革和发展规划纲要》，是本届政府必须着力做好的一件大事"。地震灾区学校的师生，看到了更多的希望。

"我的最大希望是回家乡传播'三农'政策"

"我要回到家乡把'三农'政策带给乡亲们。"中国传媒大学四年级学生周佳说，"2009年全国有600多万大学生毕业找工作，学新闻的学生不在少数，如果都扎在城市里工作肯定不好找。"

周佳来自河北一个偏僻的小村里。农忙的时候，父母在地里干一天的活非常劳累，根本没有精力看电视。即使农闲时有空了，村里也常常停电。而且，老家的人很少看新闻，一到晚上，周边县级的电视频道就开始放一些老掉牙的电视剧，不是武打剧，就是言情剧。"感觉和农村的生活非常遥远。"

"国家现在这么重视'三农'，如果农民们不了解国家的政策，中央的政策怎么能落到实处呢？我要回去向他们宣传党的'三农政策'。"

人力资源和社会保障部去年12月份推出的相关政策让周佳等一些立志到基层去的大学生感到温暖。在国务院新闻办的新闻发布会上，人力资源和社会保障部副部长张小建透露，人力资源和社会保障部正在按照国务院的要求，和有关部门共同研究制订大学生就业的指导意见和相关意见，准备从六个方面做好工作，其中一项便是"完善鼓励毕业生到基层、到企业、到边远地区就业的各项政策"。

"我的最大希望是更多的人能用上便宜的药"

"现在药价很高，到大医院看感冒至少要花上百元钱。"黑龙江中医药大学药学院教授孟锐说，"现在医院处于药品零售的垄断地位。目前我国80%的药品是通过医生开处方，由医院药房卖给患者的，而有的医院开药与医生的收入挂钩。于是医生就多开药，看病的人也不知道哪些药该吃，哪些药不该吃，一些不该花的钱就花掉了。而一些价格便宜，药效很好的药又没地方去买。"

"在2009年，我希望国家探索医药分离的道路，最大的希望是国家加快推进基本药物制度的建立。"孟锐说，国家基本药物制度从1997年就开始提出到现在还没有建立起来，而价格低廉疗效确切的药物应该是临床首选药物。

党的十七大报告明确指出，我国基本医疗卫生制度的框架由公共卫生服务体系、医疗服务体系、医疗保障体系、药品供应保障体系组成。其中"建立药品供应保障体系，重点是建立国家基本药物制度"，保证群众基本用药，大幅度减轻群众药物费用负担。

"把建立国家基本药物制度写进党代会报告里是以前从来没有过的事情，这说明党中央的高度重视。"孟锐说，在《关于深化医药卫生体制改革的意见》（征求意见稿）中，也谈到要加快国家基本药物制度的建立。

孟锐说："实际上，我们国家在基本药物制度的建立上是仅有目录，没有制度，实行国家基本药物制度才是解决药价高看病贵的有力措施。"随着2009年医药卫生体制改革的推进，孟锐的担心就会越来越少了。

"我的最大希望是农资价格不再上涨"

"现在每亩地一年纯收入是800元左右，2009年我希望农资的价格稳定。"河北饶阳县马庄村农民李兰给记者算了一笔账，这几年她家的土地高产，小麦亩产1000斤左右，按每斤8角2分卖掉，收入是820元。玉米亩产也在1000斤左右，每斤6角钱，大概收入在600元。而除去在地里施肥的钱350元、耕地的钱80元、农药款30元、付给收割机的钱45元、浇地电费45元等等，每亩地年收入在880元左右。

"2008年的花生根本卖不动，最好的棉花每斤才能卖到2元多钱。而每到种麦子的时候，化肥的价格就涨得厉害，去年一袋尿素最贵要100多元钱一袋。"李兰说，"国家给农民的优惠政策越来越多，农业税也免了，按理说种地收入应该提高了，但农资价格说涨就涨让人受不了。"

"国家扩大内需关键是要扩大农村的消费，农民手里有了钱才能消费，在2009年我们希望进一步提高农产品价格，农业生产稳定，这样才能真正做到粮食增产，农民增收。"国家发展和改革委员会社会发展研究所所长杨宜勇说。

"我的最大希望是房价能再降一些"

"我以前总接受不了贷款买房，觉得心里不踏实"，说起当初计划买房的事，在北京人民医院工作的刘宾直喊"后悔"。如今她和爱人、孩子住在单位一间宿舍里，连厨房、卫生间加在一起不到50平方米，"孩子每天写作业需要安静，我们走路都得踮着脚尖，生怕有动静。现在买房子更是买不起，太贵了。"

如今在北京、上海等一些大城市，像刘宾这样的人不在少数。由于房价的不断攀升，普通工薪一族买房子的计划只好一拖再拖。

广东省社会科学院消费与市场研究中心主任王强东认为，对大多数中低收入的城市居民来说，房子问题仍然是2009年的突出矛盾。虽然国家在住房政策上不断推出新政，比如减免契税等，但这些都不能根本解决人们的住房困难，"降低房价对老百姓来说可能更实惠些。"

......

大喜大悲的2008年过去了，2009年等待我们的将是更多的"好日子"。在国家致力改善民生的背景下，我们每个人都在向自己的希望走近。虽然"希望"是属于每一个人的，但实现"希望"却需要我们心手相连，需要我们共度时艰。

《听听百姓的"生计"之言》（新华社2009年1月5日）

四、社论的分类

美国学者莫特在他的《新闻学概论》中将社论分为十类：提供情报的社论、说明作用的社论、有解释作用的优级社论、争辩性的社论、督促行动的社论、突击任务的社论、说服性的社论、评价性的社论、宣布政策的社论和提供文娱的社论。

部分中国学者将社论大体分为五类：政治性社论、务虚性社论、务实性社论、时事性社论和论战性社论。

范荣康先生将社论分为社论、专论、代论、来论、编辑部新闻评论五大类。

下面着重介绍新闻专论和编辑部新闻评论两类。

●**新闻专论**

新闻专论是指新闻媒体请专家学者等权威人士在某一特定时期，针对社会上某种思潮、事件或某一专门的问题发表具有传播导向性的意见或看法的评论文体形式。因此，新闻专论要求说理性强、论据充分和说理论证严谨。

新闻专论具有指导性意义，它的特点主要是"专"。在提炼主题、选择内容时，都要根据党和政府方针政策、现实社会的一些热点、焦点问题进行。这就不仅要强调问题的专门性和专业化，而且强调评论人的权威性，须是专家、学者等。如以下案例：

> 苏步青教授是著名的数学家。他培养了我国一代年轻的学者，其中有的已经是世界知名的数学家。有一次，苏先生在接见自己的学生时说："人家都说'名师出高徒'，我看还是'高徒捧名师'。我自己并没有什么了不起的地方，倒是你们出名了，把我捧出了名。但是，我要说，有一点你们还没有超过我，那就是我培养了一代像你们这样出色的数学家，而你们还没有培养出超过自己的学生。"这是多么崇高的师道，又是多么深刻的哲理啊！苏先生的一席话，可用一句话概括，那就是"教师的天职——培养超过自己的学生"。我们不妨把能培养超过自己的学生的教育现象谓之"苏步青效应"。

> "苏步青效应"是现代科学和现代教育规律的集中体现。根据著名的D·普赖斯指数增长率，现代科学知识的增长，不是线性增长，也不是平方增长，而是以一种特殊的超越函数增长着。用通俗的语言说，那就是每过若干年，知识量就要翻一番。在这种历史条件下，任何一个领域、任何一个学科，如若要保持指数增长的势头，就必须有全新的学科（或领域）不断涌现，而全新的学科领域，又往往需要年轻的科学家或潜科学家去开拓。这样一来，现代科学就为现代教育提出一个生死攸关的问题，那就是如此众多的开拓性的科学人才从哪里来的问题。显然，它要求每一个科学家能培养出更多的超过自己的学生，去完成新兴学科的探索和研究。一个学派、一个国家，如果他们的科学家，只能"复制"与自己水平一样的科学人才，只会培养"离

开老师就不能走路"的学生，那么，这个学派（或国家）的科学能力，定然迅速地衰落下去。

历史上，几个学派的衰落便是佐证。玻尔是大物理学家，他培养了许多超过自己的学生，这些学生不但完成了他的科学研究纲领，而且还开辟了全新的领域，把量子论发展成为量子力学，形成世界知名的"哥本哈根学派"。玻尔死后，小玻尔虽然学着父亲的办法，精心地领导玻尔研究所的工作，但是，不久就衰落了。还有，"冯·卡门学派"亦是这样。冯·卡门虽然培养了众多的杰出科学家，形成技术科学领域名垂青史的"冯·卡门学派"。但是，卡门之后，这个学派同样衰落了。究其原因，都在于他们的继承者，不能发挥巨大的"苏步青效应"。

"卡汶迪什学派"则不然。它创立至今，几经繁衍，经久不衰，究其原因亦正在于它的几代领导人（如汤姆逊、卢瑟福、布拉格等）都有科学的精神，都能产生巨大的"苏步青效应"。其中布拉格教授最为典型。1937年，当他接任卡汶迪什实验室主任时，核物理的人才都流向美国去了，留给他的是一个烂摊子。是在核物理领域"修补老例"，还是"另辟蹊径"呢？布拉格胸有成竹地对记者说："我们已经教会全世界如何搞核物理了，现在，我们应该教他们搞点别的事情了。"具体的措施，就是支持了两个"科学狂人"。一个是"退伍军人"马丁·赖尔，他想用无线电进行天文观察另一个人葩茹茨，是个幻想用X光观测血红蛋白的青年人。这两人的想法，都受到核物理学家们的嘲笑，认为他们是"疯子"。但是，布拉格坚定地支持他们。结果这两个弟子，开辟了射电天文学和分子生物学方向。布拉格退休时，这两个方向上，已经有好几个人获得了诺贝尔奖金，而布拉格教授却以此为自豪，从不妒忌他们。卡汶迪什实验室之所以在卢瑟福死后没有像玻尔之后那样衰落下去，布拉格的"苏步青效应"非常重要。他让自己的学生"青出于蓝而胜于蓝"，保持了旺盛的创新精神。

显然，"苏步青效应"是现代科学健康发展的基本保证。但是，"苏步青效应"并不是每一个人都能做到的。尤其在现代，科学结构的形成，知识惰性的增加，科学家愈是有成就，就愈难发挥"苏步青效应"。这是因为一个人科学规范一俟形成，这种规范就对异己的知识单元产生强烈的排他性，就像泡里自己提出"不相容原理"，却坚决反对电子自旋概念一样，因为后者是量子力学规范中从来没有的概念，而且是一个青年物理学家克隆尼提出的。朗道自己是杰出的物理学家，却亲自"枪毙"了年轻的沙皮罗的论文，后者比李政道、杨振宁早3个月提出了"宇称不守恒"概念，却把诺贝尔奖失掉了。更加有趣的是，量子理论的创始人普朗克，他自己最早提出"量子"的概念，同经典力学作了痛苦的告别，但是他又不同意爱因斯坦的"光量子"学说，说这是年轻人的"失足"。可见，发挥"苏步青效应"是何等的困难。相比之下，苏先生在现代科学的条件下，在文明惰性十分强大的东方文化背景下，能如此发挥"苏步青效应"，实乃值得尊敬、最值得歌颂的"师道"和"师德"啊！

记住吧！教师之德，在于培养出超过自己的学生。这难道不是当前教育体制改革中的一件十分重要之事吗？

赵红洲、蒋国华：《"苏步青效应"》

（《光明日报》1985年9月22日）

● 编辑部新闻评论

编辑部新闻评论是指以编辑部的名义对国内外重大事件或问题作专门阐述的新闻评论文体形式。因此，要在占用典型材料的基础上，要具备正确的论点，真实充分的论据和严密的逻辑论证，对目前的工作进行可行性论证。

在传达同级或上级党政领导部门的意见时要注意，不仅要回顾过去成绩，还要说明和传达今后的工作任务。这就要切实做到心中有全局，眼中有情况，笔下有观点，以准确解读和传达党、国家或当地党政部门的意见、意图，从而使新闻受众在理性上接受新闻媒体的传播。如以下案例：

今天，我们的人民共和国年满31岁了！

这个喜庆的日子，是在发扬民主、立志改革的气氛中到来的。刚刚开过的五届人大三次会议，大到国家领导制度，小到会议的开法，都进行了一些改革，影响深远，反映很好。

今年的国庆纪念，又有一些改革。往年那种有上千人光临的大型国宴不搞了，改为400人的招待会，邀请外宾和一些港澳同胞、台湾同胞、爱国侨胞共庆佳节。

今年人民大会堂的"十一"联欢晚会，也不像往年那样分几个等级，而是无论什么干部一律发普通入场券，真正上下一心、军民同乐。

今年各大公园也不搞耗费巨资的游园活动了。

这些改革遵循的原则是：厉行节约，反对铺张浪费反对封建残余，破除脱离群众的陈规陋习。对于中央这种破旧立新的改革，老百姓是打心眼里高兴的,上上下下都高兴。

四化需要改革,人民盼望改革。我们需要在政治、经济等方面进行许多大改大革,也需要在作风上、在社会风气方面进行很多改革。

《于细微处见精神——国庆纪念活动改革有感》

(《人民日报》1980年10月1日)

第二节 评论员新闻评论

一、评论员新闻评论的概念

评论员新闻评论是指从一个重要的侧重点,对一个问题和决策,做更深一层的分析,反映编辑部的观点和态度的一种介乎于社论和短评之间的中型新闻评论文体。它是具有一定权威性的新闻评论形式。

二、评论员新闻评论的地位

1. 评论员新闻评论发表的郑重程度虽仅次于社论,受到人们的普遍重视。

2. 评论员新闻评论一般是根据党的政策、方针路线来概括和提炼现实生活的丰富内涵,起着总结推广典型、指导一般的作用。

3. 评论员新闻评论在党和政府各项政策的贯彻过程中,及时揭示出一个时期的具体方向或侧重点,与社论、短评等评论文体相互依存,协同合作,取长补短,各显其能。

4. 评论员新闻评论偏重于论述局部性重要事件或问题,它的选题范围比社论要广泛又具体些,以充分发挥其宣传、指导、启迪和鼓动的社会功能。

5. 评论员评论是报刊、通讯社、广播电台等媒体常用的形式,属于中型的重头评论,具有重要的导向和喉舌作用。它与社论没有严格的界限,必要时可升格为社论。

三、评论员新闻评论的要求

1. 评论员新闻评论在内容和写作特点上要写得短小精悍,言之有物、自由、活泼,具有灵活性,使受众喜闻乐见。

2. 评论员新闻评论可以以独立形式发表,及时灵活地针对某种思潮或实际生活中的某一方面问题作政策性的指导。

3. 评论员新闻评论大多要依附于有关典型新闻事实、材料或配合重要报道结合形势任务而发,要配合及时,联系报纸发表正、反典型撰写评述,不失新闻性和时效性。

4. 评论员新闻评论篇幅比社论要短些,介乎社论与短评之间,通常不超过千字，通常用较为简短的篇幅说明评论新闻评论的主题。

四、评论员新闻评论的分类

1. 本报评论员新闻评论

本报评论员新闻评论是指一种由本报评论员结合新闻事件或新闻报道撰写的以本报评论员名义发表的评论文体形式，旨在体现编辑部的立场、观点和态度。

2. 本报特约评论员新闻评论

本报特约评论员新闻评论是指一种"特约"党政领导机关或理论学术机构的负责干部、专家，或学有专长的相关社外人士就当前政策问题、社会问题、重大理论问题、思想问题和重大改革举措来撰写并发表独到见解的文体形式，也称为"超重型评论员新闻评论"。

本报特约评论员新闻评论，一般不署名，必要时也署名。冠以"特约"二字，主要是为了强调评论新闻评论作者的身份。这种新闻评论通常篇幅较长，多侧面系统地对问题展开论述，讲究论证的系统性和严密性。它是评论员新闻评论的一种特殊形式。

3. 观察家评论

观察家评论是指观察家经观察形势和观察变动，以其身份就重要的新闻时事报告事实和发表评论的一种文体形式。观察家评论具有客观和具有权威性。它是评论员新闻评论的另一种形式。

如以下案例：

山西洪洞县司法部门把敲国家竹杠、破坏重点建设工程的罪犯李小文依法逮捕了，此举甚得人心。我们希望那些至今还在打小算盘、向重点建设工程敲竹杠的单位和个人，从中得到警戒，改弦易辙，纠正前非。

全国支援重点建设，这是党中央、国务院的伟大号召，是刚刚闭幕的六届人大一次会议发出的强烈呼声，而且正在变成各地区、各部门广大干部、群众的自觉行动。但是有些人对支援重点建设至今仍采取相反的态度，突出表现就是向重点建设工程敲竹杠，乘机捞一把。他们中间，乘重点建设工程征地拆迁之机，超过国家规定标准漫天要价、勒索财物的有之利用为重点建设提供物资、劳力的机会，巧立名目，乱收费用的有之打着为重点工程服务的幌子，捞取资金、物资，乱上国家计划外一般建设项目的有之在光天化日之下哄抢、偷盗重点建设工程物资器材的也有之。目前，一些重点建设工程之所以迟迟不能开工，或者开工后工期一再拖长，投资一再追加，重要的原因之一就是四面八方向它们伸手，把用于建设的钱挖走了，把建设的时间拖掉了。

值得注意的是，大凡对重点建设工程敲诈勒索的地方，常常可以查到党员、干部渎职或推波助澜的背景。他们或者对少数群众敲竹杠的歪风邪气视而不见，不闻不问或者侧身其间，从中牟取私利或者公开站出来，同重点建设单位讨价还价，扯皮纠缠或者暗中支持、煽动一些人乱提无理要求，寻衅闹事，阻挠施工等等。这些党员、干部往往把自己装扮成"群众利益的代表者"，打着"为民请命"的旗号，其实却不过是少数利己者的尾巴，哪里像共产党员、领导干部的样子呢？

对于这些向重点建设工程敲竹杠的少数单位和个人，办法只有一个，那就是人们通常所说的"先礼后兵"。

先礼，就是首先要对他们进行顾全大局、维护整体利益的思想教育，使他们懂得，国家集中资金进行重点建设，是取之于民、用之于民的，是国家利益之所在。我国还是一个发展中的国家，如果不从现在起抓紧建设一批对国民经济发展有决定意义的现代化骨干工程，那就很难实现90年代的经济振兴，到本世纪末工农业年总产值翻两番的目标就有落空的危险。因此，对于广大干部、群众来说，支援重点建设就是为了自己幸福的明天，为了四个现代化的美好前景损害重点建设，就是损害自己的根本利益，就是贪小利，误大事，酿大害。把这个道理说清楚，那些向重点建设工程敲竹杠的许多人是可以改正错误，转而支援重点建设的。

但是，思想教育不是万能的。有的人之所以明目张胆地向重点建设工程敲竹杠，而且不择手段，并非不知道这样做是错误的，而是明知故犯，屡教不改。"礼"不成，就只好"兵"相见了。那就需要像山西洪洞县对待李小文那样严加惩处。不管他是什么人，该制裁的制裁，该法办的法办，决不姑息迁就。不这样，不足以煞住敲竹杠的歪风，不足以确保重点建设的顺利进行。

当然，重点建设工程在哪里建，就会涉及到当地人民政府和一些群众的利益。对于国家规定范围内有关单位和个人合理的利益，从事重点建设的单位必须十分尊重和维护。这就要求建设单位教育所属广大职工，尊重当地政府的领导，维护当地群众的利益，以争取更多的干部、群众的支持，把重点建设搞好。

《不准向重点建设工程敲竹杠》（新华社1983年6月28日）

第三节 短评

一、短评的定义

短评是指一种配合新闻报道就现实生活和实际工作的某一个方面，代表编辑部阐明一个道理或一个主要观点的新闻论说文体。它是一种篇幅短小、内容单一、分析扼要、简洁精悍、运用灵便的新闻评论体裁。短评在报纸、广播、电视、网络中都可以使用。

二、短评的特点

1. 短小精悍，新鲜独到，生动灵活，重在分析。通常为一事一议，它是一种有生气、有活力、意见明确的论说文体。

2. 短评简短灵便，论题具体，对报道有一定的依附性。表述方式上灵活多样，体裁上也活泼多样，抓住最具时效性的新闻报道或新鲜事实做出分析和评价。

3. 短评的立论、角度新颖具体，选题新鲜、及时且集中。以新闻报道的某一客观事实或社会上存在的某一典型事实为立论的依据，论点明确、集中。

4. 短评的题目一般新鲜引人，观点独到，在分析说理时就实论虚、叙事出理、具体解剖典型事件，边叙边议，说清道理，善于借题发挥，宣传新思想、新见解。

5. 短评的写作角度一般多用正面的，有时也用把侧面、反面、正反结合等多种角度，有的放矢，击中要害。

6. 短评的分析说理往往生动引人，结构方式灵活多样，语言文字也应生动活泼，使新闻评论言之有物、短而有趣。

三、短评的要求

1. 短评要求文字精练、篇幅短小，字数多在500～600字左右。长话短说，议在实处。短评，应力求行文精粹，做到"言近而旨远，词约而意深"。

2. 短评要求行文语气集中，要尽量依托报道，选材时要精细、开门见山，单刀直入，避免空话、套话。同时，要防止片面理解，不可以滥用简称。

3. 短评要抓住新闻报道或所评析事物的某一点进行议论，集中立论角度、明确具体的评析内容、结构要简约，层层深入，把道理说透，使其意味深远。

4. 短评要有新颖的角度、精彩的论据、独特的表述方式。可运用多种议论手法使这篇新闻评论富有生气，克服言论的一般化和片面化，能给人以全新的启迪。

5. 结构可以开门见山，也可采用问答、对照，还可采用抒情排比式、假设推理式，或赞扬式，或针砭式，或鼓励式，或感想式。短评写作应发挥其就实论虚、叙事出理的长处。

6. 短评要能从全新的视角观察事物，做出与众不同的分析并得出独到的见解和结论，依据不同的评析对象变换新闻评论开头、结尾与谋篇布局，使评论给受众以新的信息和启发。

四、短评的形式

通常分为以下两种：

1. 简短评论：针对某一事物或问题发表的独立成篇。

2. 配发式短论：为配合新闻报道就实务虚、就事论理。

也可以根据发表时是否署名分为：

1. 署名短评：以个人身份发言，形式灵活，手法多样。

2. 不署名短评：代表媒介编辑部发言，是编辑部评论中的体裁之一。

如以下案例：

批评大吃大喝的主角，很必要，但也应批评一下那些陪吃者，外面来个人，多人陪宴，有人称此为"罗汉陪观音"。客人只一位，陪吃倒有十八。

然而知道底细的人，却说罗汉陪观音是十分"必要"的。不陪，罗汉喝什么？肉账如何开销？酒柜如何充实？难怪一位机关干部下去工作，见有那么多的基层领导"亲自陪宴"，真是诚惶诚恐，然而那基层的陪客，三杯下肚以后，道出了真情："请不必不安，其实是你请我们而非我们请你呀！"

拒宴不吃，固有许多难处。但这一屁股坐下去，那十八罗汉陪吃喝的账，说不定就算到你这观音菩萨的名下了。

请君三思。

《罗汉陪观音》（《人民日报》1990年6月1日）

第四节 编者按语

一、编者按语的概念

编者按语是指报刊、通讯社、广播、电视、网络等各类新闻传播媒介的编者对依附于新闻报道的文稿在编前、编中、编后所加的评介、批注、建议等说明性文字或画龙点睛式的简短编者评论。它是新闻媒介的编者常用的一种发言方式，不是独立于新闻报道之外的评论文体。

二、编者按语的特点

1. 编者按语是新闻评论各类体裁中篇幅最短、依附性最强的一种，它在以新闻报道为主要依据的基础上，又有所提炼、评介、补充或升华。

2. 编者按语的文字态度鲜明，简洁明了，词约意深，议论焦点集中，点到即止，褒贬适度，分寸得当，鲜明地表达作者对新闻或文稿的态度。

3. 编者按语运用灵活，配合及时，能迅速对报道或文稿做出评价与分析，能用不同按语的形式配合使用。

三、 编者按语的要求

1. 编者按语要语言简短、轻便，一般在100～200字之间。它要求直白、明快、一针见血地显示出作者深刻、鲜明的观点。

2. 编者按语要有感而发，表达真情实感，不要为讲话而讲话，这样就会生编硬造，达到本末倒置的不良效果。

3. 编者按语要评述精当，以述为主，点评精当，评述交融；要提示说明重点，并指出相关建议，从而起到补充强调的作用。

如以下范例：

　　【编者按】此稿似乎长了一点，但很值得一读。安徽的叶集镇与我省的陈淋镇虽一桥之隔，但商品经济的发展却景况迥异：河东生机勃勃，河西萧条冷落。比较是最有说服力的。"他山之石，可以攻玉。"我们希望同志们能认真读读、想想，也许会从中得到启迪，拓宽思路，研究对策，制定措施，把"搞活经济"这篇"新闻评论"做得更好些。

　　一座270米长的大桥横跨淮河的支流——史河。桥东是安徽省霍邱县的叶集镇，桥西是河南省固始县的陈淋镇。站在大桥上，每天早晨，可以看到匆匆的人群几乎都由西往东，有的拉一车竹子，驮一捆苎麻，有的提篮鸡蛋，拎条口袋……到了下午，人群则由东往西，或拉着成套的家具，或挑一担百货……

　　　　《一桥之隔 两个天地—对豫、皖两个小镇的观察与思索》

四、编者按语的形式

1. 编前按语

编前按语是指以编者身份在新闻报道、新闻评论前或专栏前的位置，用提纲挈领、简明扼要的话语提示、强调、深化新闻评论内容，以引导读者关注报道的信息或反思其社会内涵的文字。它是新闻传播媒介特别是报刊的编辑常用的按语形式。又称"文前按语"、"题下按语"。

编前按语，片言居要，行文精炼，不必复述所依附的新闻材料，也不必展开论证，只需直接提出编者的看法、见解和观点，通常情况下不署名，也不拟制标题。在报刊上发表时，常用楷体或比正文大一号字体排出，需要时还加框加线处理，显得突出和庄重。

如以下案例：

【编者按】近几年，南宁市自觉把精神文明建设摆到突出位置切实抓好，抓出成效，创造了不少新鲜经验。不久前，中共中央政治局委员、中宣部部长丁关根到我区考察精神文明建设，对我区特别是南宁市的精神文明建设给予了充分肯定，认为有思路、有办法，抓得紧、抓得实，具有典型性，值得推广。

本报多次发表过关于南宁市精神文明建设的报道。这次又派出记者深入采访，力图从新的视角去展示南宁市精神文明建设的成绩、措施和经验等。从今天起，本报陆续推出"走向文明的南宁"系列报道，望能给读者以新鲜感，并从中受到启迪。

作为大西南出海通道的"龙头"城市，如今的南宁令人刮目相看：鳞次栉比的楼宇，宽敞整洁的大道，温馨幽雅的小区，流香溢翠的园林，文明礼貌的市民……展现出一幅绚丽的画卷。

《塑起"龙头"城市形象》

2. 编中按语

编中按语是指在行文过程中，在文稿的一句话或一段话之后标上括号，加上"编者按"、"编者"或"按"字，就文稿中的词语、材料、或诠释补正、或评点批注，插入的几句或一段议论。它是随时随地发表感触的一种表现，是报刊上独有的按语形式。又称"文间按语"。

编中按语在篇幅上更为短小，不受新闻评论中位置的约束，编者可以直接评价、分析新闻评论中的内容，有感即发。它与所依附的报道相互配合、融合，议论的针对性很强。三言两语，随时评点，运用灵活。它的文字简练与上下文衔接自然，便于读者阅读理解，领会文义。

如以下案例：

【新华社讯】目前，上海企业界的厂长经理们纷纷进入复旦、交大、同济、财大、华师大等重点高等院校，攻读经济管理、金融、外贸等专业硕士、博士学位，既有利于提高企业厂长经理的科技文化素质，也为经济拮据的高校开辟了新财源。（前些时，已有京城再掀文凭热的报道，说的是国家机关司处级干部读学位。一北一南，一官一商，相映成趣。）

但是，企业家们投资于教育消费，教育界一些人士对此间存在的问题表示忧虑。（学习知识，增长才干，忧从何来？且看下文。）据介绍，为照顾读研究生的厂长经理们的工作和生活，各高校一般采取集中授课的教学方式，授课时间多安排在周末假日，即便如此，请假旷课现象仍十分严重。有一个集团的总经理虽然在攻读硕士学位，但人们发现他正常上课不去，只是每年教师节送上慰问款。（课可以不上，钱不可不送。）据统计，他在上学的两年期间，集团已支出教师节慰问款12万元，最后这个老总如愿以偿地拿到了大红硕士证书。（你有文凭，我有票子，交易而退，各得其所。）课马马虎虎上，为何还能拿到文凭？原来，做毕业论文时请个"高手"代劳。据此，上海曾对高校单独考试录取的硕士生进行了一次外语统测，及格率竟只有45%，平均成绩57分，最低的仅12分。（干部登记表上只有"硕士"、"博士"两字，谁知还有这许多手脚！）

上海教育界一位权威人士对这种用公款换文凭的行为表示担忧。上海市教委对此也颇感不安，曾多次对把关过于松弛的学校提出警告，要求他们加强管理，并压缩招生规模，不能只顾创收，砸了中国学位的牌子。（被砸的岂止是"中国学位"的牌子？）

有权有势者花样真多！公款吃喝，公款玩乐，公款旅游，公款出国，公款买车，公款装修，现在又来了公款买学位。买学位做什么？为了谋取更大的权势，以便更放手地吃喝玩乐。

不是说读学位的都如此，但买学位、混文凭者确是如此。现在还是风乍起，制止较易，若等到油然作云、沛然作雨之际再制定条文，恐怕许多并不"知识化"的混混儿，早已在履历表上大大地"知识化"了。

《不该漏登的新闻》（《南方周末》1996年2月9日）

3. 编后按语

编后按语是指编者为了补充和深化文稿的主题思想，增强其深度和力度，附于报道或文稿之后，依托报道有感而发的一些有关抒情、联想和分析议论性的文字。又称"编后"、"编策"、"编余"、"编者附记"、"编后小议"

和"编辑后记"等。在广播电视中称为"编后话"。

编后按语言简意赅，可以配合新闻报道或文稿、图片、图表、漫画等写作，更接近随感或短评，它位于文稿之后，结构更为完整，可以有标题，也可以署名。编后按语需要必要的分析议论，大多起引申的作用，帮助受众更好地领会和理解新闻评论的主题思想。

《人民日报》1995年6月8日曾登载了一则消息，报道了地处祖国东北边陲、不占地利优势的齐齐哈尔车辆厂，通过创造适宜人才生长的良好环境，如实施"十百工程"、建立激励机制等，留住了一支高能高效的科技队伍，使企业产品不仅覆盖国内1／4以上的市场，还远销十几个国家和地区，企业连年盈利。下文是为这篇消息配写的编后：

> 古语云："林茂而鸟集。"道理很简单，枝叶繁茂、花多果硕、虫蠕蝶飞的森林，特别适合鸟类的繁衍生息。
>
> 在人才争夺十分激烈的今天，地处东北边陲的齐齐哈尔车辆厂 1？000 多名工程技术人员，为什么能够"北雁恋故土，南雁不思归"，一心一意留在"车城"创大业？根本原因还在于"车城"的水草丰盛，林木繁茂，"大雁"们有一个比较好的生存和工作环境。
>
> 现在"三资"企业从民办企业挖人才，民办企业从国有企业挖人才……人才争夺战愈演愈烈。在这种情况下，与其怨天尤人、封锁堵截，倒不如像齐齐哈尔车辆厂那样，为科技人员创造良好的工作环境。因为——"林"茂"鸟"自多。
>
> 《林茂鸟自多》(《人民日报》)

第五节 专栏评论

一、专栏评论的概念

专栏评论是指在电台、电视台或报纸的相对固定位置或版面的特定专门栏目中刊发一个作者或不同作者体式相近，篇幅大小稳定，延续时间较长的相关新闻评论文体。新闻性是专栏评论的主要属性。

二、专栏评论的特点

1. 专栏评论的内容广泛，不仅对国家方针政策、经济体制改革发表议论，也对个人衣食住行、见闻随感，往往用事理融合的方式加以议论。

2. 专栏评论的栏目相对固定，但其表达方式具有一定的灵活度，往往以个人身份发表见解，畅所欲言，语气上平易近人，亲切感人。

3. 专栏评论的视野广，感触深。重视对当前政治、经济形势等重大问题发表意见，也重视用个人触角去感觉、发现。

4. 专栏评论能揭示事物的意义，批评错误倾向来提高人们的认识，倡导先进，批评落后，以个别推动一般，增强其说服力。

三、专栏评论的要求

1. 专栏评论要善于发现并抓住富有时代特点的人物精神、事件、新思潮、新变化和现实中的各种问题等作为立论的由头和论据及时发表评论，以增强其新闻性和吸引力。

2. 专栏评论的选题立论要富有远见，具有全局观念，以小见大，立论角度小，新闻材料要具有代表性，要能反映事物的本质，给人以新的启示。

3. 专栏评论要求作者敢于揭开矛盾，由点到面，善于批评，要辩证地分析事物，正视现实矛盾，又要注意事物的发展以及说理的生动性和形象性。

4. 专栏评论在论辩时往往就某一问题侧面或某一方面，与实际结合发表意见、论辩和说理，避免自上而下指令式的生硬语气。

四、专栏评论的形式

专栏评论常见形式有：

●专栏小言论

专栏小言论是指在报纸要闻版的群众性言论专栏中发表的新闻性较强的短小言论。它一般短小精湛、具有代表性、群言性、形象感和很强的新闻性，也称新闻小言论。如人民日报开设的《今日谈》。

●论坛评论

论坛评论是指以个人身份根据作者亲身经历或耳闻目睹的新闻信息以及事实材料自由撰稿，或就不同的或偏颇的见解进行探讨和商榷，发表己见的一种新闻评论文体。它具有一定的灵活性，可采取第一人称的叙议方式。它的思想性和导向性较强，强化议论在理论上发挥论坛的民主气氛，启迪和深化人们的认识。如《人民日报·人民论坛》、《光明日报·光明论坛》等。

●经济漫谈

经济漫谈是指一种涉猎日常经济工作和社会经济生活，新闻性与政论性相结合的短小精悍的署名经济评论。它往往虚实结合，深入浅出，贴近经济生活，具有一定的前瞻性。如《人民日报》开设的《经济札记》和《市场漫谈》栏目。如以下案例：

温家宝总理在十一届全国人大二次会议上所作的政府工作报告，

引来世界媒体的迅速聚焦。在多方刺激经济以保证实现8％左右的增长速度，积极扶持农村发展用于农村的开支将大幅增加，禁止形象工程和脱离实际的无用项目等诸多概括性解读前，一些外媒不约而同地使用了"中国政府将尽最大努力"的评价语。

日本《读卖新闻》网站较早报道：温总理在报告中强调，今年将是经济形势最为严峻的一年，但政府将尽最大努力刺激经济，"显示了中国政府在新中国成立60年时倾全力维护经济与社会稳定的决心"。

美联社的报道说，当经济增长率的持续下降已经成为影响整个局面的大问题，中国总理承诺尽最大努力"把确保人民福祉和推动社会和谐放在首位"。法新社则留意到，中国总理报告重申与腐败斗争的决心，政府将尽力"严格监督巨额经济刺激计划的支出"。

尽管之前几年中国经济增速一直高居两位数，但2008年以来，受国际金融危机冲击，加之经济自身周期的内在调整，出口下降、失业上升，中国的经济面临了空前的困难和挑战。而立足于科学发展、共同富裕，中国政府积极应对，无是4万亿的投资计划，还是今年的中央财政预算安排，保持增长态势明显，民生投入显著加大，可谓"政府尽了最大努力"。

德国媒体将中国的出重拳刺激经济喻为"中国尝试长传解围"，并预言如果照此行事，中国8％左右的增长目标将会轻松实现。《纽约时报》的分析是，大规模建设、增加补贴和其他经济措施出台将"继续推进中国现代化"，所确立的"经济增长的目标是现实的"。

由是，确立了加快发展的"中国信心"，也使得英国《金融时报》等媒体感叹：中国将借5日开幕的全国人大年会，展现一个充满信心的形象。作为仅次于美国和日本的全球第三大经济体，中国的举动正更多地影响世界。

正如美国《华尔街日报》称，"中国两会成为国内外对中国受到冲击的经济的希望和焦点"。

第六节 新闻述评

一、新闻述评的概念

新闻述评是指一种及时报道新闻事实，分析和评价事实，揭示新闻事实的本质和意义，直接表明作者的立场和主张，指明事物的发展方向，同时，又反映现实生活发展变化的评论文体，兼备新闻报道和新闻评论的职能。

二、新闻述评的特点

1. 新闻述评属于新闻评论的范畴，它融新闻报道与评论为一体，主要是通过评和述结合的方式，发挥其舆论导向作用。

2. 新闻述评是叙事和说理兼有，即事明理，通过对新闻事实切合实际的、入情入理的分析而得出的结论。

3. 评述结合，主要以评为主，以评诠述，由述而评，述中有评，评中有述，更符合人们阅读和视听的需要。

三、新闻述评的要求

1. 新闻述评立论要有新意，选材要精，所评述的内容，应当是现实生活中的新事物、新经验、新问题。这样立论才会有新意，使受众感到新鲜、有趣。

2. 新闻述评要把具体的事实叙述出来，同时和抽象的议论相结合，用夹叙夹议的方式使事理交融，阐明一定的道理，突出新闻评论的主题思想。

3. 新闻述评讲道理，即缘事而发，作者要注重分析和探讨这些新闻事实所具有的意义，使读者可以了解、得到必要的信息。这样的表述方式使受众不会感到突兀。

如以下案例：

北京10月1日的盛大阅兵式，可谓大振国威军威，令全球炎黄子孙激动不已。

在长达40余分钟的雄伟壮观的阅兵式中，内行人欣喜地发现，中国首次公开的部分武器，显示了中国的武器设计有了新的风格和创造力。在海军部队展出的3种导弹中，有一种是可以从飞机上发射的反舰导弹。这种型号未悉的反舰导弹，由于有雷达测高计使之固定在低空中贴海面飞行，很难被对方雷达发现，是很有效的反舰武器。

最引人瞩目的是海军的潜艇发射导弹。这种用固体燃料推进的导弹射程约30000公里左右，是令侵略者寒心的核子打击力量。这种导弹也是完全由中国自行设计的。

陆军部队展示的武器中有一种是装在吉普车上的反坦克导弹，可以由一个士兵携带和操作，在20000米以内能击穿300毫米厚的装甲。

一个体形庞大的66式自行加农榴弹炮也是首次公开，它是完全达到了世界先进水平的自行炮车。可喜的是，炮塔和车身底盘都是中国新设计的，与国外同类武器迥然不同。

另一种是国外闻所未闻的63式装甲运兵车，车身两侧都有射击孔，士兵可从车内向外射击。该车还可以在水中行驶。

轮胎式装甲运兵车是目前西方各国陆军的发展主流。这种新式装甲车的出现，对长期以来缺乏机动性的解放军陆军部队有重大的意义。

在庞大的坦克队伍中，有两种新式坦克是最近才装备部队的。

这两种坦克都装上了新式火炮，外形与著名的英国L7型坦克来福炮极为相似。

这次阅兵中出现的所有军事装备，使人欣喜地感觉到，中国终于摆脱了因循和全盘模仿的习惯，向军事现代化迈出了一大步。

战略导弹部队颇能显示中国的军事路线和战略观点。这些全部由中国设计的战略武器，虽不能与美国和苏联所拥有的数量相比，但正如北京外国军事专家所说的，它已构成了中国的威慑力量。

《北京阅兵大振国威军威全球炎黄子孙激动不已》

（《美洲华侨日报》1984年10月3日）

四、新闻述评的形式

新闻述评一般以记者述评和读者述评的形式出现。

●记者述评

记者述评是指记者出面，以其身份和角度对较为重要的新闻事件中的社会性问题发表意见，以引导新闻读者的一种新闻评论类文体形式。此文体形式以较为重要和对受众有引向性的新闻事实为基础。

应用此文体要注意客观地报道新闻事实，作为述评和议论的依据。在述评和议论时要指出产生问题的原因，讲明道理，指出方向。如以下案例：

一场大地震，使世界特别是西方社会注视中国的目光发生了变化。

路透社一位记者写道：在地震灾区采访的时候，他经常"怕自己会泣不成声"。

这不仅仅是对遭受巨大灾难的中国人民的同情，也是对在巨大灾难面前刚毅坚强的中国的感动与敬佩："尊重人的生命与面对灾难迸发出勇敢、无私、坚忍不拔"　"中国人在灾难面前表现出的精神赢得世界敬意，抗震救灾提升了中国的自信心。"

抗震救灾中的中国，感动了世界世界，更加关注中国，而且通过这场灾难重新认识了中国。今年8月，世界将与中国在北京奥运会相遇。"同一个世界，同一个梦想"——这是北京奥运会的口号。经历了大地震的洗礼，无论是中国，还是世界，对这句话的意义，都将有更深刻的理解。

"中国人民的坚强感动了世界，世界猛然发现了一个在危难时刻闪耀着人性光辉的真实中国"

截至29日12时，汶川大地震已造成68516人遇难，365399人受伤，19350人失踪，累计受灾人数4554万多人。

中国人民遭遇的灾难震惊世界，被世界引为"全人类的不幸"，但中国人民的坚强、团结、自信更感动了世界。当家园变成废墟，工厂一片破败，亲人生离死别……《南华早报》看到的是"悲伤而不愤怒、痛苦而不压抑、无奈而不绝望的受灾群众"。

北川县民政局局长王洪发，痛失15位亲人，却一直坚持在救灾一线已冲出将塌教室，却又折回抢救同学的小学生康洁被埋数十小时，却告诉警察"叔叔我不哭"的小女孩……

中国人民面对灾难的坚强，深深感动了世界。24日，联合国秘书长潘基文在重灾区之一的汶川映秀镇，称赞道：中国人民是充满力量、勇敢无畏、坚忍不拔的伟大人民！

灾难发生后，全国人民全力支持灾区所展示出的民族凝聚力和大团结，也深深感动了世界。人们在衣服上印上了"中国加油！""汶川挺住！"20万志愿者涌向灾区，不辞辛苦社会各界捐款与日俱增，企业开足马力生产帐篷、食品身患绝症的年轻人拿出所有的救命钱退休者捐出两万养老金……美国《时代》周刊感叹："千百万的中国人排起长队，捐出鲜血、食品和衣物""13亿人都在贡献所能和爱心。"

中国人民的自信更感动了世界。他们看到的是：救援军人强烈要求"让我们再救出一个生命"中国第一次为黎民百姓设立全国哀悼日山区县城的广播员高喊"山河可以改变，道路可以改变，但改变不了我们战胜灾难的决心和信心"女警察在救灾棚里安然地用自己的乳汁喂养他人婴儿农民返乡收割小麦，表示"依靠双手重建家园""帐篷学校"里，孩子们正紧张地备战高考……"举国上下，齐心抗灾，中国向世界证明了自己的自信心。"外国媒体发出这样的评价。

特别令世界各国称道的是，中国政府对灾难处置的高效与透明，以及在抗震救灾中表现出的"人的生命至高无上"的理念。这包括：灾情披露及时准确，救灾物资使用公开公正，现场采访报道毫无约束。英国《卫报》援引中国驻英国大使傅莹的话说："一切都在聚光灯下进行，让世界各地的人都能看到中国是在如何应对困难。"

美国马里兰大学全球华人事务研究中心主任戴博对于此次中国政府的表现连连称赞："不止是我，在中国和在美国的记者，包括社论作者，都认为中国此次对地震的反应挺好，我几乎没有看到什么批评中国政府救灾行动的措辞。""以前一些美国人在看待中国政府的行动时，总带有一种'愤世嫉俗'的态度，质疑其动机和用心。而这次，包括持这种态度的人在内，都觉得中国的反应速度、行动和效果很好。"戴博说。

英国诺丁汉大学中国政策研究所研究主任郑永年认为，大地震发生后，中国政府让西方媒体甚至整体西方社会赞赏与感动，原因在于，"中国政府把人的价值凸显出来了"。

灾难之后世界与中国同在，中国人民将永远铭记国际社会的帮助和支持

28日，美国国防后勤局捐赠的1 153顶大帐篷运抵成都双流机场。至此，国际到华救援物资已超过千吨。

汶川大地震发生后，世界与中国站在一起：秘鲁、佛得角等国宣布了全国哀悼日。欧洲议会22日通过议案，向地震遇难者表示哀悼。美国参众两院通过决议，对中国发生大地震表示同情和慰问。截至26日20时，已有156个国家的政府首脑和各界人士前往中国驻外使馆吊唁。在中国为期三天的全国哀悼日期间，多个国家驻华使馆降半旗志哀。

在大地震发生当晚，英国洞穴探索专家马特·瑞安就赶往震区，用刀在竹林中砍出一条路，救出被困在山上的中国工人。

在都江堰、绵竹、北川等灾区的废墟上，闪现着日本、俄罗斯、新加坡、韩国等国专业救援队员忙碌的身影。5月17日，俄罗斯救援队成功救出一位被埋127小时的幸存者。自5月20日陆续抵达四川灾区的俄罗斯、日本、意大利和德国的国际医疗队，至27日晚，已累计诊治伤病员2410人次。

与此同时，帐篷、毯子、发电设备、食品、饮用水等国际救灾物资也源源不断涌入灾区。成都双流机场吞吐着成千上万吨的"五洲友

谊"，新疆阿拉山口岸也成为"四海温暖"的集散点。还有更多：美国向中国提供卫星图像澳大利亚外交部长斯蒂芬·史密斯表示，将向四川省运送专业的切割和起重设备俄罗斯总统访华时邀请震区中小学生到俄罗斯疗伤……

5月23日，彭州市利安中心小学六年级一班赵永钦给俄罗斯救援队写了一封感谢信："你们不畏艰难，不怕疲劳，把多少鲜活的生命挽救，把生命垂危的伤员从死亡的边缘拉了回来。你们对我国救灾工作的支援，对救灾工作作出的贡献，中国人民不会忘记……"

以开放的态度接受国际援助，关注生命重于一切。当中国向国际社会发出"需要330万顶帐篷"呼吁时，法国《费加罗报》评价说："向外国求助证明把受灾群众需要放在首位"，进而它作出分析说："中国以一种更开放的态度接受援助……国际上对中国的信任也不断增强。"

中华民族经受住地震考验，制度动员能力更受世界瞩目

只要有一线生机，就竭尽百分之百的努力让所有受灾群众"有饭吃、有水喝、有地方住"让学生"有学上"，病人"有治疗"……中国在抗震救灾动用全国力量的"优秀表现"给全世界留下深刻印象，以至美国《时代》周刊发出惊叹："原来中国是这样！"

地震危机处理凸显了中国的制度优势。一些海外媒体认为，"中国党和国家领导人的迅速反应，保证了救援工作能在第一时间有效展开。"彭博新闻社则注意到，"在地震发生后几个小时内，中国各级政府、警察和军队以及被动员起来的民众，就加入到其规模达到国际最高标准的救援行动当中"。英国诺丁汉大学学者郑永年进一步指出，地震之后，人们确实看到了中国制度体系的优越性，中国在短时间内动员巨大的力量投入，这是其他任何制度所不能比拟的，让人们从中发现了中国社会的巨大凝聚力。

中国的"集中力量办大事"又一次在历史关头发挥出巨大威力。这次灾区重建，中国也将依靠"集中力量办大事"。《洛杉矶时报》在报道中，对中国"结对子"援建的做法尤其表示赞叹：较富裕的省份和城市立刻向遭受地震灾害的地区提供财政和技术援助。这种方法非常实用而有效。目前，江苏支援绵竹、上海支援都江堰、北京支援什邡、广东支援汶川等"对口支援"已经展开。

中国共产党领导下的人民军队所发挥的巨大作用和表现出的顽强精神也让世界感叹。路透社说，在地震发生后仅20分钟，中国人民

解放军就开始"无路可走的强行军",翻山越岭救助幸存者。"穿山石过余震的铁胆钢肠",五千米云雾空降的"英雄孤胆","带血的双手还在挖掘,干渴的喉咙却不愿喝百姓的救命水"……对于10多万参战的军队和武警、公安官兵,多家外媒一致赞叹"尽显人性光芒和人格魅力"。

一些外国媒体得出了更为深刻的结论。美联社等认为,这次抗震救灾,中国政府彰显了"以民为本"的执政理念,树立了正面积极的国家形象。"大写的中国人"超越了种族和时空的界限,"将让一些以意识形态画线、以冷战思维观察中共的做法被日益边缘化"。

对地震危机的有效应对更证明"中国党和政府有抵御大灾难的能力,具备有效执政能力和掌握大局能力"。新加坡国立大学东亚研究所中国政治问题专家黄靖在《华尔街日报》表示,"北京方面借此证明,只有中共有能力照顾好中国人民,有能力解决这样的危机,有能力使社会稳定、经济发展"。

●读者评论

读者评论是指以社会问题为焦点从读者的角度出发有感而发,以表达自己的真情实感为目的,撰写富有思想、见解、感情、呼声的文字,是具有社会气息的个性化新闻文体形式。读者评论要论之有物,观点鲜明。

读者评论的写作可以丰富地保留民间的生态气息,可以用点评、讥讽或专论的手法配合杂文、日记、漫画等灵活多样的形式,抓准题材,字里行间要渗透感情,所发之感要引人深思、给人启迪,使受众感受到社会的活力,觉得亲切可信,从而引起读者感情上的共鸣。如以下案例:

> 我最喜欢唱一首不知从哪儿学来的歌谣:"太阳当空照/僵尸对我笑/骷髅说:早早早/你为什么背上炸药包?//我要炸学校/心情特别好/一拉弦,赶快跑/轰隆一声学校炸飞了。"
>
> 有一天我边做作业边唱,妈妈听了顿时气得涨红了脸。说实在的,我真烦上学。首先,在学校里约束特别多,一点自由也没有,哪怕是犯一丁点儿错误,就要呈上检讨书一份,有时一次还不能过关。从一年级到五年级,算下来我平均一个学年就得写两份检讨书,我在班上还算学习前几名的呢!我犯的所谓错误都是些什么呢?说来一地鸡毛,不过是上课偷偷喝一口水啦,或者偷偷看课外书啦,或者课堂上赶家庭作业啦,再或者中午洗碗用水多了点儿啦等等。这时候老师

总会喊你到办公室去，首先是训斥你一顿，然后就叫你写检讨书，还规定要写足多少字。再就是班上总有些爱管闲事的无聊人，有事没事给老师打小报告，还被老师表扬为"有正义感"，使你不知不觉、莫名其妙就吃到"官司"，真讨厌！加上每天没完没了的作业，三天一作文，两天一日记，天天数、语、英，弄得电视不让看，小说不敢读，更别说到外面撒撒野了。人家见我动都不动叫我"肥仔"，要我多运动运动，我哪儿有时间运动！人都成了功课的奴隶了。那天看见爸爸帮妈妈校对邵燕祥爷爷的这篇新闻评论，见里面提到"分分分，学生的命根考考考，老师的法宝"，我说不就是这么回事儿嘛！所以，妈妈问我为什么要炸学校？我想都不用想，以歌代言："上学真苦恼/书包压弯腰/睡得迟/起得早/功课多得没完又没了……"

其实谁敢真炸学校呢？只不过这么唱一唱心里就觉得痛快罢了。

《"我要炸学校"》（《南方周末》1998年4月24日）

不同媒体的新闻评论

第一节 广播新闻评论

一、广播新闻评论的概念

广播新闻评论是指专门供广播这种具有有声语言传播优势的基本语体使用的一种新闻评论文体。广播新闻评论充分利用声音的方便性和快捷性直接表现出新闻评论的主题思想，这种媒体传播往往短而易知，几乎不受接受者文化程度的限制。

二、广播新闻评论的特点

1. 广播新闻评论为了照顾和适应多数听众的接受能力和专注收听的耐久力，从听众最容易接受的角度带着感情平易近人地说理，一般采用的是语言通俗、短小精悍、动听、上口容易理解的新闻评论。

2. 广播新闻评论主要是评论主体用来表达内容的所有话语。此类新闻评论不易保留、稍纵即逝，过耳不留，只能即时听知。如果一传十、十传百，则容易"走样"，听众不拥有选择权、不易把握重点，因而往往处于被动状态、不具有参与性。

三、广播新闻评论的要求

1. 广播新闻评论需要写作者树立正确的语言观念，有较高的语言素养和语言技巧，在表达论点、叙述论据和表现论述的逻辑关系时端正新闻评论的文风，坚持语言规范化、通俗化、口语化的原则，力求语言的内在美、韵律美。

2. 广播新闻评论通常调动各种表现手法，运用受众熟悉的事实和其他材料证明和说明论点，为简单明白说理服务。用浅显明快的口语化语言有条不紊地叙事或说理，使新闻评论更简洁明了、脉络清晰，保持论据的完整性。

3. 要根据证明论点的需要，精心选择评论题材，使之成为整个论述不可分割的组成部分。恰当处理论点与论述语言的关系，规划论点与论据的界限，防止把采访对象表达自己看法的话语，与表达评论主体对于事物看法的论点混同起来。

四、广播新闻评论的形式

录音新闻评论是广播新闻评论的主要形式，它以音响为表现内容的手段进行广播新闻评论。录音新闻评论中的音响材料主要支持和说明论点，是论据的一部分。把新闻事实同叙述语言融为一体，共同表现新闻评论的思想。

如以下案例：

政府，要求帮助到商店退换，正好碰到代市长张铁民。张铁民听了反映以后，第二天就同副市长王世俊一起提着铁锅到了商店，听了各方面的意见之后提出了自己的建议：一是挑口好锅给顾客送去，再赔个礼二是通过这件事把服务质量抓上去三是把残次品挑出来送回工厂，对工厂也促一促。

对于市长换锅这件事，大家称颂的是两点：一是张铁民作为一市之长，对于一位找上门来要求换锅的居民，不是简单推给下边去办，也不是批上一个条子了事，而是亲自到商店去面对面地解决问题，没有官架子，办事效率高二是张铁民讲究思想教育艺术，不是进门伊始就批评一顿，而是先听意见，后提建议，通过解决实际问题使商店人员认识到，应当怎样真诚地为顾客服务，应当怎样通过商业这个纽带促进工业部门搞好生产。这对商店人员是一次具体而生动的思想教育，把本来做得不大好的事情变成了改进工作的动力。这样就把做思想工作和改进业务、解决实际问题紧密地结合起来，效果又好，大家也高兴。

当然，我们不能要求每一个领导同志在每一件事情上，都像市长换锅那样去做，但是，市长换锅的精神应当发扬光大，这种亲自动手，把解决实际问题和进行思想教育结合起来的作风，值得大力提倡。

《市长换锅的启示》（中央人民广播电台1982年3月1日）

第二节　电视新闻评论

一、电视新闻评论的概念

电视新闻评论是指由电视媒介制作播发的、以画面和声音表达内容为主，伴随事物发生的同期声、屏幕文字和解说词为辅，面向广大受众阐述对于客观事物看法和见解的一种新闻评论。它是以电视传播方式、特点和新闻评论体裁特征相结合原则的紧密结合体。

二、电视新闻评论的地位

1. 电视新闻评论的舆论功能表现出不同的社会效果，这表明社会需要电视新闻评论，电视也将通过经常播出自己的新闻评论提高舆论能力。

2. 电视新闻评论具有"最迅速、最有效"新闻媒介的舆论功能，发挥着"舆论监督，群众喉舌，政府镜鉴，改革尖兵"的作用。

三、电视新闻评论的特点

1. 电视新闻评论善于用可视的形象、场景，丰富的画面语言，巧妙地把抽象议论和具体分析融合起来表达新闻评论的主体思想。

2. 电视新闻评论具备同时调动画面和声音的表现功能，用具体的符号表现客观存在的事物，为评论所表达的思想、观点、见解态度提供依据。

3. 电视新闻评论画面能帮助观众由具体、形象的材料领会声音所概括的抽象内容和对其内涵的理解。

4. 电视新闻评论通常以同期声、画面与解说词结合的夹叙夹议方式再现访谈过程的画面，再与声音相互配合，不以采录者的主观愿望为转移，具有强烈的客观性。

四、电视新闻评论的要求

1. 电视新闻评论要尽可能选择适于画面表现的题材或话题，这样可以由画面直接再现具体、生动形象的新闻事实和事物发生发展过程或画面素材丰富的社会现象等。

2. 电视新闻评论的论述语言要按其逻辑、方法和规律阐述新闻评论的思想、观点和见解，或说明和解释画面。

3. 电视新闻评论要求从声画两个通道消除受众对事物认知的不确定性，进而更好地接受和理解评论的内容。

4. 电视新闻评论要求评论内容能强有力地调动受众的非语言能力，吸引受众的视听力，从而增强论述的表现力、感染力和说服力，加强受众对新闻评论内容的理解。

5. 电视新闻评论要求评论中的论述语言具有完整性，能随着话题的展开适时评点、提示事物实质，阐述评论主体对于事物的看法，起到很好的主导作用和揭示作用。

6. 电视新闻评论要以受访人和伴随事物发生的同期声作为论据，起到提示、说明、补充等作用，以增强论据的可信度和权威性。

五、电视新闻评论的形式

录像新闻评论是电视新闻评论的主要形式，是新闻述评在电视中的具体运用。它以声画结合的方式体现缘事立论、因事说理、夹叙夹议、述评结合的基本特点和双符号、双通道、双线传播的传播功能来体现声画结合的一种方式。如以下案例：

2009年9月2日，中甲第18轮，在四川和青岛海利丰比赛的最后5分钟，3：0领先的青岛海利丰队竟然朝着自己的球门疯狂射门——这一事件就是轰动一时的吊射门事件。赛后有专业人士分析认为本场比赛有涉及假球的嫌疑，该场比赛监督和裁判的报告都传真到了足协，

2009年9月8日足协将此案上交公安部门调查处理，"吊射门"事件最终让海利丰告别中国足坛。

2009年9月2日，中甲赛场，青岛海利丰上演了著名的吊射门事件。经过公安机关查实，这是一场典型的由俱乐部负责人参与赌球，企图通过操控球员来操控比分，最终达到获利目的的比赛。昨天正好是吊射门一周年的纪念日，如今青岛海利丰俱乐部已经人去楼空，球员也分散到各个角落，就连基地也已不复存在。

《青岛海利丰"吊射门"揭秘》

（中央电视台《焦点访谈》栏目2010年2月24日）

第三节 报纸新闻评论

一、报纸新闻评论的概念

报纸新闻评论是指以报纸为传播载体有针对性地选择现实生活中的重要问题或新闻事件直接阐述意见，明确观点，表明态度，面向群众说话，以充分表达民意进行评论的新闻体裁。报纸新闻评论也包括不同风格的小言论、一句话短评等，是彰显报纸特色的重要手段之一。

二、报纸新闻评论的地位

1. 报纸新闻评论是彰显报纸特色的重要手段。其专版是报纸竞争中的核心产品，突出思想的穿透力和理性的力量。

2. 报纸新闻评论是报纸内容的重要组成部分。新闻评论能打造报纸品牌，提升报纸品质，提高报纸的竞争力，同时具有很大的社会影响力，评论使报纸更加贴近生活和读者。

3. 报纸新闻评论是解读新闻的重要手段。新闻评论如同报纸的晴雨表，它向读者传递着喜怒哀乐的思想感情。

三、报纸新闻评论的特点

1. 报纸新闻评论用摆事实、讲道理的方式，通过分析与论证来深刻地说明评论事件本质，并直接阐述党的路线、方针、政策，解读思想观点，针砭时弊，切中要害。

2. 报纸新闻评论要把握政策性、准确性，具有独到的见解。它能更好地凸显报纸的特色，对读者影响很大。

3. 报纸新闻评论是一个公众化的言论社区。专家和群众能自由表达对事件或问题的看法，编辑组织和呈现这些观点。

4. 报纸新闻评论的态度公正、客观、严肃，内容积极、理性、务实，新闻评论在观点上不偏激，有实际的引导意义。

四、报纸新闻评论的要求

1. 报纸新闻评论要具有很强的时效性和亲民性，要把握好大原则，把重大事件明清晰地与实际联系起来，就事论理，新闻评论不论长短，须开辟平民视角，关注社会生活。

2. 报纸新闻评论要具有鲜活的新闻言论引导舆论，逻辑思维要严谨，文体要庄重整洁，语言要明快，这就要广开言路，吸纳不同领域有见解的评论者。

3. 报纸新闻评论要求所提出的问题要有针对性，论点要新鲜，论据要有典型性，理论要有一定深度。选题内容包括政府执政、法制建设、市场竞争、民生等诸多方面。

4. 这类新闻评论的撰写需要有一定的理论水准，要求新闻评论的作者抓住焦点事件的要害，能够深入浅出、透彻分析，提供鲜明、有理论依据、令人信服的观点。

5. 报纸新闻评论需要培养专业评论队伍或特约栏目主笔。这样可拓宽言论空间，提供更多观点，说理充分，表达完整的新闻评论，更多的是平民化表达。

五、报纸新闻评论的形式

1. 报纸新闻评论专版一般都是安排在A版或靠前的版面，部分短文或观点配以漫画，营造或突出视觉效果，用以提高读者的浏览度。

2. 报纸新闻评论应与时事呼应，确定每天不同的话题，关注焦点事件，适时发表连续评论，用以增加受众的关注度。

3. 报纸新闻评论从老百姓的柴米油盐及生老病死等视觉出发，关注民生，动之以情，晓之以理，条理分明，让群众在这里发声，以培养受众的信赖度。

如以下案例：

看了4月30日晚报刊登的关于"眼镜上的商标"赞成者的综合来信，颇感兴趣，决心做一番小小的调查。于是5月1日上午9时至下午3时，到东单、王府井、西单、前门走了一圈。所遇戴太阳镜镜片上贴有商标者，凡37人。经询问，除21人拂袖而去，拒绝合作外，计16人接受了调查（包括两位女青年），其中年龄最大者32岁，最小者16岁。回答有：一、这样才够"份儿"二、再"倒"出去值钱三、看好些人都这样四、证明是外国货。有意思的是，午饭时，在前门某饭馆同桌的一位22岁的小伙子，异常坦率地说：他的"麦克镜"淘换来时，已无商标，而为表明是外国货，居然又找一张椭圆形的洋商标贴上了。

对于镜片留商标是否有碍视力，回答有：一、有点别扭二、管那个呢！三、不怎么碍事，只一边上有。只有一位19岁的小伙子说不碍事，因为他的椭圆形商标贴在左下角，正位于颧骨上，我请求试戴，果然于视力无影响。经了解，原来也甚觉不便，于是灵机一动，将商标小心地移至下边。这也算得一小发明。

结论是：一、"崇洋"思想是确实存在的。二、尽管小商标"不到一平方厘米"，但"贴在镜片的上方"，确实影响视力。三、报纸刊登这篇新闻评论，进行善意批评，实属必要。而且我也高兴地看到，这种批评已经引起了社会上的广泛注意，取得了积极的成效。不是吗？以前大街小巷，太阳镜有商标者比比皆是，而这次，我在假日最繁华的闹市区，大半天中，仅遇见37人。可见，很多青年同志虽然没有偏激到将外国手表上的商标"砸掉"，也确实感到了崇洋的"盲目与浅薄"，应当奋起而纠正之！

我认为，有人愿意牺牲自己的身心健康，自愿替外国眼镜厂商作义务商品推销员，自然这是他的自由，嗜痂者尚有之，何况于此？不过，总还是应该告诉他，我们的一行一事，一举一动，切莫忘掉中华民族的堂堂正气。

吴炜华：《一个小小的调查》（《北京晚报》1980年5月12日）

第四节　网络新闻评论

一、网络新闻评论的概念

网络新闻评论是指个人或组织以网络媒体为承载对象发表作者对事物发展看法、态度和观点的评论文体。它已经成为新媒体发展和日常生活不可缺少的一部分。

二、网络新闻评论的地位

1. 网络新闻评论是21世纪新兴的媒体新闻体裁，它贴近生活，可能一些在平面媒体上平淡无奇的新闻评论，却可以在网络上成为焦点。

2. 网络新闻评论借助网络的优越性，发挥网络舆论引导的作用。各大媒体都开通了自己的网络平台，不能在平面媒体上报道的新闻评论，有时会发表在网络上，各平台会根据网络热点和焦点各抒己见。

3. 网络新闻评论覆盖面广，信息量大。随着网络媒介影响力的提升，网络新闻评论不断受到各新媒体的关注，也出现了一些具有一定代表性和影响力的作品。

三、网络新闻评论的特点

1. 网络新闻评论在延续了纸质新闻媒体新闻评论特点的基础上，又具有一定的新颖性和灵活性。它具有广泛的题材，更具实效性，更贴近网民的兴趣点和关注点。

2. 网络新闻评论中链接式的阅读，涉及的事件和相关的知识，使评论的信息量有效地增大，并且具有阅读的便捷性和查阅的资料性。

3. 网络新闻评论的受众发生了改变，同时发表网络评论的作者更具个性甚至形成品牌效应，其传播具有扩散性，改善了新闻评论的传播效果。

四、网络新闻评论的要求

1. 网络新闻评论要关注各种文化、思想、生活等不同方面的内容，包括政府部门下达的文件，一些爱国思潮和社会现象所反映出来的价值观、道德观等。

2. 网络新闻评论篇幅短小精悍，生动活泼，很少用专业型的语言来发表言论，多用口语化的语言来反映问题、揭示现象，表达作者的观点和看法。

五、网络新闻评论的形式

1. 媒体、网站等专业媒体发表的新闻评论。这类新闻评论有作者的署名，有明确的来源。

2. 社交媒体，包括论坛等，非专业媒体发表的新闻评论，主要是大家各自的看法和观点表达。

如以下案例：

> 大连这座美丽的海滨城市最初并不像我们想象的那样拥有发达的旅游业和源源不断的客流。但是，在短短几年内，大连的旅游业却实现了连续跳跃式发展，正在成为有特色、高品位、国际化、大客流、高创汇的中国旅游名城和国际知名风景旅游城市。大连旅游是如何克服自然、历史资源不足，异军突起，从而实现了从1999年至2002年连续跨越式发展，出现了"大连旅游现象"？

三年三大步 大连旅游实现连续跳跃式发展

比起北京、西安这样的历史古城，大连仅有100多年的历史比起北海、三亚这样的沿海城市，大连的海滨旺季又比较短暂。但是，大连市旅游局却取得了比较突出的成绩。

据大连市旅游局局长柳振万介绍:"1999年,大连接待海外游客26万人次,实现旅游总收入74亿元人民币,相当于GDP7.4%,接待海外包机18架次,接待海外游船3艘2000年,全市共接待海外游客33.8万人次,实现旅游总收入90亿元人民币,相当于GDP8.1%2001年接待海外旅游者43万人次,实现旅游总收入110亿元人民币,相当于GDP9%,接待海外包机81架次,接待海外游船6艘。大连接待海外游客和旅游创汇连续三年增长超过30%,三年三大步,大连旅游实现了连续跳跃式发展。2002年,旅游总收入135亿元,相当于GDP9.6%,接待海外游客49万人次,接待的纯国外游客(不包括港、澳、台胞)总数全国排名第10位,旅游创汇在全国所有城市中排名第9位。

2002年海外游客和旅游创汇占辽宁省总数的53%和60%,成为辽宁省旅游业发展的龙头。"

领导重视是大连旅游迅猛发展的先决条件

大连历届市委市政府以高度一致的发展思路,长筹远略,将大连定位为"中国旅游名城",使大连市形成了全社会共同发展旅游的良好社会氛围,为大连旅游经济的起步和跳跃式发展奠定了坚实的基础。

据大连市旅游局局长柳振万介绍,从1998年开始,市委市政府提出,把大连建成"有特色、高品位、国际化、大客流、高创汇"的中国旅游名城。此后,历届领导都将旅游业的发展当做经济发展的头等大事来抓,是大连旅游业迅猛发展的先决条件。2000年初,为了进一步发展旅游业,市委、市政府成立了大连旅游工作领导小组,由市委常委、常务副市长刘长德及市长助理孙世菊分任正副组长,加强对旅游工作的指导2001年2月,时任市长李永金在市十二届人大四次会议上所作的政府工作报告中,明确提出要把大连建成区域性旅游中心在大连市的"十五"计划中,确定了到"十五"末期,大连要成为中国旅游名城和国际性风景旅游城市同年5月,辽宁省委副书记、大连市委书记孙春兰在中共大连市第九次代表大会上提出:"要加快发展旅游业,尽快确立其支柱产业地位。"2001年8月6日,在北京申奥成功后的第24天,孙书记另辟蹊径,提出了"比赛在北京,观光在大连"的口号,成为全国的一个"专利口号"。2003年5月,省委常委、市长夏德仁在专门听取旅游工作汇报时指出:"要积极发展旅游业,推动第三产业快速发展。"此外,市人大、市政协也多次视察旅游工作,提出宝贵意见。市领导的一系列重要指示和要求,为大连发展旅游产业指明了前进的方向。

旅游局开创性举措是大连旅游发展的重要保证

大连市旅游局立足大旅游的总体发展战略，以市场为导向，以改革为动力，调整旅游产业布局，加强行业管理，加大旅游宣传力度，在全国创造了多个第一，为大连旅游经济的发展提供了重要保证。

第一，大思路打造大连特色旅游品牌。大连市旅游局重视旅游品牌的发掘和提炼。据柳振万局长介绍，大连的旅游市场不仅有实物产品，还有概念性产品。从某种意义上讲，"概念性产品"就是大连这座城市本身。大连市旅游局根据国家旅游局局长何光暐将大连旅游定位为"浪漫之都"的称谓，整合社会资源，挖掘历史资源，用独特的思路总结提炼出了浪漫之都的"六大浪漫"、"五张特色牌"和"大连旅游50最"。这些充分囊括了大连的旅游特点，一经叫响，便深入人心。

第二，采取旅游促销战略提高大连知名度。

一是大连历届市领导身先士卒，充当大连旅游宣传大使。他们的宣传是最权威、最有说服力的工具，为提升大连在全国的知名度起到了至关重要的作用。

二是第一个启动旅游宣传"大篷车"赴全国重要城市促销，而且连续不断。为了在全国各地打响大连的旅游牌，让更多的人了解大连、到大连来旅游，把旅游资源变成经济资源，大连市旅游局组建了旅游宣传"大篷车"，于1999年踏上了八万里长征路。三年之内，"大篷车"走遍了全国31个省、市、自治区，112个城市，招徕中外游客500万人，直接收入36亿元人民币。在"大篷车"宣传促销的行程中，队员们不放过任何一次促销机会，发明了"一分钟"演讲等快速有效的宣传方式，创造出一种独特的促销文化。

三是名片促销战略。大连市旅游局局长柳振万将自己的名片做成了大连旅游宣传品，是品牌宣传战略实施的方式之一。他的这套精品名片每盒共有50张，印有金石滩、森林动物园、滨海路、奥丽安娜游轮等著名景点，并且融汇了大连的节庆活动，吃、住、行、游、购、娱等六要素俱全。这套浓缩了大连旅游六要素的精品名片是中国的首创。

四是大连是第一个在日本东京银座区和每年客流量一亿人次的北京火车站、北京西客站播放大连旅游宣传片第一个在东京的11个地铁站做大连旅游的灯箱广告。第一个在中央电视台一、三、四套节目中播放大连旅游形象广告第一个在全国14个城市电视台的旅游节目联播中宣传大连旅游第一个在深圳罗湖口岸做大连旅游连续宣传等。

五是第一个把旅游宣传大篷车开到国外，第一个把整座城市作为最大的旅游产品推广到国内外。

第三，加强旅游行业管理，提高服务质量。一方面，大连市旅游局高度重视旅游行业的管理，以制度管理解决管理上的难题。他们不断制定和完善地方旅游政策法规，相继出台了《大连市旅游业管理条例》、《大连市旅游业统计制度实施办法》、《大连市旅游业市场促销管理办法》等地方性法规。加大旅游监督力度，健全旅游者的投诉机制，提高投诉效率推进管理创新，在旅游全行业推行国际ISO质量认证，提高旅游行业管理人员行政执法水平进一步理顺旅游发展计划执行监控体系，建立旅游统计指标体系，准确地反应旅游业在国民经济发展中的作用对各类旅行社、旅游餐饮和娱乐企业以及景区等进行规范化管理，坚决制止和避免损害游客的刑事犯罪、价格欺诈等各种行为提高旅游项目和旅游活动的文化含量，使大连成为全国旅游文化中心城市。

另一方面，实行政企分开，改革、改制、改组，加大改革创新，强化服务意识，真抓实干，形成政府主导、部门联动的市场管理机制。

第四，招商引资，狠抓旅游项目建设。五年来，每年都有旅游新项目诞生。2002年一年，大连竣工的旅游项目比全省其他13个城市新竣工旅游项目的总和还多。去年，又建成了一批适合冬季游玩的旅游景点，如旅顺的水上人间、阿尔滨戏水乐园等。还利用每年一次的烟花爆竹迎春会、冬季购物在大连，丰富大连的冬季旅游市场，逐步出现淡季不淡、四季不断的现象。

建设旅游项目的同时，大连市旅游局也十分重视旅游商品的开发。先后开发出豆画、发光画、麦秸画等特色旅游纪念品。

第五，大力培养旅游专门人才，提高从业人员素质。大连市旅游局高瞻远瞩，放眼大连旅游经济的长远发展。据柳局长介绍，他们参与制定了旅游教育培训规划及培养跨世纪人才战略增设了旅行社管理、旅游市场营销等旅游行业急需的专业学科加强旅游专业硕士点、博士点建设，培养了大批高素质的旅游管理人才加速旅游高中等职业技术教育，培养更多应用操作型人才。

第六，发展奥运旅游，把"比赛在北京，观光在大连"叫响海内外。大连市旅游局紧紧抓住2008年北京奥运会给大连旅游业带来的巨大商机，打出奥运牌，做足旅游发展的新闻评论。"比赛在北京，观光在大连"已成为大连旅游发展的牵动战略。

大型活动是大连旅游发展的重要载体

大连的大型活动在国内外有着较高的知名度。通过组织大型活动招徕游客，从而推动旅游经济乃至全市经济的发展，是大连市发展旅游的重要手段和鲜明特点。

据旅游局副局长陈广胤介绍，"要把大型节庆活动培育成大连旅游靓丽的名片"是大连人的一句口号。大连的节庆活动不同于其他地方，国际色彩浓重，参与程度高，既彰显了大连的环境和文化优势，又弥补了自然、历史资源不足的缺憾，是大连特色旅游的一个重要组成部分。

大连以其较高的知名度及良好的城市和社会环境多次承办大型国际性活动。大连曾成功举办世界华人保险大会、亚太旅游年会、第九届国际广告节、国际啤酒节、中国首届冬泳节等诸多节庆活动，共招徕了300万人次的海内外游客。像大连国际服装节、烟花爆竹迎春会、大连赏槐会、国际马拉松赛这样的招牌节日，每年举办一次，已经成为大连人的固定节庆日。此外，还有"冬季购物到大连"、"旅顺樱花之旅"、"长海钓鱼节"等。

荣誉称号是大连旅游发展的助推器

近十年来，在国家有关部门的大力支持和帮助下，在市委市政府的统一领导下，大连进行了大规模的城市环境改造。先后扩建改造了大连国际机场、大连海港等门户。不断改造公园，搬迁企业，扒小房，整治小区，强化专业绿地建设，城区联动，同步增绿，创建了一座国际知名的花园式城市。在全国诸多城市中，大连形成了这样一些特点：空气最清新，城市绿地最多，广场最大，市内交通最顺畅，社会治安最好。大连市以其整洁的市容、优美的环境、良好的绿化先后荣获"中国园林城市"、"中国优秀旅游城市"、"全国十佳人居城市"、"全球环境500佳"等称号，这些都为大连市旅游业的大发展创造了良好的前提条件，为将大连的优势转化成为旅游效益奠定了坚实的基础。"大连旅游现象"的产生带给我们很多的思考……

一方面，市委、市政府的高度重视和明确的中国旅游名城的定位是大连旅游业迅猛发展的先决条件。另一方面，大连市旅游局立足大旅游的总体发展思路，以市场为导向，以改革为动力，调整旅游产业布局，提升大连旅游总体水平，重点开发适应国际国内市场需要的旅游新产品和客源市场。建设具有时代特征、牵动作用大、科技含量高、参与性强、四季皆宜的旅游大项目。紧紧抓住三个市场，即入境游市场、国内旅游市场、出境旅游市场，完善三个旅游产品，即观光型旅游产品、度假型旅游产品、特色旅游产品，确立旅游业的支柱产业地位。从多角度思考、深入发掘大连旅游品牌及其宣传途径，讲求实效，开拓创新，扎实工作，不断追求，是大连旅游品牌做大做强、形成大连旅游高潮的重要保证。此外，大连各区市县、各部门、各旅游企业的扎实工作和大连市民城市主人的责任感更是大连旅游经济前进过程中必不可少的条件。正是因为有了这些，大连这座海滨城市才焕发出前所未有的活力，旅游业才实现了连续跳跃式发展的成绩。

宋晓秋、夏富炎：《大连旅游时如何异军突起的？
——"大连旅游现象"透视》
（新华网大连频道）

第十三章

新闻评论学　*Xinwenpinglunxue*

新闻评论鉴赏

第一节 中国新闻评论鉴赏

奴隶与盗贼

梁启超

自回銮后，保护外人之懿旨不下二三十次视于无形，听于无声，诚如孝子之事父母矣。公使夫人偶遭儿童指目，辄欲拿拷治罪一教士之受辱，辄下罪己之诏何其恭顺一至此甚也！民间如顺从朝旨乎，则奴隶而已矣。奴隶犹可，两重奴隶，何以堪之！如稍有不屈乎，则盗贼而已矣。盗贼犹可，两重盗贼，何以堪之！今日为中国之百姓者，奴隶盗贼，二者必居一于是。呜呼！何以使我民至于此极也？悲夫！

（《新民丛报》1902年）

【鉴赏】

本文是资产阶级改良派梁启超的代表作之一。文笔锋利、见解新颖、饱含激情、势如破竹、短小精悍是这篇时事评论的五个亮点。全文仅154字，通过揭发事实，举事明理，形象生动地描绘出奴隶与盗贼的双重命题。评论开头直接引用事实，接着进行递进论证，字里行间不仅直抒己见，而且抒发出满腔爱国之情。

中国万岁 《民立》万岁

骚心

秋深矣，鸣蝉寂矣，草木渐摇落矣，万籁无声。时闻寒蛩，似断似续，如诉如泣矣。此佳节乎？而有心人当之，顿生无穷之感。悲天欤？悯人欤？噫！如此乾坤，吾何独为此佳节贺，吾亦悲悯中人也！

而孰意万卉将零之时，独有植立于风霜之表，经秋而弥茂者，此何物？吾爱其色，吾慕其香，吾特敬其有超出凡卉之气概。此花耶？此名花耶？此岂非世人之所谓晚节黄花也耶？噫嘻！噫嘻！晚节黄花。噫嘻！噫嘻！晚节黄花。

"兰有秀兮菊有芳，怀佳人兮未能忘。"当物而思，其思深矣。香草美人，今昔不远。当此名花照耀东大陆之际，而更有其色其香其气概坚于彼寿于彼璀璨于彼者，是何物？非国香乎？万花环绕，《民立》现矣！是为《民立》发祥之日，是为《民立》出世之瑞。

"纷吾既有此内美兮，又重之以修能"。此非昔人所自命也耶？

《民立》之际此时会，此佳节之中而产《民立》，天之厚《民立》，《民立》敢不自重。大凡一杰物之出现此社会，与此社会即有际地蟠天之关系，否则新事业无异乎陈死人。倘其适宜于此社会也，虽百劫而不磨，而其精光浩气，时来时往于两大之间，时隐时现于世人耳目之表，待时而出，自足风靡乎一世。而社会宝爱之，而国家更须珍惜之，夫然后始能自立于四面楚歌之中，以造福于国民。是以有独立之民族，始有独立之国家有独立之国家，始能发生独立之言论。再推而言之，有独立之言论，始产独立之民族有独立之民族，始能卫其独立之国家。言论也，民族也，国家也，相依为命此伤则彼亏，彼倾则此不能独立者也。呜呼！岂不重欤？

秋高马肥，记者当整顿全神以为国民效驰驱。使吾国民之义声驰于列国，使吾国民之愁声达于政府使吾国民之亲爱声相接相近于散漫之同胞，而团体日固使吾国民之叹息声日消日灭于恐慌之市面，而实业日昌。并修吾先圣先贤、闻人巨子自立之学说，以提倡吾国民自立之精神搜吾军事实业、辟地殖民、英雄豪杰独立之历史，以培植吾国民独立之思想。重以世界之知识，世界之事业，世界之学理，以辅助吾国民进立于世界之眼光。此则记者之所深赖，而愿为同胞尽力驰驱于无已者也。虽然，未已矣。

内忧外患相逼而来，东海愁云浸及满洲原野。歃血之约，恐又使马首欲东者转而西图。新亡国民之臭名，岂独戴高帽子之族含无穷之痛乎？嗟呼！将不远矣。迎秋一叶，已先零矣，恐此后切切凄凄之声难断也。本报同人之生此时，自痛其智之仅能如此，自信其政见之亦足以济此，所补助于国民者，则此后对外当如何有一定之方针，对内当如何有一定之改革，对经济恐慌当如何有一定之补救法，对人心卑下当如何有一定之救济法，容他日分析言之。不敢以讹言乱国是不敢以浮言伤国交不敢以妄言愚弄国民。所自期者，力求为正确之言论机关而已。力虽不逮，不敢不勉。

夫前数年吾国之言论界，其气魄之雄健何如，其议论之慷慨何如，其精神之发越何如，而今日者则何如？或者曰：此皆冥顽不仁之政府所致也，而又何言？记者曰：吾思此，吾欲哭吾哭此，吾欲吊吾吊此，吾欲作招魂篇。吾特名之曰"骚心"。夫《离骚》，非爱国者之所作乎？其生也，谁知之？其死也，谁怜之？而其忠爱之心，则自信之。记者读而泣，泣而又读，则请诵其辞于同胞之前曰："余固知謇謇之为患兮，忍而不能舍也。"

（《民立报》1910年10月11日）

【鉴赏】

这篇新闻评论主题鲜明、文采飞扬，是篇不可多得的评论佳作。文章作者围绕标题采用文学笔调独具匠心安排结构。评论开篇以情感人、用辞赋的笔调铺垫出论证的主题，开头与结尾相互关照，全篇浑然一体。在理解为什么要创立《民立报》、创立《民立报》如何服务社会等问题的过程中，在体会着作者丰富感情世界的同时，人们已经有了答案。

大乱者救中国之妙药也

奇谈

中国情势，事事皆现死机，处处皆成逆境，膏肓之疾，已不可为。然犹上下醉梦不知死期之将至。长日如年，昏沉虚度。软痛一朵，人人病夫。此时非有极大之震动，极烈之改革，唤醒四万万人之沉梦，亡国奴之官衔，行见人人欢然自戴而不自知耳。和平改革既为事理之所必无，次之则无规则之大乱，予人民以深创巨痛，使至于绝地，而顿易其亡国之观念，是亦无可奈何之希望。故大乱者，实今日救国之妙药也。呜呼！爱国之志士乎！救国之健儿乎！和平已无可望矣，国危如是，男儿死耳！好自为织，毋令黄祖呼佞而已。

（《大江报》1911年7月26日）

【鉴赏】

这是一篇鼓动性极强的时事评论，它号召"昏沉虚度"的人们起来拯救自己的国家。文章标题鲜明生动，直接展现主题；篇幅短小精悍，让人过目难忘；判断句式更增强了评论的感情色彩，使全文论述更加深入人心。

孔子之道与现代生活

陈独秀

甲午之役，兵破国削，朝野惟外国之坚甲利兵是美，独康门诸贤，洞察积弱之原，为贵古贱今之政制、学风所致，以时务知新主义，号召国中。尊古守旧者，觉不与其旧式思想，旧式生活状态相容，遂群起哗然非之，置为离经叛道，名教罪人。湖南叶德辉所著"翼教丛篇"，当时反康派言论之代表也。吾辈后生小子，愤不能平，恒于广座为康先生辩护，乡里瞀儒，以此指吾辈为康党，为孔教罪人，侧目而远之。

戊戌庚子之际，社会之视康党为异端，为匪徒也（其时张勋等心目中之康有为，必较今日之唐绍仪尤为仇恶也），与辛亥前之视革命党相同等。张之洞之"劝学篇",即为康党而发也。张氏亦只知歆美坚甲利兵之一人,而于西洋文明大原之自由、平等、民权诸说,反复申驳,谓持此说者为"自堕污泥"("劝学篇"中语),意在指斥康、梁,而以息邪说正人心之韩愈、孟轲自命也。未开化时代之人物之思想,今日思之,抑何可笑,一至于斯!

不图当日所谓离经叛道之名教罪人康有为,今亦变而与夫未开化时代之人物之思想同一臭味。其或自以为韩愈、孟轲,他人读其这篇新闻评论,竟可杂诸"翼教丛篇"、"劝学篇"中,而莫辨真伪。康先生欲为韩愈、孟轲乎?然此誉当让诸当代卫道臣叶德辉先生。叶先生见道甚早,今犹日夜太息,痛恨邪说之兴,兴于康有为,而莫可息人心之坏,坏于康有为,而莫可正居恒欲刃其人,以为叛道离经者戒。康先生闻之,能勿汗流浃背沾衣耶?

或谓"叶、康皆圣人之徒,能予人以自新康既悔过自首,叶必嘉其今是而赦其昨非"。此说然否,吾无所容心焉。盖康先生今日应否悔过尊从孔教问题,乃其个人信仰之自由,吾人可置之不论不议之列。吾人所欲议论者,乃律以现代生活状态,孔子之道,是否尚有尊从之价值是也。

自古圣哲之立说,宗教属出世法,其根本教义,不易随世间差别相而变迁。故其支配人心也较久。其他世法诸宗,则不得不以社会组织、生活状态之变迁为兴废。一种学说,可产生一种社会一种社会,亦产生一种学说。影响复杂,随时变迁。其变迁愈复杂而期间愈速者,其进化之程度乃愈高。其欲独尊一说,以为空间上人必由之道,时间上万代不易之宗,此于理论上决为必不可能之妄想,而事实上惟于较长期间不进化之社会见之耳。若失文明之进化之社会,其学说之兴废,恒时时视其社会生活状态之变迁。故欧美今日之人心,不但不为其古代圣人亚里斯多德所拘囚,且不为其近代圣人康德所支配。以其生活状态有异于前也。即以不进化之社会言之,其间亦不无微变。例如吾辈不满于康先生,而康先生曾亦不满于张之洞与李鸿章,而张之洞、李鸿章亦曾不满于清廷反对铁路与海军之诸顽固也。宇宙同精神物质,无时不在变迁即进化之途,道德彝伦,又焉能外?"顺之者昌,逆之者亡",史例具在,不可谓诬。此亦可以阿斯特瓦尔特之说证之:一种学说,一种生活状态,用之既久,其精力低行至于水平,非举其机械改善而更新之,未有不失其效力也。此"道与世更"之原理,非稽之古今中外而莫能破者乎?

试更以演绎之法，推论孔子之道，实证其适用于现代与否，其断论可得而知之矣。康先生前致总统总理书，以孔教与婆、佛、耶、回并论，且主张以"孔子为大教，编入宪法"，是明明以孔教为宗教之教，而欲尊为国教矣。今观其与教育范总长书（见"国是报"），乃曰："孔子之经，与佛、耶之经有异。佛经皆出世清净之谈，耶经只尊天养魂之说，其于人道举动云为，人伦日用，家国天下，多不涉及，故学校之不读经无损也。若孔子之经，则于人身之举动云为，人伦日用，家国天下，无不纤悉周匝，故读其经者，则于人伦日用，举动云为，家国天下，皆有德有礼，可持可循，故孔子之教，乃为人之道。故曰：'道不远人。人之为道而远人，不可以为道'。若不读经，则于人一身，举动云为，人伦日用，家国天下，皆不知所持循。"是明明不以孔教为出世养魂之宗教，而谓为人伦日用之世法矣。

余以康先生此说诚得儒教之真，不似前之宗教说厚诬孔子也。惟是依道与世更之原理，世法道德必随社会之变迁为兴废，反不若出世远人之宗教，不随人事变迁较垂久远。康先生与范书，极称西洋尊教诵经之盛，不知正以其为出世远人之宗教则尔也，今亦已稍稍杀矣。康先生意在尊孔以为日用人伦之道，必较宗教之迂远，足以动国人之信心，而不知效果将适得其反。盖孔教不适现代日用生活之缺点，因此完全暴露，较以孔教为宗教者尤为失败也。

现代生活，以经济为之命脉，而个人独立主义，乃为经济学生产之大则，其影响遂及于伦理学。故现代伦理学上之个人人格独立，与经济学上之个人财产独立，互相证明，其说遂至不可摇动，而社会风纪，物质文明，因此大进。中土儒者，以纲常立教。为人子为人妻者，既失个人独立人格，复无个人独立之财产。父兄畜其子弟，（父兄养成年之子弟，伤为父兄者之财产也小，伤为子弟者之独立人格及经济能力也大。儒教慈、孝、悌并称，当然终身相养而不以为怪异。）子弟养其父兄。（人类有相爱互助之谊，何独忍情于父兄？况养亲报恩，乃情理之常。惟以伦理见解，不论父兄之善恶，子弟之贫富，一概强以孝养之义务不可也。）"坊记"曰："父母在，不敢有其身，不敢私其财。"此甚个人独立之道也，康先生与范书，引"鳏寡孤独有所养"，"我不欲人之加诸我也，吾亦欲无加诸人"等语，谓为个人独立之义，孔子早已有之。此言真如梦呓！夫不欲人我相加，虽为群己间平等自由之精义，然有孝悌之说以相消，则自由平等只用之社会，而不能行之于家庭。人格之个人独立既不完全，财产之个人独立更不相涉。鳏、寡、孤、独有所养之中，适与个人独立之义相违。西洋个人独立主义，乃兼伦理、经济二者而言，尤以经济上个人独立主义为之根本也。

现代立宪国家，无论君主共和，皆有政党。其投身政党生活者，莫不发挥个人独立信仰之精神，各行其是，子不必同于父，妻不必同于夫。律以儒家教孝、教从之义——父死三年，尚不改其道妇人从父与夫，并从其子——岂能自择其党，以为左右袒耶？

妇人参政运动，亦现代文明妇人生活之一端。律以孔教，"妇人者，伏于人者也"，"内言不出阃"，"女不言外"之义，妇人参政，岂非奇谈？西人孀居生活，或以笃念旧好，或尚独身清洁之生涯，无所谓守节也。妇女再嫁，决不为社会所轻。（美国今大总统威尔逊之夫人，即再嫁者。夫妇学行，皆为国人所称。）中国孔教，有"夫死不嫁"（见"郊特性"）之义。男子之事二主，女子之事二夫，遂共目为失节，为奇辱。礼又于寡妇夜哭有戒（见"坊记"），友寡妇之子有戒（见"坊记"及"曲礼"）。国人遂以家庭名誉之故，强制其子媳孀居。不自由之名节，至凄惨之生涯，年年岁岁，使许多年富有为之妇女，身体精神俱呈异态者，乃孔子礼教赐之也！

今日文明社会，男女交际，率以为常。论者犹以为女性温和，有以制男性粗暴，而为公私宴聚所必需。即至素不相知之男女，一经主人介绍，按席并舞，不以为非。孔子之道则曰"男女不杂座"曰"叔嫂不通问"曰"已嫁而反，兄弟弗与同席而座，弗与同器而食"曰"男女非有行媒，不相知名非受币，不交不亲"（均见"曲礼"）曰"女子出门，必拥蔽其面"曰"七年（即七岁）男女不同席，不共食"（均见"内则"）曰"男女无媒不交，无币不相见"，曰"礼非祭，男女不交爵"（均见"坊记"）。是等礼法，非独与洋社会生活状态绝殊，又焉能行于今日之中国？

西洋妇女独立自营之生活，自律师医生以至店员女工，无不有之。而孔子之道则曰："男女授受不亲"（见"坊记"）"男不言内，女不言外，非祭，非朝，不相授器"（见"内则"）"妇人，从人者也。"国盖以夫为妇纲，为妇者当然被养于夫，不必有独立生活也。

妇于夫之父母，素不相知，只有情而无义。西洋亲之与子，多不同居其媳更无孝养翁姑之义务。而孔子之道则曰："戒之敬之，夙夜毋违命。"（见"士昏礼"）"妇顺者，顺于舅姑。"（见

"昏义")"妇事舅姑,如事父母。""父母舅姑之命,勿逆勿怠。""子甚宜其妻,父母不悦,出。"(古人夫妻情好甚笃,若不悦于其亲而出之,致遗终身之憾者甚多,例如陆游即是也。)"凡妇,不命适私室,不敢退妇将有事,大小必请于舅姑。"(均见"内则")此恶姑虐媳之悲剧所以不绝于中国之社会也!

西俗于成年之子,不甚责善,一任诸国法与社会之制裁,而孔子之道则曰:"父母怒不悦,而挞之流血,不敢疾怨,起敬起孝。"此中国所以有"父要子死,不得不死君要臣亡,不得不亡"之谚也。

西洋丧葬之仪甚简,略类中国墨子之道,儒家主张厚葬,丧礼之繁,尤害时废业,不可为训。例如"寝苫枕块,非丧事不言"之礼,试问今之尊孔诸公居丧时,除以"苫块昏迷"妄语欺人外,曾有一实行者乎?

以上所举孔子之道,吾愿尊孔诸公叩之良心:自度能否遵行,征之事实能否行之社会,即能行之,是否增进社会福利国家实力,而免于野蛮国家黑暗之讥评耶?吾人为现代尚推求理性之文明人类,非古代盲从传说之野蛮人类,乌可以耳代脑,徒以儿时震惊孔夫子之大名,遂真以为万世师表,而莫可以议其非也!

孔子生长封建时代,所提倡之道德,封建时代之道德也所垂示之礼教,即生活状态,封建时代之礼教,封建时代之生活状态也所主张之政治,封建时代之政治也,封建时代之道德、礼教、生活、政治,所心营目注,其范围不越少数君主贵族之权利与名誉,于多数国民之幸福无与焉。何以明之?儒家之言:社会道德与生活,莫大于礼古代政治,莫重于刑。而"曲礼"曰:"礼不下庶人,刑不上大夫。"此非孔子之道及封建时代精神之铁证也耶?

康先生所谓孔子之经,于人身之举动云为,人伦日用,家国天下,无不纤悉周匝者,即在数千年前宗法时代封建时代,亦可只行于公卿大夫士之人伦日用,而不行之于庶人,更何能行于数千年后之今日共和时代国家时代乎?立国于今日民政民权发张之世界,而惟注意于少数贵族之举动行为,人伦日用,可乎不可?稍有知识之尊孔诸公,其下一良心之判断!

康先生与范书曰:"中国人,上者或博极群书,下者或手执一业,要其所以心造自得,以为持身涉世修己治人之道,盖无不从少年读'论''韩'来也。"斯言也,吾大承认之。惟正以社会上下之人,均自少至老,莫不受礼教之陶熔,乃所以有今日之现象。今欲一仍其旧乎？抑或欲改进以求适现代之生存乎？稍有知识之尊孔诸公，其下一良心之判断！

康先生与范书曰："夫同此中国人，昔年风俗人心，何以不坏？今者风俗人心，何以大坏？盖由尊孔故也。"是直瞽说而已！吾国民德之不隆，乃以比较欧美而言。若以古代风俗人心，善于今日，则妄言也。风俗人心之坏，莫大于淫杀。此二者古今皆不免，而古甚于今。黄巢、张献忠之惨杀，今未闻也，有稍与近似者，亦为反对新党赞成帝制孔教之汤芗铭、龙济光、张勋、倪嗣冲而已。古之宫庭秽乱，史不绝书。防范之策，至用腐刑。此等惨无人道之事，今日尚有之乎？古之防范妇人，乃至出必蔽面，入不共食今之朝夕晤对者，未必即乱。古之显人，往往声妓自随，清季公卿，尚公然蓄姬男宠，今皆无之。溺女蛮风，今亦渐息。此非人心风俗较厚于古乎？

共和思想流入以来，民德尤为大进。黄花岗七十二士，同日为国就义，扶老助弱，举止从容。至今思之，令人垂泪！中国前史，有此美谈乎？袁氏称帝，冯、段诸公，竟不以私交废公义唐、蔡、岑、陆，均功成不居。此事在欧美、日本为寻常，而为中国古代军人所罕有。国民党人，苦战余生，以尊重约法之故，首先主张癸丑年与为政乱之黎元洪继任，为天下倡。此非共和范民德之效耶？

浅人所目为今日风俗人心之最坏者，莫过于臣不忠，子不孝，男不尊经，女不守节。然是等谓之不尊孔则可，谓之为风俗人心之大坏，盖未知道德之为物，与真理殊，其必以社会组织生活状态为变迁，非所谓一成而万世不易者也。吾愿世之尊孔者勿盲耳食，随声附和，试揩尔目，用尔脑，细察孔子之道果为何物，现代生活果作何态，诉诸良心，下一是非、善恶、进化或退化之明白判断，勿依违，勿调和，依违调和为真理发见之最大障碍！

（《新青年》1916年12月1日2卷4号）

【鉴赏】

这篇新闻评论谈古论今，游刃有余。文章通过列举现代生活中的进步之处，既讲与封建之道不相融合之表现，又讲产生变化之根源，例证与引证并举，"古不如今"的论点得到充分证明，为弘扬时代精神，为谋求发展动力起到了舆论引导的作用。

迎合英美旨意的就不要注意其行动吗？

蔡和森

十九日《商报》载北京电说："吴佩孚铣电诋王正延迎合日意，接收鲁案延期，请注意其行动。"这固然说得不错，又可点缀"爱国"门面而获得国人一点同情。但我们要问：迎合英美意向的顾维钧，天天向新银行团进行几万万的卖国大借款，而且对于有关中华民族独立、平等、前途的中俄会议毫无诚意进行，你吴佩孚何以反那样拼命的维护呢？可见你吴佩孚也只是要利用一派卖国贼为你借款练兵（这就是孙丹林所说的"为国不为私"）呵，你的"爱国"门面之内，还充满着更加可怕的卖国引线呵！

国人们，吴大军阀一手援引的新卖国贼，只有我们自己行动起来注意其行动咧！

（《向导》1922年10月25日第七期）

【鉴赏】

标题新颖、论证有力是这篇时事短评的最大特色。标题"迎合英美旨意就不要注意其行动吗？"采用反问式，意境更为深刻，能够激起读者的阅读愿望。文章通过对吴佩孚前后矛盾伏笔的交代，自然得出"爱国"门面之内更充满着可怕的卖国引线，结尾更是大声疾呼，不要被吴大军阀所蒙蔽。全文虽短，但切中时弊，据事说理，令人信服，促使国人警醒。

做阴寿式的国耻纪念

邹韬奋

读者诸君看到本期的《生活》时，最惨痛的"九一八"的国耻纪念日已到了目前，大家必都在痛心疾首，悲愤痛慨的空气中，尤其是和帝国主义势不两立的劳苦大众。

记者沉默思念，以为国耻可痛，仅仅做阴寿式的国耻纪念尤可痛。我们风俗有所谓做阴寿，想诸君都知道，替祖宗做阴寿的人家，并不希望死人复活，且于"寿"字的解释也不求甚解，不过做给亲戚朋友看看，在形式上表示出对已死的祖宗并未淡漠，究竟淡漠与否，还是另一问题！关于我国和日本有关系的国耻纪念日，就其尤著名而较接近的说，"五九"不够有"五卅"，"五卅"不够有"五三"，"五三"不够有"九一八"，"九一八"不够有"一二八"。除"九一八"的纪念是第一次遇着，其他的几个五几五几，都成了老相知，到了日期照例纪念，纪念之后，政治依然，社会依然，什么都依然!和做阴寿的人家，阴寿尽管做，死人还是死人，有什么两样!

但是做阴寿似乎还没有人干涉，国耻纪念能否我们从容不迫的永续纪念下去，还成问题。我们看到《大公报》本月七日的"本市（天津）新闻"最大标题是"市府奉令制止爱国运动"。小标题两个，一个是"奉行政院令免贻口实"，还有一个是"公安社会两局派员查拿"。在当局也许出于避免暴乱的苦心，但避免暴乱是否"免贻口实"所能奏效，固已成问题。而在平津已无自由纪念国耻之形势，尤为铁一般的事实。做阴寿式的国耻纪念已可悲，一直这样依样画葫芦的做下去，做了一个再来一个，来了一个再来一个，做到后来"国耻"不断而甚至"纪念"亦有所不敢，其为可悲更如何?

记者的意思当然不是说国耻不该纪念，如果国耻忘却，却更无雪耻的时候。不过认为徒做阴寿式的国耻纪念，实伏有莫大的危机。不徒做阴寿式的国耻纪念则又奈何，请参看社友伏先生在本刊七卷三十期一新闻评论中的建议。

（《生活》1932年9月17日）

【鉴赏】
这是写作大家邹韬奋的一篇有代表性的小言论。

"做阴寿"只能是摆摆形式，自欺欺人。阴寿做了一个又一个，然而，顽症始终未除。作者紧紧抓住国耻纪念展开，透过现象抓住本质，催人警醒。在论证上，作者采用层层递进的方式进行，使作品不仅具有极强的说服力，而且主题鲜明深刻。这篇新闻评论虽短，但思路缜密、逻辑顺畅，作者的独到见解，无论是从标题，还是从行文，都能真切体现出来。

伟大的空话
邓拓

有的人擅长于说话，可以在任何场合，嘴里说个不停，真好比悬河之口，滔滔不绝。但是，听完他说的话以后，稍一回想，都不记得他说的是什么了。

这样的例子可以举出不少。如果你随时留心，到处都可以发现。说这种话的人，有的自鸣得意，并且向别人介绍他的经验说："我遵守古人语不惊人死不休的遗训，非用尽人类最伟大的语言不可。"

你听，这是多么大的口气啊!可是，许多人一听他说话，就讥笑他在做"八股"。我却以为把这种话叫做"八股"并不确切，还是叫它做"伟大的空话"更恰当一些。当然，它同八股是有密切关系的，也许只有从八股新闻评论中才能找到它的渊源。

举一个典型的例子吧，有一篇八股文写道：

"夫天地者，六合宇宙之乾坤，大哉久矣，读千万年而非一日也。"

你看，这作为一篇八股文的"破题"，谈起来不是也很顺口吗？其中不但有"天地"、"六合"、"宇宙"、"乾坤"等等大字眼，而且音调铿锵，煞是好听。如果用标准的八股调子去念，可以使人摇头摆尾，忘其所以。

但是，可惜得很，这里所用的许多大字眼，都是重复的同义语，因此，说了半天还是不知所云，越解释越糊涂，或者等于没有解释。这就是伟大的空话的特点。

不能否认，这种伟大的空话在某些特殊的场合是不可避免的，因而在一定的意义上有其存在的必要。可是，如果把它普遍化起来，到处搬弄，甚至以此为专长，那就相当可怕了，假若再把这种说空话的本领教给我们的后代，培养出这么一批专家，那就更糟糕了。因此，遇有这样的事情，就必须加以劝阻。

凑巧得很，我的邻居有个孩子近来常常模仿大诗人的口气，编了许多"伟大的空话"，形式以新诗为最多，并且他常常写完一首就自己朗诵，十分得意。不久以前，他写了一首"野草颂"，通篇都是空话。他写的是：

"老天是我们的父亲，
大地是我们的母亲，
太阳是我们的褓姆，
东风是我们的恩人，
西风是我们的敌人，
我们是一丛野草，
有人喜欢我们，
有人讨厌我们，
但是不管怎样，
我们还要生长。"

你说这叫做什么诗？我真为他担忧，成天写这类东西，将来会变成什么样子！如果不看题目，谁能知道他写的是野草颂呢？但是这个孩子写的诗居然有人予以夸奖，我不了解那是什么用意。

这首诗里尽管也有天地、父母、太阳、褓姆、东风、西风、恩人、敌人等等引人注目的字眼，然而这些都被他滥用了，就成了陈词滥调。问他本人，他认为这样写才显得内容新鲜。实际上，他这么搞一点也不新鲜。

任何语言，包括诗的语言在内，都应该力求用最经济的方法，表达最丰富的内容。到了有话非说不可的时候，说出的话才能动人。否则内容空虚，即使用了最大的字眼和词汇也将无济于事，甚至越说越多，反而越糟糕。因此，我想奉劝爱说伟大的空话的朋友，还是多读，多想，少说一些，遇到要说话的时候，就去休息，不要浪费你自己和别人的时间和精力吧!

(《前线》1961年第21期)

【鉴赏】

杂文是极具讽刺性和战斗性的评论文种，此文便是如此。作者以"伟大的空话"为题，这一褒一贬的两个词中本身便包含着嘲讽和讥诮。若结合写作此文的时代背景来看，文章内容更是富含许多言外之意。

这篇新闻评论用笔轻松、幽默而诙谐，寓情于理、寓庄于谐，短小精悍，析理深透。

赞"人梯"精神
刘野 周昭先 周郁夫

在全国科学大会上，代表们倡导着一种可贵的"人梯"精神。

著名数学家华罗庚，这些天又谈到他在五届人大会议上表达过的心愿:我甘愿当做"人梯"，让年轻一代蹬着我的肩膀，攀登世界科学技术的高峰。

著名生物学家童第周，听了邓副主席的重要讲话后，立即赶回实验室，同12名助手商量，决意带好20名研究生，架起多级"人梯"，攀登细胞生物学的顶峰。

著名物理学家钱临照，会议期间主动向党委书记提议，要组成一个"尖刀班"，自己给他们开路，向着物理学的高峰登攀。

我国老一辈科学家这种争当"人梯"的精神，使人们想起了解放战争年代"十人桥"的故事。

那是1948年冬天，中国人民解放战争正处在战略决战的历史时刻。我人民解放军某部"潍县团"在淮海前线追击国民党军队途中，被一条湍急的河流挡住了前进的道路。战士们不顾敌人炮火的封锁，纷纷提出:"没有桥腿，我们当桥腿!"十名勇士奋不顾身地跳进冰凉的激流中，用肩膀扛着两架木梯架起了一座浮桥。勇士们向岸边的突击队员高喊："大胆地过吧，同志们!""过吧，我们保险!""潍县团"一个营的指战员迅速通过这座"人桥"，跳上彼岸，猛虎般地向敌人追去……

几个月后，我英勇的人民解放军便以摧枯拉朽之势，横渡长江天险，拿下南京，捣毁了蒋家王朝。"人桥"十勇士的崇高精神，至今仍为人们传颂。

今天，党中央号召我们攀登现代科学技术高峰，我们正处在一个向科学技术现代化进军的新历史时刻。我们需要发扬"人梯"精神，去完成历史赋予我们的伟大使命。

"人梯"精神是一种什么精神? 是一种献身的精神，一种集体主义的精神，一种甘当无名英雄的精神，是中华民族前赴后继、继往开来的革命精神，是高尚的共产主义精神。

人们高兴地看到，在我国科学技术战线上，许多老一辈的科学家年高不服老，不但自己努力攻关，而且帮助青年人作出贡献，"人梯"精神正在产生着巨大的力量。

我国年轻的数学家杨乐、张广厚，就是在老数学家庄圻太的亲切指导下攀登数学高峰的。他们在函数理论上取得的成就，凝聚着这位老数学家的一片心血。庄圻太教授不但帮助他们确定研究方向，而且精心修改他们的论文，从结构、数据到证明方法，都认真推敲，反复运算，有时修改一篇20多页的论文，竟写下十几页的意见，花费一两个星期的时间。十几年来，庄圻太教授自己没有发表学术论文，但他帮助他的这两位学生取得了重大的研究成果，写成了十多篇学术论文。

我国著名量子化学家唐敖庆教授，帮助一个素不相识的青年人的故事，被传为佳话。有一次，唐敖庆收到无锡树脂厂青年技术员任晨光的一封来信，报告他搞成了一项技术革新，可以为国家节约大量财富。唐敖庆为这项成果感到高兴，但是发现任晨光的理论推导有错误。于是，他千里迢迢专程赶到无锡，对这个青年进行具体指导，后来又亲自进行实验，帮助他得出正确的理论推导。在唐敖庆的帮助下，任晨光终于写成一份科学报告，这份报告受到了有关方面的重视。

83岁高龄的化学界老前辈杨石先教授从事教育和科研工作，已经半个世纪。50年代他按照周总理的指示，带着两名教授和三名助手，办起了我国第一个元素有机化学研究所，为国家培养和输送了200多名研究人员。今天，在出席全国科学大会的代表中，有许多人是他的学生，有的还是他学生的学生。看到几代师生欢聚一堂，杨石先教授激动地说："我决心再带一批研究生，让更多的年轻人蹬着我的肩膀冲上去！"

这种甘当"人梯"的精神，多么值得赞赏啊！他们有高尚的自我牺牲精神，像蜡烛一样，燃烧着自己，去照亮别人。他们披荆斩棘，排除险阻，为后人开拓前进的道路。他们乐于默默无闻地工作，是我们事业的无名英雄。帮助别人取得科学成就，这同样是对国家、对人民的一种贡献。"青出于蓝而胜于蓝"，正说明老师的辛勤劳动取得了优秀成果。人民，首先是学生，将永远感激他们。英国著名科学家牛顿有一句名言："假如我能比别人望得略为远些，那是因为我站在巨人的肩膀上。"当一代新人在攀登科学高峰的道路上有所发现、有所发明、有所创造、有所前进的时候，怎么能忘记这"人梯"和"巨人们的肩膀"呢！

为了攀登科学高峰，实现科学技术现代化，我们还需要把"人梯"精神发扬光大起来。做领导工作的同志，当好后勤部长，千方百计为科学技术人员创造必要的工作条件，这是一种"人梯"精神当教师的同志，孜孜不倦，以毕生的精力培养青少年一代，为科学事业人才辈出打好基础，这是一种"人梯"精神做图书资料、出版工作，搞器材供应，搞行政福利工作的同志，勤勤恳恳，为科研第一线服务，满腔热忱地帮助科技人员克服各种困难，解除后顾之忧，这也是一种"人梯"精神……

奔向2000年的新的长征开始了。在攀登科学高峰的前进道路上，人们正搭起"人梯"，架起"人桥"。当年"潍县团"十勇士的喊声仿佛又在我们耳边响起："大胆地过吧，同志们！""过吧，我们保险！"

（《人民日报》新华社1978年3月25日电）

【鉴赏】

此文将"人梯"精神作为赞颂的对象，通过引用大量的事例，说明人梯精神的重要性。论据充分是本文的一大特点。这篇新闻评论开篇即引入一连串的事例，通篇几乎都是由一个又一个的"小故事"构成，将深刻的道理寓于浅显的故事之中，道理因而也很容易为读者所接受。在一般的议论文写作中，这是一种常用的方法。

调整"三发"

徐回青

这题目是套来的。西汉作家枚乘写过一篇著名的赋，题为《七发》。内容是，有人以七件事启发有病的楚太子，使他领悟到"要言妙道"，出了身冷汗，病也霍然痊愈了。我这里是联想国民经济调整问题说三件事，并加按语，试作评论，想使那些至今仍患有"左倾病"的同志能从中受到一点小小启发，故曰调整"三发"。

头一件事：记得年轻时参加过一次越野长跑赛，因求胜心切，发令枪一响，便拼足全身力气猛冲。结果，跑出800米不到，就气喘如牛，两眼金星乱飞，实在支撑不住，只好中途退出比赛，以惨败而告终。

按：行家都懂得，参加长跑赛，须按自己体力科学地掌握好速度，方有取胜可能，若急躁冒进，过早耗尽了体力，焉有不败之理！搞经济建设，其理相通。1958年的所谓大跃进，所以失败，还不就是吃了盲目冒进的亏！我们怎能"好了疮疤忘了痛"？！现在党中央决定对国民经济实行进一步调整，就是为了按照国力科学地掌握速度，就是为了彻底纠正重新出现的盲目冒进倾向。因此，党中央的这个重大决策，无疑是完全正确的。

第二件事：我家住郊区，每天上、下班乘公共汽车时，常见一些人总是一哄而上，把车门一下子挤得密不透风。结果，每个人都得花九牛二虎之力，侧着身子往人缝里挤，上车速度反而慢了还有种人，明知挤不上，还是硬要上，车门不好关，车子开不走，这就大大耽误了开车时间。满车人都因此怨声载道。唉！要是把秩序整顿一下，大家都能排着队上，而不是挤着上，该有多好！

按：在经济建设中，一度也出现了类似这种"一哄而上"和"硬挤着上"的局面。各种建设项目，进口的，重点的，地方的，还是自发的，遍地开花。结果呢？造成比例失调，增加了财政赤字，并出现了小厂挤大厂，新厂挤老厂的现象。不少小厂、新厂争到了原料，却没有技术不少大厂、老厂虽有技术，却没有原料，因而"两败俱伤"。现在，党中央决定进一步调整国民经济，就是为了认真"整顿秩序"，规定不能"挤着上"要"排着队上"，把农业、轻工业、交通、能源、文教卫生等事业排在前面，照顾先上。把重工业，特别是基本建设，排在后面，安排后上，这样，经济建设就可以有秩序地顺利进行了。因此，党中央的这个重大决策，无疑是完全必要的。

第三件事：我的孩子读高中时，因生了一场病，功课很难跟上去，班主任动员我让他留一级，以便把基础打好。我因"望子成龙"心切，起先没有同意，只是摇头、叹气。班主任又和我讲了《三国演义》上"刘玄德跃马过檀溪"的故事，说刘玄德正是由于把马往后退了一下，然后猛加几鞭，方得一跃而过檀溪的，细想想不无道理，这才同意了。后来的事实证明，不但我的孩子功课果然渐渐好起来了，而且在高中毕业后，又一举考上了大学。

按：从"留一级"，到"考上大学"，这就叫做以退为进。而有些同志，抱着"望子成龙"的心情，一心希望国民经济能早日轰轰烈烈搞上去，对国民经济在"十年浩劫"后，犹如一个人大病初愈一样，需要重新打好基础再稳步前进，却缺乏足够的认识，因而听说国民经济需要进一步调整，就摇头、叹气，这实在是不懂得"以退为进"的道理。现在，党中央决定进一步调整国民经济，特别是要把基本建设退后，这种暂时的"退"，正是为了将来更好的"上"，因此，党中央的这个重大决策，无疑是具有战略远见的。

触类可以旁通，讲了上述三件小事，目的是为了使那些至今还患有急躁冒进等"左倾病"的同志，能好好想一想，并能从中悟出一点道理，以利于早日恢复健康。

当然，要是也能像楚太子那样，从中悟出"要言妙道"后"出身冷汗"，从此"霍然病愈"，那就更好了。

（《常州报》1981年2月14日）

【鉴赏】

这篇文章形式活泼，立意新鲜，赏心悦目，通体一个字："俏"。开头开得"俏"，先解题，再者说话结构构得"俏"，三件事，三个按语，步步生花，结尾结得"俏"，风趣幽默，让人笑过之后继续深思。

全文兴致盎然，有跳跃性，又有整体感，用三件事引一个道理，顺理成章，通俗易懂，这种"漫笔"式的言论值得提倡，因为脍炙人口，所以人们乐于问津。将严肃的道理含之于生动之中，何乐而不为？

"重庆沱茶"的原料问题亟待解决

聂小蓉　邓琳

最近，重庆茶厂生产的峨眉牌"重庆沱茶"荣获了第22届世界产品评选会的金质奖章。这本来是值得高兴的事，然而，这个厂却在为"重庆沱茶"的原料发愁。

"重庆沱茶"是重庆茶厂的名牌产品，产量高、质量好、味道醇厚甘和，深受群众欢迎。1979年的年产量近万担。1980年，"重庆沱茶"开始出口，行销欧洲，被国外消费者誉为"中国的咖啡"、"健美的良茶"。

然而，在畅销的情况下，"重庆沱茶"却因原料不足，产量下降，去年仅生产了3000多担。近年来，茶叶一直大丰收，为什么"重庆沱茶"会缺原料？据了解，主要是因为不少社队茶厂为了自身的利益，不管是否具备生产沱茶的条件，盲目生产，争购原料造成的。这些社队茶厂生产的沱茶质量不高造成积压，仅重庆茶叶土产公司仓库积压的社队茶厂生产的"云峰沱茶"和"丛林沱茶"就达4000多担，占压国家资金120万元。

我们认为，与其让生产条件较差的社队茶厂把原料拿去生产消费者不欢迎的沱茶，造成不必要的浪费，倒不如请有关部门从全局出发、统筹兼顾、保证重点为好。办法是，先解决"重庆沱茶"的原料问题进而促使重庆茶厂与社队茶厂走联合的道路。也就是大家一起保名牌、保优质，生产出高质量的沱茶，来满足国内外消费者的需要。

（重庆人民广播电台1983年9月20日）

【鉴赏】

这是一篇广播述评。广播是要有人来听的，听了开头还想听下去，这势必要求广播要言之有物、有意思。

这篇新闻评论开宗明义，让人有进一步了解下去的欲望，紧接着环环相扣，张弛结合，既讲明白了沱茶受欢迎的理由，也阐述清楚沱茶缺原料的个中原因，两相一对比，沱茶产量下降的事实就更发人深思了。

整篇评论有起伏，有悬念，使听众有收听的兴趣，而且听了还能有思索，那么，通常这篇新闻评论就成功了。

污染须清除生活要美化

中国青年报评论员

邓小平同志在党的十二届二中全会上提出思想战线不能搞精神污染的问题之后，各地共青团组织积极带领广大团员青年，认真学习党中央这一重大决策的深远意义，提高思想认识，增强识别能力，努力站到抵制和清除各种精神污染斗争的前列，工作是做得好的。

但是，在个别地方也出现了这样的现象：有的同志指责女青年烫发、搽雪花膏，干涉青年们穿款式新颖的衣服，不准青年们跳健康的集体舞，甚至对养花也加以非难，并且把这些都说成是"资产阶级生产方式"的影响，当做"精神污染"的表现来反对。这种把青年美化生活的愿望同精神污染混为一谈的情况虽然很少，但应当引起我们的注意。我们所说的精神污染，主要是两大类。一类是黄色下流的淫书、淫画、录像、录音。这些污秽物品对青少年的毒害极大，必须坚决收缴、查禁，并严厉打击制造和传播这些东西的犯罪分子。另一类是理论、文艺等领域内资产阶级自由化、精神产品商品化的种种表现。比如，宣传抽象的人道主义、"社会主义异化"和西方资产阶级思潮的种种言论，歪曲历史和现实、专门写我们社会的阴暗面、热衷于"表现自我"的文艺作品，庸俗低级的演出等。这种精神污染在人民特别是青年中造成消极涣散、离心离德的情绪，助长个人主义思想和一部分人当中怀疑以致否定社会主义与党的领导的思潮。对这些错误言论、有害作品、低级表演，应当进行实事求是、充分说理的批评。我们反对精神污染，目标应当主要集中在这两个方面。至于女青年爱好烫发（中学生禁止烫发的校规应当遵守），年轻人喜欢服装款式新颖，节假日一起跳跳健康的集体舞，等等，同所谓精神污染完全是两回事。青年总是向往美的。这种愿望本身是正当的、积极的。在可能的条件下，青年们穿得漂亮一点，吃得丰富一点，玩得愉快一点，不应受到非议。我们搞社会主义的目的是什么？说到底，还不是为了逐步提高广大人民群众的物质生活和精神生活水平？十年内乱时期，林彪、"四人帮"搞所谓"穷社会主义"，严重败坏了社会主义的名声。以服装为例，那时候，女同志不准穿花衣服和裙子，男同志不能穿中山服、军便服之外的样式，到处是一片蓝、一片灰，显得单调而暮气沉沉。近几年来，人们特别是青年衣服的花样、款式多起来了，这是好事。如果在反对精神污染的时候把这些也反掉，那怎么行呢？对于广大青年美化生活的正当愿望，我们应当保护、支持，因势利导地激励他们去为创造美好的生活进行英勇、忘我的劳动。我们绝不能一说反对精神污染、加强思想工作，就在青年美化生活的要求上做这篇新闻评论，就把注意力集中到青年的裤脚宽窄、鞋跟高低、发型服饰如何上去。当然，青年在追求美的过程中也会有这样那样的偏差，这需要我们进行适当的引导，但必须同精神污染严格地区别开来。

把青年美化生活的正当愿望不加分析地当做"资产阶级生活方式"、"精神污染"来反对，这种做法是有害的。第一，它会引起青年的反感，从而影响他们生产、工作和学习的积极性。第二，它会在人们中混淆是非界限，甚至可能使过去某些"左"的做法重又出现。第三，它也会妨碍人们特别是青年对真正的精神污染的斗争。污染须清除，生活要美化。我们应严格划清这二者之间的界限，带领广大青年努力抵制和清除各种精神污染，促进社会主义精神文明的建设。

（《中国青年报》1983年11月17日）

【鉴赏】

这篇新闻评论抓住了当时人们关注的问题：生活需要美化，不能干涉青年人生活。青年人爱美愿望的本身是正当的、无可非议的，不仅不应该反对，而且还应积极予以支持。这篇新闻评论切中要害，没有赘言，且条理清楚，一气呵成。由于这篇新闻评论的思想新，对问题不仅抓得及时，而且抓得准，时效性强，指导性强，对澄清当时社会生活中存在的某种思想混乱情况发挥了很好的作用，不失为一篇好的新闻评论。

国家干部不要经营商业

安镇堂

最近以来，有少数国家干部，在大街上替家属经营卖货"摊子"。有的为了保证家属的货摊货源充足，利用各种"关系"沟通进货渠道，把紧俏商品，把出手快、挣钱多的商品，进给家属。群众对这种做法十分气愤，说这是"以权经商"。现在，党的政策允许一部分地区和一部分人先富裕起来，以带动大家共同富裕。但是并没有允许国家干部经营商业，也没有允许变相经营商业。事实证明，干部经商难免滥用职权以权经商，不利于商品生产和市场竞争，倒很容易为以权谋私者大开方便之门，损害党和政府在群众中的声誉。

干部是人民的勤务员，应当集中精力搞好本职工作，为人民造福，为发展当地的生产作出贡献，不应该打个人小算盘，不能以权经商，干扰城市改革。

（陕西子洲县广播站1984年4月10日）

【鉴赏】

这篇短评切中时弊，迅速及时地亮出一个观点，大有"敢为天下先"的勇气，读者看了耳目一新，振奋人心。

在改革的曲折过程中，新闻工作者不仅要做党的喉舌，还要当好党的耳目，要及时有效地发现问题，抓住问题，剖析问题。"国家干部不要经营商业"，在今天看来也许平淡无奇，可在1984年，这篇新闻评论却不愧为反对干部经商这股不正之风的先声，其效果振聋发聩。这给我们的启示是，新闻评论不仅要会写，而且要敢写，抓住时机，看清方向，该出手时就出手。

坚决清除官僚主义的祸害
王燕春

各位听众，反对官僚主义，大家都赞成。可是，对于官僚主义的危害，有的同志就认识不够了，一些当事人也愿意戴这顶帽子，不感到压力，不当回事，好像官僚主义是个光荣的缺点。其实，这种认识是很错误的。官僚主义已经成为党和国家的一大祸害，必须坚决清除。

这里，我们讲几个例子：

头一个例子，宁夏石嘴山市水电局局长，在前年夏季防洪工作中严重失职，造成26人死亡，损失1000万元。

第二个例子，1982年第二季度往上海调运大米，由于有关省市在收购、保管、运输等工作的官僚主义，使71万斤大米霉烂变质，将近5万斤发热变色。

第三个例子，前年12月到去年5月，由于商业、储存、铁路运输部门某些领导不负责任，使河南平顶山仓库的1000多万斤进口糖受到雨淋、水泡和污染。

各位听众，您听了这样的事情能不气愤吗？这件事件的某些人，对人民给予的权力不珍惜，对国家和人民的财富任意糟蹋，他们败家到了什么程度！

邓小平同志曾经指出："官僚主义现象是我们党和国家政治生活中广泛存在的一个大问题。""无论在我们的内部事务中，或是在国际交往中，都已经达到令人无法容忍的地步。"官僚主义的普遍表现就是四个字：压、推、拖、了。问题来了就压，群众疾苦、四化建设都不放在心上压不住就推，互相扯皮，甚至互相拆台推不出去就拖，拖着不办，最后拖到不了了之。他们有职、有权，可硬是拿钱、吃饭、不干事，党中央的政策再好，到他那里也被当成一纸空文。这些人忘记了全心全意为人民服务的宗旨，忘记了对人民负责是我们一切工作的出发点。问题的严重性还在于我们有的领导干部和领导机关患了一种"麻痹症"、"软弱症"，对自己眼皮底下的官僚主义也听而不闻，视而不见，不敢处理，用官僚主义对待官僚主义。

官僚主义是一种长期存在的、复杂的历史现象。我们现在的官僚主义现象，主要是管理体制上和一些干部思想作风上的问题。要克服官僚主义现象，我们一方面要改革不合理的制度，另一方面要从根本上解决问题，同时要进行教育和思想斗争，这也是这次整党的任务之一。对于严重的官僚主义者，用大家的话说，就是要动真的，光喊不成，要认真查处，该处分就要处分，触犯刑律的要依法惩办。只要这样坚决去做，官僚主义的祸害，就会被有效地清除。

（中央人民广播电台1984年7月28日播出）

【鉴赏】

这篇广评论通过三个典型事例，有力地证明官僚主义就在现实生活中存在，为人们敲响警钟，必须坚决清除官僚主义祸害。

这篇评论紧扣主题，对"压、推、拖、了"四个字进行了入情入理的分析，准确精当，击中官僚主义要害。这篇新闻评论对语言方面的把握也是该文的成功之处。驳论类新闻评论要求语言尖锐、犀利，而"谈话体"的广播稿却需要平易近人、亲切缓和，这二者是矛盾的，如何调解？这篇评论的做法是凡是在分析、指斥官僚主义的地方都毫不留情面，针针见血，叫人听了大快人心，且根据广播稿的特色要求，又融不同语言风格于一体，作了成功的尝试。

野蛮装卸何时休

白谦诚

北京东郊火车站野蛮装卸，损坏了三百多台电冰箱。这个事件所造成的经济损失，超过了两年前双城堡火车站摔坏洗衣机的事件。摔坏洗衣机事件被揭露出来之后，国务院领导同志多次亲自过问，铁路部门改组了双城堡火车站的领导班子，对直接责任者作了严肃处理。双城堡火车站经过整顿，转变了路风，被评为"文明车站"。这个从后进转变为先进的生动过程，曾经在铁路系统和社会各界引起很大的反响，到现在人们还记忆犹新。想不到，两年以后，在我们的首都竟然又闹出个损坏电冰箱事件，从这个意义上说，损坏电冰箱事件的性质，要比摔坏洗衣机事件严重得多。人们不禁要问：野蛮装卸事件为什么会重演，而且越演越烈呢？群众历来就有着强烈意见的野蛮装卸的歪风，为什么总煞不住呢？

当然，这两年，铁路部门为转变路风做了很多工作，取得了一定的成绩，但是，大大小小的野蛮装卸事件仍然时有发生。这说明，铁路系统的有些装卸部门，路风还没有好转，有些装卸工人缺乏应有的职业道德观念。对这部分装卸工人加强职业责任、职业道德和职业纪律的教育，仍然是需要认真解决的一个重要课题。铁路系统有一个口号，叫做"人民铁路为人民"，有些装卸部门的领导和工人心目中，并没有把全心全意为人民服务作为自己的根本宗旨和行动准则，这是问题的要害所在。

随着人民群众生活水平的逐步提高，家用电器正在进入千家万户。现在，我国人民的平均生活水平还不高，有的人攒点钱买高档消费品并不容易，人们担心过去有个洗衣机事件，现在又发生了电冰箱事件，将来会不会再来个彩电事件，或者别的什么事件呢？人民的铁路啊，什么时候人民才能放心地把货物托付给你们呢？人们迫切地期待着铁路部门认真查清这次事件的真相，拿出切实有效的办法来，从此真正煞住野蛮装卸的歪风。

（中央人民广播电台1985年6月20日）

【鉴赏】

事实乃立论之据，对于新闻评论而言，其所依托的事实越显著，受众越关心，就越有吸引力，越能激起受众的兴趣。此文所依托的是当时牵动民心、影响较大的重大铁路事件，论题"野蛮装卸的重演"一下子抓住了受众的心，吸引关注到此事件的注意力。从论述的技巧看，本文缘事而发，旗帜鲜明，指出问题一针见血，分析归纳言简意赅，说理透彻，逻辑严谨，层层推进，使全篇文理通达，说服力强。

劝君且慢豪华
石云

伫立窗前，但见五颜六色、明晃锃亮的小车不时从眼前掠过，不禁思绪绵绵。

小车速度之快，乘坐之舒适，远非公共汽车可比，至于自行车，则更是望尘莫及。在"时间就是金钱，效率就是生命"的今天，谁不想以小车代步，节约时间、提高工作效率呢？然而，办什么事总得量力而为、讲究点规矩才行，随心所欲往往会把好事办成坏事。据说，今年以来，我市新增加的200多辆小车，几乎都是机关、团体和事业单位购置的，半年时间增加这么多小车，是否都那么合理合法？现实的情况是，有钱的争着买，没有钱的借钱买。有的人是坐在大"上海"，望着小"丰田"有了小"丰田"，还想买"皇冠"'"皇冠"不过瘾，还要乘"豪华"，不惜巨资，互相攀比。还有的人，你要他改善生产条件，兴办事业，他就喊资金这困难那困难，一说买小车，便慷慨解囊，或东借西求，"积极性"可谓高矣！今年上半年我市行政支出大幅度增加，与"小车热"的兴起是大有关系的。

在这里，还要向那些"财神爷"进一言，请把钱柜管紧一点，不论是谁批来条子，你都不要松手，人民把钱交到你手里，如果你"财神爷"也不按财经制度办事，到时怎样向人民交账？

（《黄石日报》1985年7月25日）

【鉴赏】

面对随着改革开放而日益暴露的追求享受的不正之风，这篇新闻评论以规劝的话语对黄石市一些机关、团体、事业单位互相攀比、竞相购置高级小轿车的现象进行了不见血的批评，文字优美，形象生动，具有很强的可读性。

这篇评论篇幅短小，文字简练，言简意赅，事实准确典型，论理深刻透彻，堪称一篇好评论。

"桔"变为"枳"的联想

王柏森

前些时候，到苏北一些经济落后的乡镇作调查，常常听到那里的干部这样慨叹："苏南的经验好是好，就是我们学不了"。言下之意，一少资金，二少技术，三少人才，怎能像苏南那样发展乡镇企业？

不能否认这些都是实情话，但据笔者调查，似乎有个重要的因素还没说到。比如，苏南的乡镇企业创造和推广了"一包三改"的经验，其中有一条，就是将企业的经营管理干部由委任制改为聘用制，此法一行，果然使一大批能人脱颖而出。可是这项改革措施到了苏北少数地方，就面目全非了。一些乡镇领导得了这项聘用权，如获至宝，迫不及待地将儿女亲家、三亲六故、七大姑八大姨招聘进厂，委以重任。于是，"招聘"变成了"招亲"，企业也变成了这些人自家的"摇钱树"、"聚宝盆"了。

"桔生于淮南则为桔，生于淮北则为枳。所以然者何？水土异也。"改委任制为聘用制这项改革，生于苏南一些先进企业确为甜美的"桔"，而移植到苏北某些地方则变为酸涩的"枳"。所以然者何？同样是"水土异也"。不过并非自然界的水土不同，而是人们思想观念的"水土"不同。当然，这种观念上的差异并不是以地域为界，而是根源于商品经济发展的程度。愈是在商品经济不发达的地区，宗法观念之类的封建意识愈是根深蒂固，一些人就是信奉"一人得道，鸡犬升天"那一套。改革措施一经他们的头脑"折射"，一经

/ 261 /

他们之手实行，就难免要歪曲变形了。依我之见，这些地方学苏南遇到的困难，恐怕不只是在于资金太少"学不了"，更重要的在于观念太旧"学不像"。

由此，不禁联想起在改革中大量出现的"桔"变"枳"的情形。比如，实行奖金制度本是为克服平均主义旧弊，可有些企业实行的结果，反而是平均主义使奖金制度改变了模样。又如，由于条块分割的旧观念未破除，有些地方的横向经济联合，变形为仍按行政指令办事的"捏合"由于封建家长制的旧观念未破除，有些企业试行"厂长负责制"，变形为厂长个人独断专行的家长制。这些现象归结到一点，就是在旧观念的作用下，旨在克服旧弊的改革措施，反而为旧弊所同化，或给旧弊蒙上新的外衣。

观念，作为人们社会实践的反映与产物，终究要随着社会生活的发展而改变。但另一方面，某种观念一旦形成以后，又具有相对的独立性。特别是旧的传统观念和习惯，先于每一特定时代而存在，甚至于人在母亲吃奶的时候就受到了它的影响，并逐渐形成了自己认识和评价客观事件的"图式"，也就是我们通常所说的"框框"。一个人受传统观念的影响愈深，他力图按照自己头脑中的"框框"认识和改变客观事物的倾向就愈是强烈。当他们认识改革中出现的新事物的时候，往往不是改变旧观念以适应新事物，而是力图把新事物改变得适合于他们的旧观念。这便是改革发生变形的认识根源。

鲁迅曾对旧的传统观念和习惯的影响痛下针砭："谁说中国人不善于改变呢？每一新的事物进来，起初虽然排斥，但看到有些可靠，就自然会改变。不过并非将自己变得合于新事物，乃是将新事物变得合于他们自己而已。"鲁迅这里揭露的，不正是旧观念对新事物的变形作用么？且看辛亥革命在阿Q头脑中变成什么一副模样吧：他以为，只要"投降革命党"，就可以任凭自己打杀对手，抢掠财物，挑选女人，总之，"我要什么就是什么，欢喜谁就是谁！"在这种封建意识的变形作用下，辛亥革命难道能指望有一个更好的结局么？

今日之中国，自然跟鲁迅所处的时代不可同日而语。然而，几千年封建社会的旧传统，几百年半殖民地、半封建社会形成的旧观念，加上我们几十年来高度集中的经济体制下形成的旧习惯，仍对于今天的改革构成强大的阻力。这种阻力通常采取两种形式：能排斥的就排斥，排斥不了的就使之同化而变形。排斥是公然的反对和抵制，同化则给人以"咸与改革"的假象。随着改革的深入发展，对改革公然反对和排斥的人是越来越少了，而旧观念对改革的变形作用，将日益上升为改革道路上的主要障碍。

据说，连云港市曾用优惠待遇招聘上海一位退休理发师去该市传艺，问他有什么要求，他提出，跟他学艺的人必须是从来没有理过发的人。结果新手们果然迅速而准确地掌握了他的高艺。此中机理，不言自明："从来没有理过发的人"，对于理发没有形成什么固定的观念和习惯，因而不会使新技术发生变形。这个故事启示我们，在一个传统观念和习惯很深的地方推行新的做法是很困难的，不如找一批人从零开始。可是我们的改革不能从零开始，从零开始那就不叫改革了。惟其如此，同经济改革相适应，必须进行观念更新。这是一个异常困难的任务，但我们一定要完成它。

（《新华日报》1986年10月13日）

【鉴赏】

首先，这篇新闻评论最显著特点是有独到见解。评论的论点针对性强，站在全局高度解决改革顽症，因而产生了积极的社会效果。

其次，这篇新闻评论的标题比较新颖。"桔"变为"枳"的动态表述，诱人深入了解，再加上"联想"二字，更激发读者阅读愿望。

第三，这篇新闻评论论述比较严谨。"唠家常"式的开头，不动声色，然而，致命的顽症批驳，则催人警醒，由此生发的联想让人不得不叹服，加上鲁迅论断的巧妙引述，为评论增色不少。

此外，这篇评论的特别之处还在于，在字里行间变成人们的共识——同经济改革相适应，必须进行观念更新。

海口春节三喜

赵太常

我觉得，在海口过春节有三喜。

一喜海口春光明媚，鸟语花香。在北方过春节，冰天雪地，冷到零下40摄氏度，暖气烧不热，在屋里还得捂着大棉袄。西北风刮出个响儿来，一出门，呢大衣、皮手套、棒线围脖旱獭帽，捂得溜严，浑身还像泼凉水，乐也乐不起来，玩也没情绪。海口气候暖，天心顺，政通人和，安居乐业。去年除夕气温达32摄氏度。今年也挺暖和，白天二十五六摄氏度。满街绿树，婆娑曼舞花市春浓，香醉人心姑娘着短裙，婀娜多姿小伙穿T恤，潇洒倜傥。你说，在海口过春节，该多轻松、多舒心、多够派！

　　二喜海口菜鲜鸡活，鱼虾生猛。北方一进腊月门子就办置年货，半拉半猪肉，一坨海鱼，两袋大米，白条冻鸡，七零八碎全堆到天然大冰箱——阳台上，就吃到正月了。腊月廿六七，上街买几样鲜菜，其实也不鲜了，冻帮烂叶，还贼拉拉贵。海口春节和平时差不哪去，新鲜嫩菜摆满市场，让你把眼睛都看花了，不知吃啥好。黄瓜顶花带刺，生菜鲜美脆生，鱼是活的，虾也是活的，临下锅还欢蹦乱跳呢。鸡也是现吃现买现杀。想吃啥就买啥，不用存冻货。你说，在海口过春节能不高兴得想唱歌？

　　三喜海口旅游点多，玩得潇洒。我住的那个北方小城，看没啥看，玩没啥玩。一黑天，人们就猫在屋里看电视，搬"砖头"。海口城内有八景，城外有火山口、桂林洋、红树林、海底村庄，远点可上文昌东郊看椰林，三亚亚龙湾洗海水澡，陵水南湾去赏猴。好地方有的是，让你打扑棱玩，可劲乐，你说这春节过得能不喜兴么？

　　岂止这三喜？喜兴的事可多了！去年市府办了15件实事，房新了，路宽了，灯亮了，街美了，人们的心哪，天天浸泡在喜悦中！

　　　　　　　　　　　　（《海口晚报》1992年3月1日）

【鉴赏】

这篇新闻评论的亮点在于立意新颖，视角独特，文风活泼。评论的内容是关于海口春节三喜，看似写一地之感受，实为歌颂改革开放给特区带来的政通人和、安居乐业之美景。

作者从自己切身感受谈起，列举三喜，结尾画龙点睛，"岂止这三喜？喜兴的事可多了！去年市府办了15件实事……人们的心哪，天天浸泡在喜悦中！"升华主题。

细品这篇新闻评论，字里行间始终洋溢着朴素、热烈、活泼、形象之美，在作者的笔下，一切都变得那么传神，增强了言论的感染力。

北京的名牌产品为什么纷纷落马

赵介岐

燕牌缝纫机、昆仑彩电、雪花冰箱是北京的名牌产品。过去要凭票证购买，为满足人们日益增长的物质文化生活需要作出了贡献。可是，曾几何时，这些名牌产品在激烈的市场竞争中却一个个败下阵来。这些产品在市场竞争中之所以纷纷落马，一个重要的原因是：企业领导市场观念淡薄，产品更新意识不强，市场反应迟钝。早在1984年，燕牌缝纫机在市场出现不景气时，缝纫机厂的个别领导不是在开发新产品上下工夫，却从全国八亿农民家庭都要购买缝纫机的想象中得出缝纫机市场前途广阔的结论。第二年，当上海、广州等各种名牌缝纫机席卷北京市场时，使燕牌缝纫机措手不及，一败涂地。雪花冰箱是我国最早生产的电冰箱，已经有36年的历史。但是产品开发落后于市场，款式陈旧，总在年产十几万台上徘徊，没有形成规模经济。当全国冰箱大战蚕食北京这块"宝地"时，雪花冰箱在南方"容声"、"上菱"、"中意"等名牌冰箱强大的冲击面前，显得软弱无力。

从1989年市场剧变后到现在，"雪花"连年亏损，在一定意义上说，这是"雪花"自己酿成的苦酒。除了企业本身的原因之外，企业"婆婆"多，指手画脚多，实际支持少，企业没有真正的决策自主权也是一个重要原因。"七五"期间，"雪花"上缴利税1 4亿元，可是有关部门对老设备技术改造和引进国外先进技术设备注入的资金却很少。这些年，一个又一个"婆婆"把企业管得喘不过气来，不少比较好的技改项目在公文慢慢悠悠地旅行中错过机会。

从燕牌缝纫机到雪花电冰箱的落马，教训是沉痛的，它告诉人们，开发新产品不能一劳永逸。市场是千变万化的，企业要在激烈的市场竞争中立于不败之地，必须开发、储备一批适销对路的高精尖产品，并根据市场变化作出快速反应。历史的教训还说明，政府职能部门对企业不要什么都管，要自觉转变职能，把《企业法》赋予企业的权力归还给企业，让企业放手开发和经营。当前，北京工业产品在市场竞争中面临严峻的形势，1985年本市工业产品在北京市场的覆盖率达到75%，现在却不到40%，一些名牌、拳头产品在萎缩。面对上海等南方城市新产品项目一个接一个，北京工业后劲显得不足。随着商品的"四放开"，买全国的，卖全国的，首都市场必然是中外企业家们的必争之地，产品竞争将更加激烈，作为北京财政收入的主要来源，首都经济建设主战场的北京工业向何处发展？本市工业主管部门和企业家们是应该认真思考和采取果断行动的时候了。

（北京人民广播电台1992年7月10日）

【鉴赏】

要说明一个论点，以点带面不行，以偏概全也不行。这篇新闻评论从北京的名牌产品纷纷落马的残酷现实入手，据事明理。在市场竞争中要立于不败之地，一靠企业开发，二靠职能部门放权支持。这是名牌产品纷纷落马得出的深刻启示。标题"名牌产品纷纷落马",具有吸引力评论开门见山,便于分析论述有根有据,令人信服结尾语重心长,催人觉醒。

第二节 外国新闻评论鉴赏

无法形容的野蛮行为
路易斯·艾萨克·贾菲

当民主党的主人们准备以新的方式重新投身于公平和正义时,他们打算开会的那个喧闹的南部城市因为一起无法形容的野蛮行径而颜面无光。8个持有武器的白人把一位腹部中了一枪、躺在医院病床上的24岁黑人男子罗伯特·鲍威尔突然拉走,把他吊在城外的一座桥上。这种行为没有别的方法能够描述。鲍威尔被指控在射击比赛时杀死了一名侦探。他本人也显然受了致命伤。万一身体恢复,他会被带上法庭的。但是,对这伙得克萨斯的暴徒来说,死亡和法律都是不可接受的裁决方式,除了对一个肠子里埋着子弹、痛苦地躺着的人实行令人恶心的谋杀外,什么也不能满足他们。

据说50年来休斯敦没有发生过一起私刑案件。可以理解的是,当它渴望以最洁净的方式向世界展示自己的时候,它被放在门前台阶上的这个脏东西扰乱了。市议会当即拨款1万美元用来调查此事,调查由两个种族的人组成的委员会共同进行。一个大陪审团奉命停止一切事务,并立即就此事进行质询。州长提供了一笔奖金悬赏捉拿每一名参与私刑的凶手,并派出了一支特殊的得克萨斯骑警队援助休斯敦警方进行搜捕。显然,在这个特殊时刻发生的打击休斯敦的事件牵动了当局行事的作风。一般情况下,得克萨斯州处理这些事情远不够快捷和积极。但是,眼下没有时间来深入调查动机。得克萨斯州最自豪的城市之一已经被极其令人厌恶的暴徒以谋杀方式玷污。令一般人满意的是,当局正在奋力补救以恢复得克萨斯被损害的名誉。如果当局的毅力与他的开始爆发出的精力一样充足,这伙把一个躺在医院病床上的受伤者残忍杀死的家伙,将有一个或几个被送进得克萨斯监狱。

过去的4个月里没有一起私刑事件,但现在已发生了5起,去年12个月里发生16起私刑事件,今年6个月里发生了5起,这个比例表明今年的野蛮行为在减少。但是,今年只过了一半,没有人会过于自信。当我们庆祝发现美洲大陆400周年时,美国总共发生了255起私刑事件，这说明我们已经离开黑暗的1892年很远了。但是，我们的社会还没有对这种犯罪憎恨到必须实际上消灭的程度。8名凶手或许是有理性的体面人，而他们竟然丧心病狂，从医院病床上拖走伤者，匆匆将其处决。正像路易斯安那几天前的案件那样，仅仅由于是为一名黑人的兄弟，两名被控的谋杀罪的黑人被人从他们的看守手中抢走而处以私刑。这个时候必须承认，私刑的消长是由文明控制下依然存在的种族情绪所主宰的。

（《诺福克弗吉尼亚人向导报》1928年6月22日）

【鉴赏】

这篇获得普利策评论奖的作品，用具体的事实向人们控诉了私刑的野蛮行为，从而引发了全国性的反私刑法运动。

这篇社论通过典型的事实和令人信服的数字对比，深刻地再现了无法形容的野蛮行为，不仅交代了血淋淋的事实，而且找到私刑之所以猖獗的原因是因为种族情绪的主宰。作品是时代的历史，透过这篇评论，读者可以更好地认识美国社会。

政府机构过滥
亨利·哈斯克尔

关于农业部职能和下属机构日益增多的种种事实由海德部长向众议院经济委员会作了报告。它们提供了政府过度膨胀的又一个例证。部长向国会建议，这些职能和机构中有许多应被取消或转给各州。他做得好。

该部所供养的各分支机构的增长和膨胀同对它们的需求完全不成比例。它们代表了政府的志向而不是农业的需要。其他各部的情形也是如此。这是官僚政治的一个可以避免的现象原文如此，疑为"不可避免的现象"。它自我繁殖，靠它所寄生的对象增长。

关于美国大农业，其重要性怎么估价也不为过。政府援助和鼓励它的正当性和必要性从来都是没有异议的。实际上这一原则确定得如此牢固，以至于它成了官僚政治运作于它背后的便利而不受怀疑的外衣。为了援助农业，成立了一个市场新闻社。这是合情合理的，但是这个新闻社膨胀为遍布全国的69个类似的市场新闻社则是不合情理的。该新闻社本身是为农业服务的而它的运作则是为了官僚机构的利益。农业部为农业发展计，拥有自己的野外场站和实验室是合情合理的而它有775个这样的场站，做着重复的工作，这不是合情合理的。

/267/

这种膨胀不是为了农业，而是为了官僚机构。

像其他产业一样，农业可以通过精兵简政而获得良好的服务。国家被政府各种机构闷得透不过气来，快要被憋死了。许多这类机构完全没有必要存在，另一些与各州供养的机构重叠。如果它们有必要存在，那就应该完全由各州负担。其中一些实在是既不应该由联邦政府、也不应该由各州、而应该由各家庭供养，如果人们需要它们的话。在那个层次的各种机构中，一切都可能被搅作一团借助于这一切，政府正在试图教美国家庭主妇如何制作柠檬馅饼和儿童连裤衣。这些问题在60多年前未设立农业部时是怎样被美国的妻子和母亲解决的，现在无人知道。但是，没有家庭经济局，美国内战照样以某种方式进行，西部荒野和沙漠照样被征服。

为了将政府减小到能够穿上宪法所提供的服装中，国会应当遵守政府是人民的仆人而不是他们的主人的简朴原则。它的职能是为人民而不是为自己服务。如果它像现在这样超出了雷池，为了自己的利益自我膨胀，而以它假定要促进其富裕的人民为代价，那么，它应该退回到原来的位置上，不要伸出高贵的手。

（《堪萨斯城明星报》1932年3月25日）

【鉴赏】

这篇获奖评论，题材重大、针对性强；说理诙谐、可读性强；标题直接，感染性强，是篇揭示社会重大问题的经典之作。

作者旗帜鲜明地反对政府官僚机构的膨胀，找到了只为自己而不为公众服务的问题症结。文尾指出了解决问题的出路——"它应该退回到原来的位置上，不要伸出高贵的手"。

丧失

费利克斯·莫利

在一项貌似神圣的决议中，国际联盟行政院就德国宣告凡尔赛条约的裁军部分无效正式进行了谴责。而该决议给欧洲局势的根本改善没有带来什么希望。该决议宣称："德国没有履行国际社会所有成员应尊重他们所作出的承诺的职责。"其措词实际上将使德国不可能恢复其国联成员资格。但是昨天在日内瓦所采取的行动不仅仅阻止了那个必要的步骤，它还要求制定这样一种经济和财政政策："它在将来可用于制裁某个以单方面废除其国际义务来威胁和平的国家，无论它是否为国际联盟成员国。"

事实上，这意味着要建立一个在上次战争的胜利者领导下的明确的反德联盟。对于那些坚持批评国联的主要职能是强制执行凡尔赛和约条款的人来说，这是对这种批评的可悲认可。这是走向用钢环包围德国的第一步而由于德国经济上的弱点，此举可能会暂时维持一种实际存在的和平。但是它与具有建设性的政治家风度的政策是背道而驰的这种风度寻求在国家权利的平等被自由承认的基础上建立真正的和平。

当然，纳粹政府残忍而刚愎自用的特性导致了在日内瓦作出这样的决议。但是，很少有国家诚心谴责德国3月16日的行动。它们也没有什么资格发出这种谴责。6个不履行与美国战争债务协定的国家一本正经地同意该决议的下列陈述："国家关系的一个基本准则是，任何大国都不能解除自己订立的条约，或者修改其条款，除非得到其他缔约方的同意。"

用这种崇高的语言谴责德国的国联行政院成员之一是俄国。它坚持认为沙皇政权订下的契约与现政府无关。另一个谴责者是波兰，它在不到一年前对国联单方面废除了关于在其领土上少数族裔问题的义务。而另一份对德国的谴责来自土耳其，它在战后不久就强行推翻塞夫尔条约1920年8月10日，土耳其与协约国在巴黎附近的塞夫尔签订条约，它使奥斯曼帝国解体，确立了土耳其新疆界。但土耳其大国民议会在洛桑会议（1922—1923）上废除了这一条约。而瞄上了通向德国之路。意大利作为国联成员国，对阿比西尼亚埃塞俄比亚旧称。的条约权利顾虑颇多它在日内瓦的伪君子行列中也是很显眼的。事实上，只有丹麦这个严格遵守条约的成员国不采取其他欧洲国家那种五十步笑百步的立场。

获胜的列强拒绝平等对待德国，它们要对把这个国家的命运推向现在的狂人手中负主要责任。面对着这种要在历史上分担的责任，战争胜利者所作的惟一让步是给它们的武力威胁饰以自我意识正确的伪装。不可忽略的一个问题是，这项自命不凡的决议并没有区分违反的条约是经谈判达成还是奉命达成的这两种情况。

在同意由国际联盟发表这一令人遗憾的决议上，欧洲人政治家风度的丧失已表露无遗。

（《华盛顿邮报》1935年4月18日）

【鉴赏】

《丧失》是一篇针砭时弊的评论，作者选取国际联盟作为论述中心，既论述国际联盟作用的不全面性，更批驳了被作者称之为"欧洲政治家风度的丧失"。标题凝练，一语中的，行文据事说理，层层深入，作品虽短，但论题具有重大现实意义。

克罗姆的羞愧
《迈阿密先驱报》社论委员会

美国政府设置在克罗姆大道铁网密布的拘押中心就像民权运动领袖杰西·杰克逊（1942—？），牧师出身，1980年代表美国最受黑人拥护的民权运动领袖，曾参加1984年美国民主党总统候选人竞选提名。所说的那样：将其喻为美国民主脸面上一块丑陋的伤疤是再恰当不过了。里根政府在那儿提供的收容条件简直让人无法接受。

现在大约有600名以上的前来寻找自由的海地人被拘押在那里，他们被按性别分组隔离。政府向他们提供住宿、食品、医疗照顾提供放在粗陋的但还算干净的水泥板房里的成排的上下铺提供给每组一台电视机、几部收费电话、一台软饮料机、一台点心机、一台香烟机。在围栏内，大量地铺着石块的污地向被拘禁的人开放。供给仅此而已。

一些海地人已经在铁丝网后尝了7个月的苦头，他们中的大部分至少已在那儿待了几个月，每一天都在拥挤和乏味中度过。没有任何有组织的社会活动——娱乐、教育、工作。只有少量捐赠的扑克、多米诺骨牌、克里欧语美国路易斯安那州的法裔人和海地人讲的法语方言。圣经聊以消遣。但大多数被拘押的人已出现异常。他们呆坐着，他们瞪着眼，他们睡着，他们等待着。

政府别无选择，只能坚持使非法移民遵守秩序，国家的边境不能随便开放，必须拒绝接受理应受责的非法入境者。那些尖锐的不可避免的事实这里暂不讨论。

来自政府的不人道的暴行正是华盛顿在执行它的合法任务。每位海地人应受合法审讯。那些流亡的政治犯应受到庇护。

审理程序是如此之慢。政府责备海地人为数寥寥的律师故意设置障碍拖延时间。这种指责无疑是真实的。虽然这样，美国政府也有责任加快审理程序。我们不能原谅将人遥遥无期地拘押在铁丝网后的避难所的残酷行为。对海地人的待遇正是对美国正义与文明的衡量，现在根据这个衡量的尺度，克罗姆诺思丢了国家的脸。

最近，达德律师协会请求所有地方律师志愿协助加快海地人审理进程，这是最实质的步骤。志愿者是需要的，但更多的事情需要政府去做。政府认识到这一点，本星期又有了指派4名法官着手审讯海地人的决定，虽然误期了，但仍受到人们的欢迎。

非法移民仍将陆续抵达南佛罗里达。遗憾的是，在他们的身份被确认之前，需要政府对他们提供长期安置的便利。便利必须是长期的，但身在其中的任何一位移民都无法再多忍受一天。

司法部本周终于答应改进克罗姆诺思的生活条件，对娱乐和教育的计划也信誓旦旦，虽然无人肯定它们何时能够兑现。它们早该被及时地永久制定下来了，它们也早该从一开始就列上日程了。

（《迈阿密先驱报》1982年1月9日）

【鉴赏】

这篇新闻评论的写作极具特色。首先，这篇新闻评论以一个清楚的导语开门见山地表明所持的立场和态度，作者愤懑的情感也深蕴其中。

接下来，作者以细腻的笔触，以大量的细节，生动地描写了那种荒凉之地，使读者有了身临其境的现场感受，因而平添了对政府"不人道暴行"的怨愤。

这篇新闻评论通篇不见作者凭空而发的议论，唯有真情实感涌流于字里行间，有很强的感染力和说服力。

南方的困境

罗伯特·莱森

本文是在选举日写的，但写在投票结果出来以前。没有关系。无论今天早晨本报头版怎么报道，它所包含的建议仍会是恰当的。我们对昨天的投票结果作何感想，这无所谓。但南方人民是否意识到这一地区在政治上所处的不确定的位置，却事关重大。

然而我们认为，正像我们怀疑他们中是否大都意识到了这一点，在我们看来，这是目前尚未完成的政治发展。请看事实。他们不乐于沉思，但是他们不能再被忽略了。在我国这一地区，我们在政治上陷入了一种可悲的困境。即使我们能找到一种解决麻烦的办法，我们也应当首先确定这些麻烦是什么。那将引起郑重其事的讨论我们现在所能期待的只是让这种讨论的车轮滚动起来。如果这件事得以完成，我们就可能获得我们迫切需要的新政治纲领和新领导地位。

因为从根本上说，在南方所处的困境中有这么一个事实：它今天实际上既没有全国性政纲，也没有全国性领导。南方被我国其他地方当做一个可有可无的因素，这件事不奇怪吗？它在政治理念上有何贡献？有多少权威和影响超越地域的全国级政治领袖接受这种理念？南方人民昔日团结一致的智慧和热情，将为什么样的建议性方针而奋斗？

南方在这些方面的困境随时都可能招致危险。当今时代，政治潮流比过去更加湍急，漩涡和暗礁更加险恶。可是我们恰恰陷入了一个危险的境地。过去要历经数十年的变革如今在我们知道它们在酝酿之前就向我们席卷而来。在欧洲所有国家，钟摆在不时地左右摇动，中间派政党已经失势，其境况堪虞。而南方在政治上通常一直属于寻求中间道路的那一派，既避开极端保守主义，又避开激进主义。劳工已经组织起来，且富于战斗性激进主义已经组织起来，且一本正经保守主义已经组织起来，壁垒分明。在此情况下，南方将要做什么，她将采取什么路线，她的利益何在，她将按预定计划发生什么事情。

这些问题业已开始催促我们寻找答案。谁将为南方代言？她的公民中有多少人准备帮助阐释她的答案？

（《查尔斯顿新闻信使报》1924年11月5日）

【鉴赏】

这是一篇重在提出问题的新闻评论，之所以能够获得好评，原因在于文章提出了一个独到的问题。美国南方事实上已陷入政治上无足轻重的困境，然而更多人对之是熟视无睹，投票结果无所谓，而在政治上所处的不确定位置却事关重大。

作者开门见山道出困境所在，通过有理有据的分析，使人们不得不接受这个事实："出路在哪里？"这个问题已催促我们寻找答案。"谁将为南方代言？""她的公民中有多少人准备帮助阐释她的答案？"评论用两个疑问句结尾，更令人思考。

自由的联系

乔治·波特

国会中的共和党人和民主党人，以合时宜的超党派精神，运用由国务院搜集的来之不易的材料，联合提出了一项旨在保障世界新闻自由的决议。其目标是保证各签约国在和平条约中赞同赋予在任何地方采集新闻，以及不受阻碍地将在任何地方采集到的新闻传送到他们国家的权利。

这项决议的前提是如此明显，以至于它不要求什么劳神费事。正是战争，抑或是战争的威胁，在可以自由接近诚实和无偏见新闻与信息的世界各国，才被降至最低程度，人类才得以更好地交往。我们从痛苦的体验中知道，极权政府和独裁统治在操持大权的时候所做的第一件事情便是攫取新闻界，将它作为极权主义的工具，以毒害人民的心智，改变他们的思想，煽动对其他国家的仇恨与积怨。通过对新闻界的控制，极权当局将人民与外部世界的信息阻隔开来，不让彼此之间发生联系。

但是，在没有真正的新闻界自由的情形下设想有一种真正的新闻自由。这只能是痴人说梦。真正自由的新闻界是经济上自由的新闻界，即它能够用自己的收益来支持自己，用自己的双脚走路，摆脱来自政府的或者追逐私利的利益集团的津贴和补助金。在战前的法国，新闻界的自由作为一种权利是得到保障的但是实际上，法国新闻界既容易收买又腐败成风，因为它在经济上是不自由的，不得不依赖津贴和贿赂，以维持生计而这些不义之财经常来自外国列强，其结果是给法国造成了灾难。法国最有造诣的新闻学学者佩蒂纳克斯一针见血地指出了为何在那个国家建立真正自由的新闻界。他说："法国人将不得不形成做广告的习惯，或准备为他们的报纸支付为数多得多的钱。"换言之，为了获得真正的自由，法国新闻界必须能够自谋生路，这个真理也适用于其他希望获得一个自由的新闻界的国家。

在美国，有些人不理解或者故意曲解新闻界的真正自由是什么。他们发明了一种想法，说什么这是一种只属于报纸的权利，是让它们得以随心所欲的一种特权。实际上，新闻界的自由是宪法不仅向报纸，而且也向全体人民提供的保护他们的一种特许权力。我们有全世界最自由的新闻界，这不仅由于它是一种受到强大保护的权力，而且还由于美国新闻界在经济上的独立，没有津贴和补助金也能自谋生路、自负盈亏。通过我们的新闻采集合作体制——它向报纸提供各种各样的意见——美国人民得以获取客观的新闻。

这样我们在美国新闻界看到了欣欣向荣的人类自由和健康的经济自由的丰硕成果之间密不可分的联系。彼此之间互相依存，只要能够维系允许这种经济自由的条件，两者将都能获得成功。

在美国，每个人都清楚地看到了他的个人自由与经济自由是联系着的吗？

众所周知的看法是，人权先于财产权。由于它表面上的感召力，它被煽动者用来支配不能思考的人的情绪。正像所有圆滑的论断一样，它必须经受批判性的检验。我们不会说财产权先于人权，或人权先于财产权。这样的绝对化并不包含经由人类经验验证的真理。我们要说的是，人权与财产权密不可分，息息相关，为了普遍的福祉而共同发挥作用，互相影响，互相依存。

（《普罗维登斯新闻公报》）

【鉴赏】

新闻自由在任何国家都是附加条件的，在美国同样也不例外。新闻评论《自由的联系》中论述的新闻自由出发点是好的，然而，要真正实现新闻自由不是仅凭说说就能办到的。

在堕胎问题上操之过急了

杰克·富勒

12年前，美国最高法院在关于堕胎合法性的全国范围内的争议中先发制人。它声称，在大大限制各州指导的同时，给妇女和她们的医生以很大的选择度。12年后，明显变得令人不快的情形是：法院操之过急了。

现在里根政府要求法官们承认他们完全错了，并把决定生命何时降临的权力还给各州。不管法院就堕胎问题作出怎样的裁决，都将引起争议。这在过去和现在都是一个生与死的问题。它触及最为私密的个人对自己身体的支配和人类社会对未出生的后代负有责任的敏感问题。它与州政府不具有最终发言权的个人诚信问题密切相关。

然而在1973年，最高法院试图以一个大胆举动来决定这个引起极大痛苦的问题。其中多数人的观点有着明显的破绽，岁月也没有治愈这些缺陷。它是一次傲慢的例行公事，一个在本世纪后半叶最令人目瞪口呆的例子。

最高法院从医学教科书上比从宪法判例中汲取更多的东西。它将怀孕划分为三个阶段，在每一个阶段为各州的决策作出不同的裁决，甚至赞成合法堕胎的法学界人士也难以为这种裁决辩护，因为该法院实际上自命为立法机关，以一个大胆而愚蠢的举动为这个涉及当代最棘手的道德两难问题的国家立下一个新的法规。

自1973年以来，医学技术的发展使最高法院的假想变得过时。医生可以使流产的胎儿在子宫外存活。胎儿在什么时候能活下去的整个观念已经改变。国家开始将脑死亡界定为生命终结的法律依据，这与最高法院对合法生命开始的定义并不相符。

最高法院1973年裁决的理性基础一开始就是薄弱的。时光的流逝已将它侵蚀成这样的问题：不是法院是否要改变关于堕胎问题的立场，而是如何完成这个任务。

反堕胎团体希望里根总统尽可能地填补法院的空职，使权力天平向它们一方倾斜。如果对法院的立场从未感到舒服的首席大法官沃伦·伯格在投票时改弦更张，再任命一个人就可以做到这一点了。

但是突如其来的转变与最初的裁决一样，是近乎不负责任的，传给公众的信息将是悲观的，将损害法院的执法威信。全方位的递转将暗示在涉及宪法的案件中，要紧的只是数人头。最高法院在我国起着特殊的作用，它的权力不是直接来自被统治者通过投票箱表示的同意。但是它的确依靠另外一种认同。最高法院抗拒政治上的大多数人以保护宪法原则只能做到这种程度：它得到人民的普遍而广泛的尊重。它不应挥霍这一宝贵财富。

在1973年和其后，最高法院既没有在堕胎问题上提出能站得住脚的主张，也没能领导国家取得大体一致的意见。那么，它现在有责任以这样一种方式从那个不得人心的裁决中往后撤：重新建立关于宪法决策的正统性，弥补10年来发生的激烈争论所造成的损失。

它不必彻底推翻原来的裁决，而应该小步进行逐个案件的审理，这对法院是适宜的。它应该努力寻找一个即使不能达成一致，也能以理性为支撑并赢得普遍尊敬的新立场。

也许最终法官们将不得不决定联邦法院根本无权介入这个领域，堕胎政策将移交各州制订也许他们会发现，在某种情况下能找到除此之外保留堕胎权利的其他途径。

这里的问题不在于有没有这样的途径，而在于最高法院应该着手去寻找什么样的方式这一次要有1973年严重缺乏的谦逊、政治家风度和原则性。它应该确保其立场的后撤是有条不紊的，而不是再一次操之过急。

（《芝加哥论坛报》1985年7月26日）

【鉴赏】

这是一篇获得普利策奖的评论，标题即表明了作者的态度，开宗明义地表达了对此事的看法。评论归结在标题里的观点在论述过程中得到深入的展开。这篇新闻评论避免了论辩双方都极力维护的过度的浮夸之辞，语言平实、亲切、富有亲和力，观点不强加于人，但令人信服。

最后，评论的语气富有试探性，如"应该"、"可能"等，委婉地提出预言、期望和忠告，这样的提法更容易为受众所接受。

霉变的劳工部

〔美〕艾伯特·斯卡迪诺

政府的腐败像霉菌一样滋生，只要给它提供生存的空间和适当的生长条件，它便会四处蔓延，遍及眼前的任何事物。

萨姆·考德威尔将我们州政府的劳工部变成了滋养腐败的温床。16年来，他建立了一个帝国，而它又与本来就很少存在于本州政府的制约与平衡机制隔绝。但考德威尔不再只靠自己扩展势力，他需要帮助。一些帮助来自赫尔曼·塔尔梅奇。考德威尔在塔尔梅奇兴旺发达的腐败事业下不过是个傀儡，并且由于考虑到官职终身任期，考德威尔操纵政府工作时不能像塔尔梅奇家族一样有恃无恐。但考德威尔最大限度地学到了塔尔梅奇的政府工作原理——欺软怕硬。他恃强凌弱的直接对象就是他自己的雇员。雇员们从他那儿得到工作，他从不让他们忘记这一点。一次又一次，他公开强行索取竞选捐款、性满足和私人服务。

州政府的考绩制本是用来保护雇员不受腐败侵害的。但考德威尔试图给考绩制的管理者足够的好处，使之不插手他的部门的工作。于是，法规便不再对考德威尔起作用。

按州政府的规定，当一个职位空缺时，必须在本部门公开宣布，以便让在册雇员有机会得到提升。一次又一次，好一点儿的职位均被考德威尔的一个个来自小乡村、无所适从、不具备任何岗位素质、几乎没有任何在州劳工部工作经验的朋友占据。

在需要较高水平的行政岗位上，考德威尔挑选有犯罪经历的人、低级摇摆舞酒吧的老板、唯命是从的政党雇员等等在任何地方都找不到正经工作的人担任。说得好听点，他们是不能胜任工作，说得难听点，他们都是无赖和暴徒——并且从他们当中有人曾在今年犯过重罪便可判断，暴徒比无赖人数更多。

不仅考德威尔本人不得不准备接受审判，他的那些同党也正被起诉。据统计，在我们清理完这个部门之前，另有50至60名官员将面临犯罪指控。接着我们又发现州运输部招标舞弊的问题。那么州农业部和州政府财政部的腐败又给人什么启示呢？

改革佐治亚州政府需要走很长的一段路。即使我们消灭了劳工部的腐败，稍有不慎霉菌又会死灰复燃。

（美国《佐治亚新闻报》1983年11月）

【鉴赏】

"把腐败比作霉菌"，真是再贴切不过的了。首先，这篇新闻评论题目起得好，有力度；紧接着，文章又通过一连串的事实，如一块块石头砸在读者心上，几乎有种愤慨得透不过气来的感觉。用事实说话，每一小段都列举着不争的事实，人们更清楚地透过现象看本质，看到了腐败像霉菌一样在可怕地滋生；然后，全文以一个问句戛然而止，"又给人什么启示呢？"给人警醒，发人深思，反腐败是个长期的过程，迫在眉睫。

文过饰非

〔美〕约翰·斯特罗迈耶

市政委员会在一次秘密投票中，重申对伯利恒警方的信任，这种在裙带关系上进行的投票毫无意义，很明显，它试图对前警察约翰·斯坦提出的重要问题文过饰非。

已在警方服务两年半的斯坦警官早该懂得保持缄默，而把注意力集中到他将完成4年工作期的利海伊。但是，对高级警官在警察局里暴力的掩盖以及警察与青年之间日益增长的不必要的疏远，迫使他冒着与昔日同僚结怨的危险陈述他的观点。

看来只有威廉·柯林斯委员和沃尔特·迪尔特里委员能理解斯坦提出的问题：（1）一个号称进行口头训诫的部门听证会，如何真正面对这样一个证据确凿的事实：9月25日晚，有人看见公共安全警官欧文·古德在抽打一位被关在警察局里的年轻人。古德是参与者吗？如果是，他做过自我反省吗？（2）被捕者众多，但只有极少数案例被起诉，为什么？正如柯林斯委员的疑问："我希望知道这些被指控的罪行是否经官方许可？"

市政委员会对这些利害关系熟视无睹，这一点在雷·迪茨委员试图指责约翰·斯坦、《环球时报》及其他胆敢质问伯利恒警察局工作的人动机的长篇演讲中表现尤甚。他从未想到这些动机可能正是公众感兴趣的。他没有认清自己的公共职责以洗刷耻辱，却用陈词滥调吹嘘他如何以警察队伍为荣。正如马克·吐温所说，迪茨委员仅仅表明他宁可媚俗也不愿秉公办事。

一个最有可能的"做警方后盾"的办法是落实负责任的管理，纠正捕人时屡屡坐失良机、反应迟钝的警方程序方面的弊端，为绝大多数想尽职尽责的城市警察做出示范。

投票表决并不能澄清事实，所以市政委员会暗示，投票表决既是对它本身平静而审慎地发现真理的能力的怀疑，又是对一项表明它害怕被揭露的调查结果的肯定。

（美国《伯利恒环球时报》1971年1月21日）

【鉴赏】

这是一篇挑战性新闻评论，标题再清楚不过地表明了作者对所评论事件的看法。这篇新闻评论开篇即立论："很明显，他试图对前警察约翰·斯坦提出的重要问题文过饰非"。接着，文章围绕论点，以大量的事实及合情合理的分析展开论述，详尽细致地分析了各方面的利害关系，对问题实质的揭示十分深刻。

真的这样吗，柯克州长？

〔美〕小霍兰斯·戴维斯

克劳德·柯克州长今天莅临盖恩斯维尔，我们想提这个问题。

他真的如此想重新选举以便拉出个乔治·华莱士、分裂佛罗里达人民吗？

这个问题是公平的，我们认为，这是因为柯克州长在过去几个月所持的种族主义态度。今年早些时候，他试图延长学校取消种族隔离的截止期限。这个问题并非无理。

接下来的事更加恶劣。他突访曼那提县，两次暂缓校董会执行法院的规定，几乎用暴力对抗美国执法官。在法庭的鄙视和每天1万美元的罚款的压力下，柯克州长才在喃喃的"胜利"声中退却了。

谁胜利了？当然不是法治。

这个州长最后在私立学校大放厥词，因为被取消了免税额而攻击美国税收总署。柯克州长轻松地忽略了，国内收入署的规定明明只适用于种族隔离学校。

柯克赞同对计划不取消种族隔离的学校实行联邦免税吗？"我不知道有什么学校在真正按你说的那样做。"他回答。

我们可以向大家透露：

——当柯克州长今天到达阿拉楚阿县时，他可能会与县行政长官拉尔夫·塞龙聊天。2月份学校取消种族隔离后，塞龙在阿拉楚阿外创办了长青学院。该校现有100个学生，7个教职员工，学费450美元。

——他也许还会察看位于北34街的正急剧扩张的传统基督学校，该校强占公地，要入校学生交纳575美元学费。

——他会问起由比利·布拉希尔博士和哈里·沃克博士初创的橡树厅预备学校的情况，该校向所有人开放，"不论种族、信仰、肤色"，当然，学费是1100美元。

这些东西很难说有什么价值，更关键的是克劳德·柯克的意图。我们愿意直截了当地给他指出来。

回到热血沸腾的1964年，你说过，柯克州长，"我相信法律面前人人平等、机会均等……我们必须显示出对少数民族的教养，使大家认识到我们都是美国人。"

再回到1967年，你对《星期六晚邮报》说："我不是像莱斯特·马多克斯那样的红领官员……我是南部唯一的好人。"

后来，当应邀出席亚拉巴马的一个有关种族隔离的会议时，你说："在我们现在的佛罗里达……不得参与试图破坏或延迟最高法院颁布的取消种族隔离的国家法令的活动。"

重要的是，柯克州长，你是否放弃这些高调，把你的政治命运置于褊狭之中呢？柯克州长，你真的丝毫不替你的人民着想？

（美国《盖恩斯维尔太阳报》1970年8月3日）

【鉴赏】

抓住弱点、猛攻要害，这是驳论的关键。这篇驳论性新闻评论批评的焦点问题是一些政客反对敦促白人在学校实现种族平等，攻击的矛头直指佛罗里达州州长克劳德·柯克。这篇新闻评论开篇即向"今天莅临盖恩斯维尔"的柯克州长发难："我们想提个问题。"接下来，文章便逐条摆陈柯克的谬论，一一予以批驳。最后，文章连用许多反问句深化了这篇新闻评论的主旨，加大了批驳的力度。

朱利安·邦德也习惯了

〔美〕尤金·帕特森

显而易见，当乔治·史密斯议长星期一让朱利安·邦德站起来回答佐治亚州众议院议员们的提问时，邦德事件的关键时刻便要来临了。可能向他提出的问题将是结论性的。那个瘦小的黑人青年站起来，在麦克风旁等待提问。

他没有听到任何提问。他所面对的是死一样的寂静。议长告诉他可以坐下。

"那时我便明白众议院已决定不让他加入，"一名资深观察家说道，"邦德的陈述已回答了所有的问题。众议院并不想接纳他——不想有任何事与他发生关系。一切都结束了。"

尽管邦德受到责难，整个周末，白人、黑人仍竭尽全力想让这个年轻人至少占有一个议席，这种努力付之东流了。

被仔细挑选出来的资格审查委员会确实开了碰头会。直到那天的沉默·发生之前，这个委员会的委员，尽管在指责邦德，还是有望给邦德一个议席的。对他的提名是可能通过的。许多代表也准备投赞成票。当然这需要个前提，就是相应的谴责行为能让他们投完票回家后仍活下来。

但他们希望邦德也能做点什么。一些修正、一些阐述以及随着他证词的进展而逐渐表现的对美国人动机的笃信。黑人参议员勒鲁瓦·约翰逊和其他人竭尽全力想为他自己和州议会找到一个挽回面子的方案。

周一早晨邦德的辩词似乎多少证明了他以前曾承认过的学生非暴力协调委员会的陈述——这个陈述不仅对美国政策进行了控诉，也对美国的动机和基本荣誉进行了抨击。当他周一下午在众议院作证词时似乎也没有口气松动的迹象。骗过邦德后，学生非暴力协调委员会现在骗议会（这似乎正是欺骗马丁·路德·金的方式）。

众议员们的脸色渐渐阴沉下来。面前的这个人不仅反对美国政策，而且指控他的国家犯有谋杀、欺骗和入侵罪犯有蔑视公民或蔑视法律罪犯有把自由"作为虚伪的面具以掩盖其镇压国内解放运动"罪他还同情——甚至是推崇——那些在这个国家不愿服兵役的人触犯法律的"勇气"。

随着一天时间的过去和邦德在其立场上越来越强硬，众议院开始对他苛刻起来。无论合法与否，当他站起来回答最后问题时，裁决已经做出他将不会得到一个席位，不会。在沉寂中含有一种接近于反叛的意蕴。

邦德是一个民选的议员，法院很可能强行给他一个席位。众议院明智的话也应该这么做。但记录也会完好地保存。邦德周二说他曾受过攻击，因为"我投身于人权运动"。如果真是这样，这将是对同样投身于人权事业但却受人尊敬地在参众两院拥有席位的其他9名黑人和一些白人的讽刺。

（《亚特兰大宪法报》1966年1月12日）

【鉴赏】

这篇新闻评论写得很有新意，文章通过对朱利安·邦德这样一个民选议员在议会中的遭遇，从侧面影射了美国民主假象背后真实而肮脏的一面。

这篇新闻评论叙述生动，细节传神，表面上看好像只是在记述一件事，实际上观点、态度、思想倾向尽含其中，此乃写作之高境界也。

逮捕爆炸的受害者是严重的错误
〔美〕黑兹尔·布兰农·史密斯

一个人生活在恐惧中或枕着装满子弹的枪睡觉，都是周围环境缺少道德水准的表现。

霍尔姆斯县的代理行政司法长官安德鲁·史密斯因其炸毁自己的住宅而逮捕了58岁的黑人农民哈特曼·特博，该事件是现在整个霍尔姆斯县的热门话题。

在种族关系紧张和矛盾加剧的今天，这种行为是对全县及其民众所犯的一个严重错误。霍尔姆斯县的所有白人和黑人都不相信会发生这样的事。一家人，丈夫、妻子和6岁的女儿在凌晨从睡梦中惊醒，在恐惧中逃离住宅，结果却被入侵者枪击——之后该户的户主竟被一名曾宣誓要保护公民权利的警官以懦弱的罪名逮捕。

在听证会上对这位上了年纪的黑人所提出的起诉证据仅仅是司法长官史密斯提供的有关枪击和爆炸的证词，这和特博自己所说的完全一样。史密斯先生又加入了他自己的观点和疑点。审理此案的县检察官帕特·巴雷特也做了同样的事。结果是交了500元诉讼费后，这位黑人必须在10月份出庭接受审理和陪审团的判决。

巴雷特先生说"他不是一个蓄意破坏者"，但却对法庭说"这本来是可以避免的"，"在世界上任何地方，在同样情况下，都不应该发生像他说的那种事。"

在同一天被捕的与此案有关的其他4名黑人因证据不足而被释放。没有任何证据证明他们有罪，但他们都被关了5天5夜。

由民众选举出来的执法官们的上述行为严重伤害了霍尔姆斯县的种族关系——而这里正是我们需要和平生活的地方。否则的话，我们便无法生存。

没有听说史密斯先生正在继续调查此案，令人感到失望，也许他在调查。我们希望如此。但无法挽回的损失已经造成，无须多言。

我们总是以我们能够自主自己的事务而骄傲。当我们抛弃原则并且未尽职尽责的时候，我们应该懂得我们将自食恶果。

联邦调查局和美国的司法官员们已对这次爆炸和枪击事件进行了精疲力竭的调查。

已经对司法长官史密斯、巴雷特先生和地区检察官进行了起诉，因为他们对这些黑人的逮捕是"基于错误和无根据"的指控，而目的是使霍尔姆斯县的黑人居民放弃行使他们的选举权。联邦的这个诉讼，要求建立一个禁止这些官员干涉投票登记活动的秩序。他们的这种干涉活动除包括上述的对今年9月将在该县投票的特博的指控外，还包括对已进行投票选举的"学生非暴力行动协调委员会"的英文缩写。负责人罗伯特·摩西的指控。

如果我们如同过去一样诚实地履行职责，如果我们坚持所有公民平等地享受法律保护，那么目前发生的这种情况完全可以避免。但我们没有这样做。

但如果我们清醒地认识到这种现象的严重性，我们就应该认真地放眼看一看未来。

事态可能、也许必定会恶化——除非我们有勇气去做新的尝试——并且改变那些应该改变的东西。

（《列克星敦广告报》1963年5月16日）

【鉴赏】

在美国历史上围绕种族问题的争斗一刻都不曾遏止过，这种争斗在新闻界表现得尤为尖锐，且火药味十足。本文同样是一篇针对种族问题而发的评论，这篇新闻评论立论清楚、观点鲜明，态度坚决，集中表现了作者"以诚实的心来对待生活中发生的事情，我们不是挑起、或是逃避眼前的战斗"的敬业精神。

参考文献

包国强等编著：《财经新闻评论》，清华大学出版社，2011-05-01。

程曼丽主编：《北大新闻与传播评论（第1辑）》，北京大学出版社，2004-05-01。

戴俊潭：《新编新闻评论教程》，山东人民出版社，2015-03-03。

丁法章著：《当代新闻评论教程（第五版）》，复旦大学出版社，2012-12-01。

丁法章著：《新闻评论教程（第四版）》，复旦大学出版社，2012-05-01。

杜涛编著：《新闻评论：思维与表达》，知识产权出版社，2013-09-01。

符建湘编著：《新闻评论》，湖南大学出版社，2007-06-01。

高东编著：《新闻评论思维与写作》，化学工业出版社，2010-08-01。

郝朴宁、覃信刚主编：《广播电视新闻评论》，重庆大学出版社，2013-09-01。

胡文龙等著：《新闻评论》，中央广播电视大学出版社，1997-10-01。

胡文龙主编：《中国新闻评论发展研究》，中国人民大学出版社，2002-11-01。

黄戈主编：《新闻评论写作》，人民日报出版社，2004-08-01。

贾奎林、张雪娜编著：《新闻评论应用教程》，北京大学出版社，2009-08-01。

贾奎林编著：《新闻评论应用教程（第二版）》北京大学出版社，2012-05-01。

贾亦凡著：《新闻评论写作》，福建人民出版社，2001-01-01。

姜淮超主编：《新闻评论教程》，中国政法大学出版社，2003-06-01。

靖鸣、潘智琦：《新闻评论进行时：实践、互动、鲜活的写作理念》，社会科学文献出版社，2016-02-01。

雷沃捷、陈卫星主编：《中国新闻传播学评论：网络时代的传播格局》，中国传媒大学出版社，2015-03-01。

李德民著：《评论写作》，中国广播影视出版社，2007-01-01。

李法宝著：《新闻评论：发现与表现》，中山大学出版社，2005-07-01。

李法宝著：《新闻评论：发现与表现（第二版）》，中山大学出版社，

2013-10-01。

李舒著：《新闻评论》中国人民大学出版社，2013-08-01。

廖艳君等编著：《新闻评论》，清华大学出版社，2010-07-01。

柳珊著：《当代新闻评论》，复旦大学出版社，2007-08-01。

马少华、刘洪珍主编：《新闻评论案例教程》，中国人民大学出版社，2008-10-01。

马少华著：《什么影响着新闻评论：观点表达和说服方法的案例分析》，人民日报出版社，2013-06-01。

马少华著：《新闻评论》，中南大学出版社，2005-05-01。

任孟山著：《当代中国新闻观察与评论》，经济日报出版社，2015-03-01。

邵华泽著：《同研究生谈新闻评论》，人民日报出版社，1999-04-01。

宋立民著：《新闻评论的审美诉求》，西南师范大学出版社，2006-06-01。

涂光晋著：《时代之"声"——新时期中国新闻评论研究》，中国人民大学出版社，2011-06-01。

汪言海著：《新闻评论不神秘》，安徽大学出版社，2014-07-01。

王明光、黄先义、顾杨丽编著：《当代新闻评论写作》，重庆大学出版社，2015-06-01。

王振业，李舒著：《广播电视新闻评论（第二版）》，中国传媒大学出版社，2009-01-01。

王振业、胡平著：《新闻评论写作教程（修订本）》，中国广播影视出版社，2001-01-01。

王振业、李舒选编：《新闻评论作品选》，中国广播影视出版社，2007-01-01。

王振业、李舒著：《新闻评论与电子媒介》，中国广播影视出版社，2004-11-01。

王振业、李舒著：《新闻评论写作教程》，中国广播影视出版社，2009-01-01。

肖鸿波编著：《竞攀系列：新闻评论学》，复旦大学出版社，2013-03-01。

谢明辉著：《新闻评论研究》，人民日报出版社，2014-10-01。

徐利主编：《新闻评论写作》，中华书局，2004-10-01。

徐兆荣著：《实用新闻评论写作教程》，北京大学出版社，2014-01-01。

薛中军著：《新编新闻评论》，上海交通大学出版社，2008-01-01。

杨新敏等著：《网络新闻评论研究》，苏州大学出版社，2009-12-01。

杨新敏主编：《当代广播电视新闻评论》，中国广播影视出版社，2005-

03-01。

　　杨新敏著：《新闻评论学》，苏州大学出版社，2013-05-01。

　　殷俊等编著：《媒介新闻评论学》，四川大学出版社，2005-06-01。

　　元冬维主编：《新闻评论写作》，中国人民大学出版社，2016-05-01。

　　张玉川著：《新闻评论学》，四川大学出版社，2011-02-01。

　　赵振宇著：《现代新闻评论》，武汉大学出版社，2005-02-01。

　　赵振宇著：《新闻评论通论》，清华大学出版社，2014-01-01。

　　赵振宇著：《新闻评论研究引论——功能、品格、思维、发现》，中国人民大学出版社，2011-07-01。

　　郑思礼著：《现代新闻评论分析与评价》，云南大学出版社，2009-08-01。

　　中共中央宣传部新闻局：《新闻评论漫谈》，学习出版社，2014-08-01。

　　仲富兰著：《广播评论——功能、选题与语言艺术》，复旦大学出版社，1997-11-01。

　　周旭东、唐远清著：《新闻评论精要与案例评析》，中国传媒大学出版社，2014-01-01。

后　记

　　在新闻实践过程中，我们深切体验到一个毋庸置疑的理念：无论什么类型和级别的媒体，如果没有自己的立论观点和立场，就像一个人只有血肉而没有筋骨一样，立不住，站不稳。因为，新闻评论是媒体不可或缺的灵魂。

　　我们力图从传播理论和传媒实践两个角度出发，对新闻评论进行系统的学理性阐释，基于中外学者大量研究的前提下，结合自己的传媒实践和对新闻评论的理解，将这些阐释分为外部和内部两大界域。外部的阐释包括新闻评论学的历史沿革、性质及特点、中西方新闻评论的比较，内部的阐释则有诸要素分析、评论的价值分析、类型、选题及立意、思维与写作方法、结构与体裁，以及对报纸、广播、电视、期刊、网络等不同形态媒体评论的解析。在这一框架内，我们力图说明新闻评论的一般规律和原则——这是"通"，更要进一步说明这些一般规律和原则是怎样在不同媒体中得以具体外化——这是"变"。"通"重在学理的阐释，"变"则重在揭示实践的可操作性，由通求变，后者正是我们写作本书的重心所在。

　　之所以如此，是因为当前互联网时代的背景下，大众传播正呈现出移动互联网新媒体时代，导致主流话语的疲软，使公众面对源于同一事件的种种信息及报道、评论莫知所从。在一些典型的案例里，我们尽量分析如何树立主流话语的权威地位，引领公众舆论不断走向健康与有序以及提升媒体核心竞争力等方面，从一个侧面看新闻评论责无旁贷的社会责任。

　　文章千古事，得失寸心知。尽管我们的主观愿望是这样的，但是，客观效果如何，只有经过新闻实践的检验才会知道。

　　在这里，我们要感谢在此书稿写作过程中付出心血进行斧正的老师和朋友。

　　感谢中国广播影视出版社的毛冬梅编辑、阮全勇、张燕两位美编在组稿、编辑、出版所付出的精力和时间。这几位不曾谋面的知音，给了我们很多宝贵的建议，也必将会为更多的读者作出更多的奉献。

　　感谢国家发改委国际合作中心产业发展研究所副所长白庆祥的精心指导和大力支持。

　　还要感谢中央人民广播电台高级编辑丁文奎百忙之中为本书作序，这个全国广播电视"百优理论人才"称号获得者，中文信息与知识传播核心期刊《中国广播电视学刊》编委，不惜自己的宝贵时间，为我们审阅书稿，提出非常有价值的意见。

也要感谢刘琳在编辑整理此书稿中付出的努力。

后记至此，我们告白的是：为了一种新闻探索，尝试着写作这部书，不当之处，在所难免。但是，我们会继续努力。

作 者

2016年11月于大连